Manual Imprescindible de

3ds max 5

MANUAL IMPRESCINDIBLE

RESPONSABLE EDITORIAL:
Eugenio Tuya Feijoó

DISEÑO DE CUBIERTA:
Gracia Fernández-Pacheco

Manual Imprescindible de

3ds max 5

Francisco Zarandieta Morán

ANAYA
MULTIMEDIA

Juan Ignacio Luca de Tena, 15. 28027 Madrid
Depósito legal:
ISBN: 84-415-1515-8
Printed in Spain
Imprime:

A mi hijo David

Agradecimientos

Para realizar este manual, he contado con el apoyo de muchas personas, que, por distintas razones, me han animado en el trabajo de este nuevo libro.

En primer lugar, Isabel, mi mujer, mi apoyo y ánimo en todos mis proyectos.

A mis padres, por su apoyo y constancia en mi educación.

A mis amigos y compañeros de AFIMEC les debo la posibilidad de realizarme profesionalmente. Y a todos mis alumnos, el que con sus comentarios y dudas hayan mejorado mis conocimientos y metodología en el estudio del programa.

A Eugenio Tuya, por darme la posibilidad de publicar este manual.

Y a Joaquín Sabina, por acompañar con sus canciones las horas de estudio y redacción de esta obra.

A todos, gracias.

Índice

19. Renderización: imagen y vídeo. Video Post 385

Cómo usar este libro

Este libro está dirigido tanto a aquellas personas que no conocen *3ds max*, como a aquellos usuarios que tienen ciertos conocimientos sobre él o sobre versiones anteriores.

El libro consta de veinte capítulos y un apéndice, cada uno de los cuales puede leerse y aplicarse en la práctica, aproximadamente, en hora y media. El primer capítulo sirve de introducción a lo que podemos encontrar en la aplicación.

Para sacar el mejor provecho al manual, debería ir consultando todo lo que lee sobre el programa y realizando todo tipo de pruebas hasta dominar el concepto que se esté explicando.

Estructura del libro

Los capítulos de los que consta el libro, veinte en total, tienen una estructura sencilla y fácil de entender por el lector.

El primer capítulo es de introducción del programa, dejando el proceso de instalación para el apéndice.

Los capítulos 2 y 3 nos presentan el entorno de trabajo, haciendo hincapié en los menús y los controles con los visores, la mayor zona de la pantalla.

El segundo bloque engloba los capítulos del 4 al 6, en los que se analizan las herramientas de transformación, con un aspecto novedoso de versiones anteriores, las opciones de ayuda y precisión y la gestión de capas (novedad en la versión 5). Conocimientos necesarios para sacar el mejor partido y productividad al programa.

Los siguientes seis capítulos (del 7 al 12) se centran en las opciones relativas a la creación de objetos y figuras en el programa. Comenzamos el bloque comentando cómo se crean primitivas. Continuamos con el uso de las formas. Seguimos con objetos de composición, que surgen al combinar primitivas con formas. Como podemos ver, es un recorrido detallado por el panel de creación de objetos, llegando a tocar los objetos NURBS y los efectos especiales y sistemas de partículas, entre otros muchos temas que serán analizados en este grupo de capítulos.

El capítulo 13 trata sobre la duplicación y clonación de objetos. Estudiamos, también, vínculos entre objetos y modificación del punto pivote del objeto.

El panel modificar y la modificación a nivel de subobjetos son los temas de estudio de los dos siguientes capítulos, 14 y 15. Con esta herramienta, aprenderemos a modificar las geometrías o los objetos que hemos aprendido a crear en capítulos anteriores.

El capítulo 16 nos permite aprender a añadir luces y cámaras a una escena. En infografía, uno de los principales temas de estudio es la iluminación, que es una de las partes que más ha mejorado en esta versión. Estudiaremos, también, el concepto de Radiosidad. Las cámaras se situarán en lugares y puntos de vista distintos dentro de la escena.

Los capítulos 17, 18 y 19 recogen el retoque final de la escena: los materiales que darán realismo, la animación que dará vida y la representación con la que obtendremos el resultado final a nuestro esfuerzo y trabajo.

Finalmente, la última parte del manual, el capítulo 20, informa sobre aspectos de configuración y personalización del entorno.

El libro termina con un apéndice de consulta, en el que encontraremos información sobre cómo instalar el programa y los requisitos necesarios para ello.

Convenciones tipográficas

Como cualquier otro libro, éste se encuentra dividido en capítulos, que cuentan con diferentes apartados, cada uno de ellos encabezado por sus correspondientes títulos.

Además, en el texto se utilizan ciertos estilos o tipografías específicas con el objetivo de hacer su lectura más rápida, facilitando la identificación de elementos. Estos estilos son:

- **Control-A:** Los nombres de tecla aparecen en el texto en negrita. Las combinaciones de dos o más teclas aparecen con el nombre de cada tecla separado del anterior con un guión.
- *Cursiva*: Es un tipo que se usa para diferenciar términos anglosajones o de uso poco común. También se usa para destacar algún concepto o los nombres de programas o *software*.
- **Negrita:** Le ayudará a localizar rápidamente elementos, como las combinaciones de teclas y nombres de botones. Por ejemplo, **Aceptar**.
- Arial: Los nombres de comandos, menús, opciones de cuadros y todo aquello que se quiera diferenciar aparecen en un tipo de letra diferente, para destacarlos y diferenciarlos del texto normal.

También encontrará a lo largo del libro recuadros con elementos destacados sobre el texto normal, comunicándole de manera breve y rápida algún truco o concepto relacionado con lo que está leyendo, o advirtiéndole de algo. Estos recuadros serán:

Nota

Las notas se usan para aclarar un concepto que está utilizándose en el texto, facilitar información relacionada y tareas similares.

Advertencia

Se usa para llamar la atención sobre cierta situación o consecuencia relacionada con el contexto de la explicación en curso.

Truco

En estos recuadros, encontrará trucos o técnicas que le permitirán mejorar su conocimiento, por ejemplo, comunicándole atajos de teclado para efectuar tareas.

Introducción

Esta obra está pensada para ayudarle en el manejo del programa *3ds max 5*.

El manual está dividido en distintos capítulos, que, de manera lógica y gradual, le descubrirán el apasionante mundo de las tres dimensiones, a la vez que va aprendiendo la forma de trabajar con el programa. De esta manera, este libro no sólo le servirá de herramienta de aprendizaje, sino como guía de referencia y consulta para cualquier duda que le surja.

La obra está concebida desde la experiencia y va dirigida tanto a los que comienzan su andadura por el mundo de las tres dimensiones, como a aquellos que, manejándolo y conociendo versiones anteriores del programa, desean actualizar sus conocimientos o perfeccionarlos.

3ds max 5 es la última versión del programa. En ella, descubrirá que ha cambiado bastante su aspecto y la edición de objetos y sus transformaciones, siendo totalmente configurable. Incorpora nuevas herramientas, como Radiosidad y Capas, que iremos comentando a lo largo de la obra. También, apreciaremos una mayor comodidad de trabajo y facilidad de uso.

Por último, me gustaría indicar que es un programa muy completo, pero que no es difícil de utilizar. En estas líneas hemos intentado resumir las inmensas posibilidades que ofrece el programa. Su trabajo y su interés en probar y descubrir nuevos campos harán el resto. Espero que la lectura que está a punto de comenzar le resulte educativa e interesante. Disfrute con ella.

Capítulo 1

3ds max 5: Introducción

En este capítulo:

- Aprenderá a establecer el controlador de pantalla.
- Haremos un recorrido por las posibilidades que nos brinda el programa.
- Mostraremos tres aplicaciones relacionadas con *max 5*: *Gmax*, *Plasma* y *VIZ*.

Introducción y configuración del controlador de pantalla

3ds max 5 es el programa de tres dimensiones de *Discreet*, empresa perteneciente a *Autodesk*, que se encuentra integrado dentro del sistema operativo *Windows*.

El proceso de instalación del programa se comenta en el apéndice A.

Tras la instalación, tendremos acceso al programa desde el menú Inicio de *Windows*.

La primera vez que se ejecuta el programa (figura 1.1), tenemos que configurar el controlador de pantalla por medio de un cuadro de diálogo, en el que se presentan las siguientes opciones:

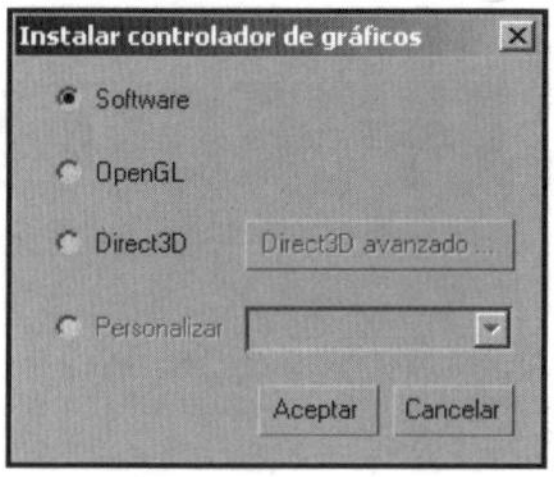

Figura 1.1. Instalar controlador de gráficos

- Software: Con esta opción, indicamos al ordenador que todos los cálculos de vídeo 3D se realicen por *software*. Este tipo de controlador lo poseen todas las tarjetas gráficas.
- OpenGL: Al seleccionarlo, indicamos que utilice un controlador *OpenGL*, que debe estar instalado en *Windows*. No todas las tarjetas gráficas son compatibles con él.
- Direct3D: Este dispositivo es compatible con la mayoría de las tarjetas 3D del mercado y es útil para acelerar la representación de los objetos en pantalla. Al activar esta opción, tenemos acceso al botón ***Direct3d avanzado***, que despliega el cuadro de diálogo Instalar controlador Direct3d, en el que podemos establecer las características del controlador.
- Personalizado: Seleccionaremos esta opción cuando tengamos instalado un dispositivo diferente a los anteriores.

Nota

*Esta configuración también se puede cambiar desde la pestaña **Visores** del cuadro* Configuración de preferencias, *al que accedemos desde la opción* Preferencias *del menú* Personalizar.

Presentación del programa

3DS es una aplicación integrada totalmente en *Windows* (figura 1.2), por lo que nos resultará fácil adaptarnos al programa, pese a sus numerosas funciones.

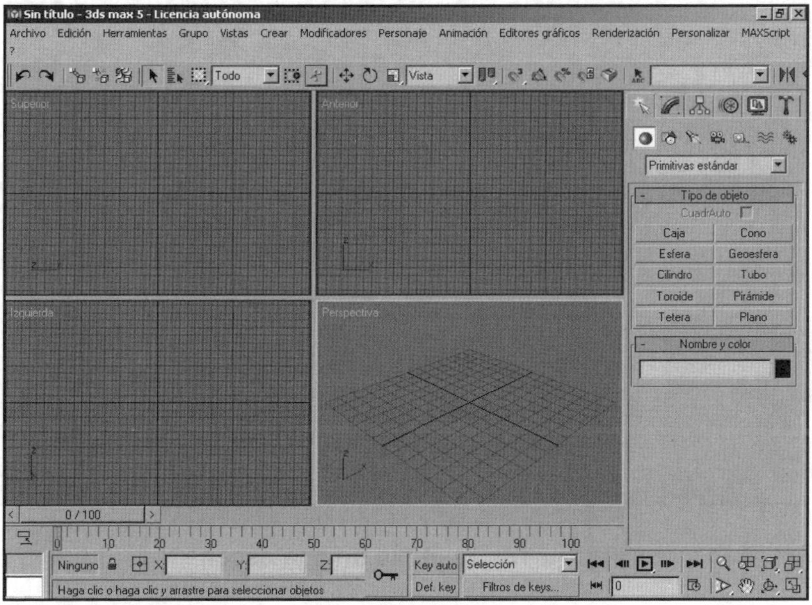

Figura 1.2. Pantalla del programa

3ds max es una aplicación monodocumento, lo que quiere decir que sólo podemos trabajar con una escena en cada ocasión. Es posible trabajar con dos ventanas del programa, siempre que la memoria del ordenador nos lo permita.

A lo largo del libro, veremos la amplia gama de posibilidades que se nos presentan para lograr una animación o una imagen fotorrealista de la escena que nosotros imaginemos.

A la hora de crear una escena con el programa, realizaremos los siguientes pasos, que darán pauta de estudio en nuestro manual:

- Definiremos las unidades del sistema, tanto del entorno *3ds max* como de la escena en cuestión.
- Modelaremos objetos en dos y en tres dimensiones, como los que podemos apreciar en la figura 1.3.
- Modificaremos y transformaremos los objetos creados, para conseguir las figuras que deseemos.

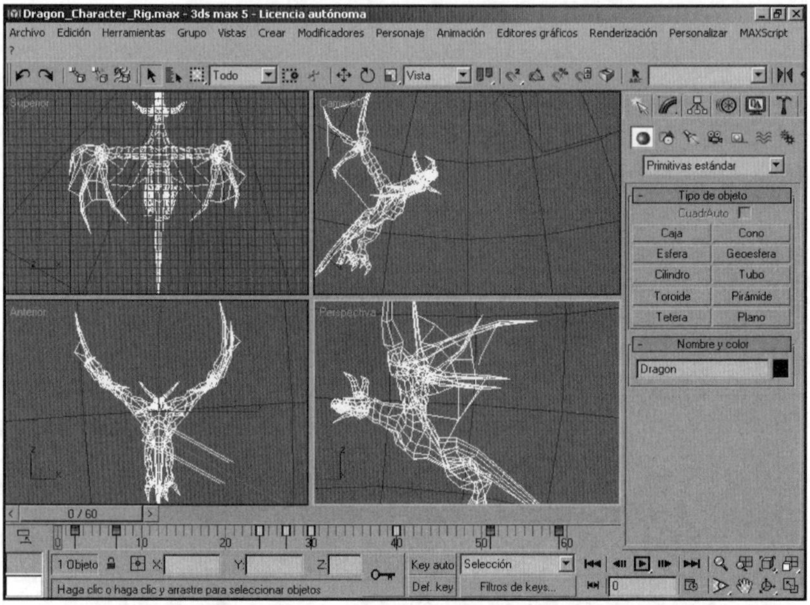

Figura 1.3. Ejemplo de una escena

- Aplicaremos luces a la escena, con el fin de obtener un efecto más realista, que nos ayudarán a disimular errores que hayamos podido cometer en la creación y modificación de objetos. Las luces no se podrán apreciar con toda su realidad hasta que no veamos el resultado en la representación.
- Colocaremos cámaras, para poder ver los objetos desde diferentes ángulos.
- Aplicaremos materiales, con los que llegaremos a tener una sensación tal de la realidad que convertirán nuestro programa en la herramienta

perfecta para representar escenas fotorrealistas. La aplicación de materiales nos permitirá conseguir imágenes reales, como la que podemos apreciar en la figura 1.4.

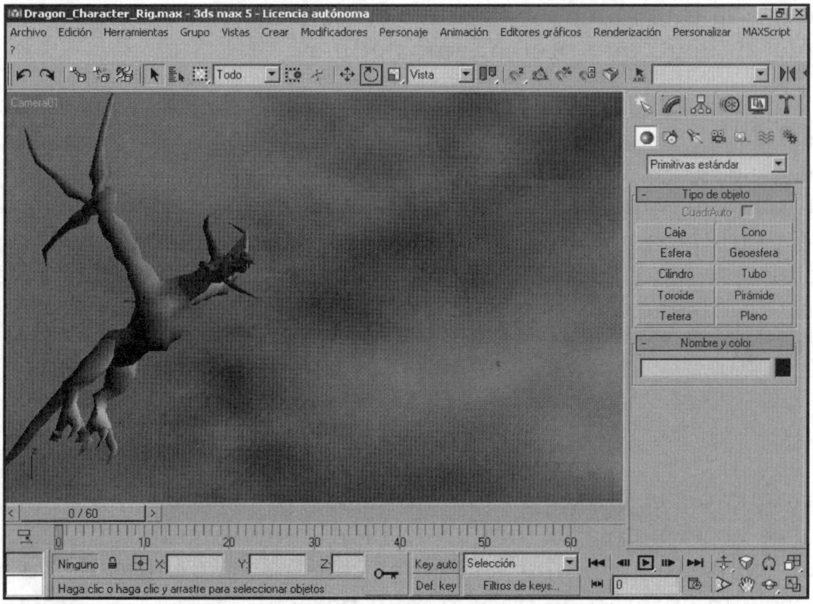

Figura 1.4. Aplicación de materiales

- Animaremos la escena.
- Y, por último, representaremos tanto la imagen como la animación, a la que podremos añadir efectos finales. El conjunto de elementos añadidos a la escena darán como resultado la representación de nuestra imaginación en una pantalla de ordenador.

Aplicaciones de *MAX* en juegos, Internet y arquitectura

Aunque no sean novedades que van relacionadas directamente con la versión 5 del programa, *Discreet* ha lanzado al mercado tres aplicaciones, recortadas de la versión *MAX*, que se comercializan por separado y que cubren tres campos importantes en el diseño.

GMAX

Es un producto comercializado por la división Discreet, con el que podemos realizar niveles para juegos como *QUAKE*. La forma de trabajar es similar a la que vamos a estudiar en este manual, aunque el entorno se adapta al juego que pretendamos editar.

Plasma

Es una herramienta basada en *3ds max*, especialmente diseñada para utilizarla en diseño Web. Con ella podremos modelar en 3D, realizar animaciones y renderizados, que vincularemos con las principales aplicaciones de diseño Web, como *Flash* y *Director* (productos de la casa *Macromedia*).

VIZ

Para la rama de la infografía de edificios y diseño de interiores, *Autodesk* posee en el mercado una aplicación denominada *VIZ*, con la que podemos conseguir simular cualquier construcción antes de su realización. Posee un entorno de trabajo muy parecido a *MAX* y, prácticamente, con las mismas opciones.

Resumen

Este primer capítulo nos ha servido para situarnos en el programa, tanto a aquellos lectores que no conocían *3ds max*, para los que ha sido una toma inicial de contacto con la que han podido descubrir el amplio abanico de opciones que podemos encontrar, como a los que ya conocen algo, a los que hemos recordado el proceso de estudio de esta obra.

Además, hemos visto cómo *3ds max* puede cambiar de piel para adaptarse a diferentes fines de trabajo, como juegos, Internet y arquitectura.

Los siguientes capítulos ya comenzarán de lleno con el trabajo en *3ds max*. 5

Capítulo 2

La interfaz: entorno de trabajo

En este capítulo aprenderá:

- Los menús del programa.
- Las opciones del menú Archivo.
- El uso de la barra de botones y las fichas.
- Las opciones del menú MaxScript.
- Las partes de la pantalla de trabajo.

Introducción

Como hemos comentado, *3ds max* se encuentra completamente enmarcado en la dinámica de trabajo de *Windows*.

La ventana de *3ds max* presenta en la parte superior una barra de título en la que se indica el nombre del archivo, o escena, que tenemos abierto.

Cuando abrimos esta ventana, aparece el nombre «Sin título», indicándonos, de esta forma, que la escena que tenemos abierta no tiene definido ningún nombre ni ninguna ubicación de almacenamiento.

En la figura 2.1 tenemos la ventana de *3ds max*.

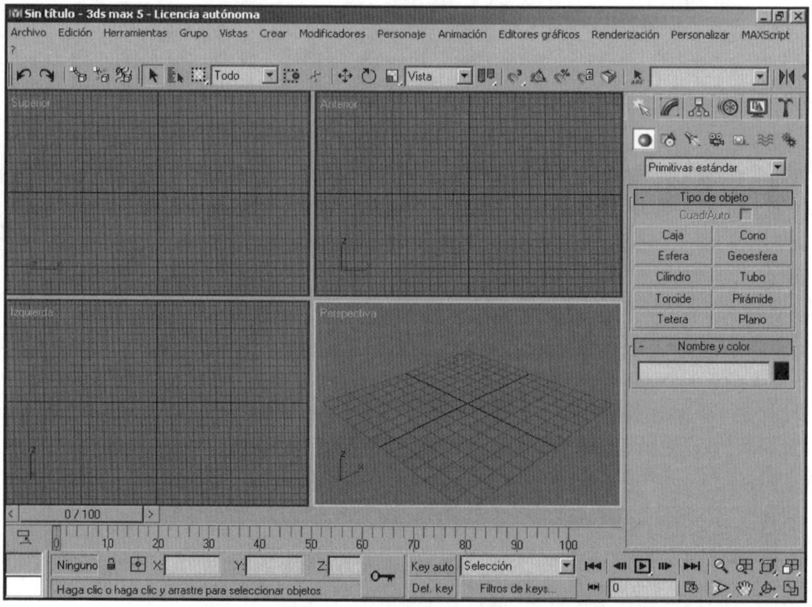

Figura 2.1. Ventana de *3ds max*

Seguidamente, vamos a realizar un recorrido por cada una de las partes de esta ventana.

Barra de menús

En la barra de menús, encontramos las opciones habituales de cualquier aplicación *Windows* como: Archivo, Edición, ? (Ayuda) y, además, las propias del programa: Herramientas, Grupo, Vistas, Crear, Modificadores, Personaje, Animación, Editores gráficos, Renderización, Personalizar y MaxScript.

Vamos a recorrer sus opciones, haciendo más hincapié en aquellas aplicaciones que no van a ser tratadas en los capítulos posteriores, como el menú Archivo.

Nota

*El acceso a la barra de menús se puede realizar con el uso del ratón o utilizando la tecla **Alt** del teclado, unida a la letra subrayada del título del menú.*

En la figura 2.2 podemos ver la barra de menús de *3ds max*.

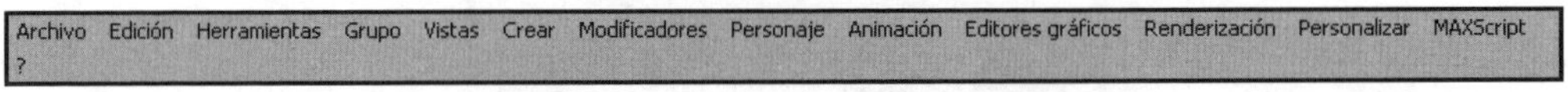

Figura 2.2. Barra de menús de *3ds max*

Menú Archivo

Como en toda herramienta de *Windows*, en este menú encontramos los comandos necesarios para administrar las escenas de *3ds max*. En la figura 2.3, se muestra el menú Archivo, que posee las siguientes opciones:

- Nuevo: Este comando nos permite crear una nueva escena, sin necesidad de darle ningún nombre. Podemos acceder a estas opciones pulsando la combinación de teclas **Control-N**. Esta opción despliega un cuadro de diálogo con tres posibilidades:
  1. Con objetos y jerarquía: Se utiliza para que la nueva escena mantenga los objetos y sus vínculos jerárquicos, eliminando únicamente de la escena las claves establecidas en la animación.
  2. Con objetos: De esta forma también suprimiremos, junto a las claves de animación, los vínculos entre los objetos, conservando los objetos en la nueva escena.
  3. Todos nuevos: Esta opción borra todo, empezando desde cero.
- Reiniciar: Borra todos los datos, y, además, reinicia los visores, los ajustes, el editor de materiales, etc. Al utilizar esta opción, aparecerá un cuadro de diálogo de confirmación. Si aceptamos reiniciar, ***3ds***

max vuelve a su configuración predeterminada, es decir, surte el mismo efecto que salir del programa y volver a ejecutarlo. Estos valores predeterminados se almacenan en el archivo maxstart.max.

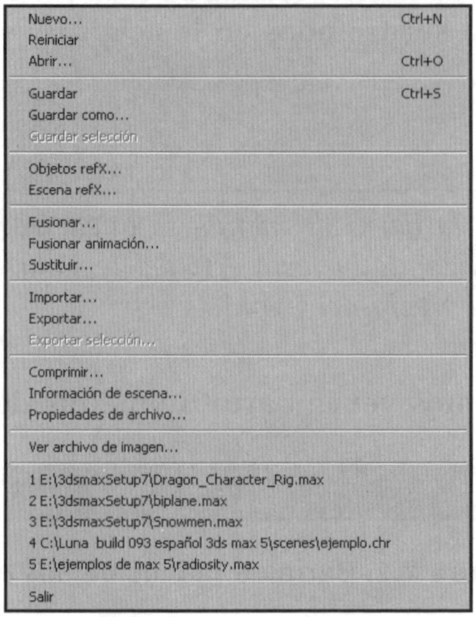

Figura 2.3. Menú Archivo

- Abrir: Si accedemos a esta opción, podremos abrir una escena que tengamos creada previamente. Las escenas de *3ds max* tienen la extensión **.max** aunque, como novedad, en esta versión también podemos abrir la extensión **.chr**. Como podemos ver en la figura 2.4, el cuadro de diálogo Abrir es igual al de cualquier aplicación *Windows*, aunque podemos comentar algunas diferencias:

Nota

La extensión **.chr** *la creamos con el propio programa, a través de la opción* Guardar personaje *del menú* Personaje. *Esa opción estará activada una vez que hayamos seleccionado la opción* Crear Personaje *del mismo menú.*

1. Historial: Es una lista de las últimas carpetas de las que hemos seleccionado algún archivo para abrir. Si siempre almacenamos nuestras escenas en carpetas comunes, probablemente, desde este historial nos resulte más fácil acceder a ellas.

2. Miniatura: Es una presentación preliminar de la escena que tengamos seleccionada para abrir.

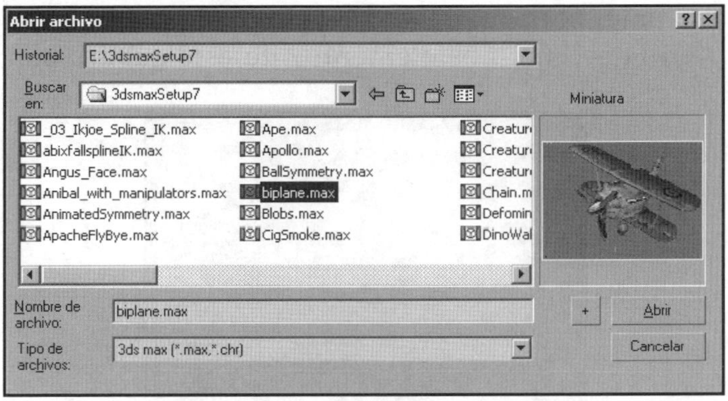

Figura 2.4. Cuadro de diálogo Abrir archivo

- Guardar: Con esta opción guardaremos la escena. Tenemos acceso a ella con la combinación de teclas **Control-S**. Si con anterioridad la escena no ha sido guardada, al ejecutarla, accederemos a la opción Guardar como.
- Guardar como: Guarda la escena que tenemos abierta, ofreciendo la posibilidad de asignarle un nombre y una ruta.
- Guardar selección: Guarda el objeto o el conjunto de objetos seleccionados de la escena actual, como un archivo *3ds max*, indicándole el nombre y la ruta.

Nota

Utilizaremos esta opción para crear archivos con un solo objeto, consiguiendo, de esta forma, tener una biblioteca de objetos que podremos utilizar para fusionarlos en otras escenas. La opción Fusionar *la comentamos en este mismo apartado.*

- Objetos RefX: Nos ofrece la posibilidad de incorporar objetos a la escena de forma referenciada. Estos objetos aparecerán en la escena que tengamos creada, pero, en realidad, pertenecen a archivos **.max** externos. De esta forma, podremos construir una escena con objetos que estén realizando otras personas, de tal manera que los cambios que efectúen estos otros usuarios se mostrarán en los objetos referenciados que tengamos en nuestra escena. Esto nos va a permitir traba jar con ellos de forma más rápida. Los objetos referenciados aparecen en la escena y pueden animarse. En la figura 2.5 podemos ver el cuadro de diálogo que obtenemos al hacer clic sobre esta opción, que nos servirá para gestionar los diferentes objetos referenciados que tengamos en la escena. Los elementos de este cuadro son:

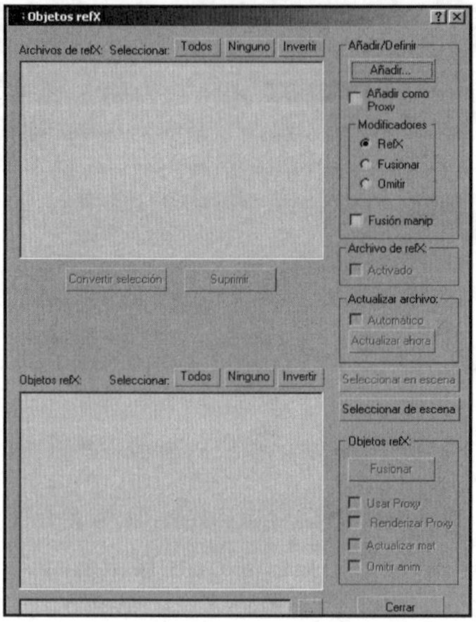

Figura 2.5. Objetos RefX

1. Primeramente, encontramos la ventana de Archivos RefX, en la que aparecen todos los archivos que tenemos referenciados. Para añadir o eliminar archivos, usaremos los botones **Añadir** y **Suprimir**. Al pulsar el botón **Añadir**, nos aparece el cuadro de diálogo Abrir_archivo, en el que seleccionaremos el documento del que deseamos referenciar objetos que lo formen. Se despliega el cuadro Fusionar RefX, que muestra los objetos que componen la escena añadida, para que seleccionemos aquellos que queremos que sean considerados como objetos RefX. La descripción de este cuadro y su uso son similares a los del apartado Fusionar. Si, durante esta selección, alguno de los objetos referenciados posee animación, aparecerá una solicitud en la pantalla para fusionarla o no.
2. Debajo está la ventana de Objetos RefX, en la que aparece una lista de los objetos referenciados que poseen los archivos, que seleccionamos en la ventana superior.
3. Todo: Selecciona todos los elementos de la ventana.

4. Ninguno: Deselecciona todos los elementos de la ventana.
5. Invertir: Invierte la selección actual en la ventana.
6. Añadir como Proxy: Al activar esta casilla de verificación, los objetos que referenciemos serán del tipo proxy, es decir, objetos clónicos de los originales, pero con menos polígonos, para que el trabajo en los visores sea mucho más rápido.
7. Modificadores: Esta área determina cómo se van a tratar los modificadores de los objetos RefX. Tenemos tres posibilidades: RefX, en la que los modificadores no se pueden editar, ya que pertenecen al objeto (ésta era la opción que disponíamos en la versión 4), la segunda opción es Fusionar, en la que los modificadores se añaden a la escena, y Omitir, en la que no se tienen en cuenta los modificadores.
8. Fusión manip: Si esta opción está activada, cualquier objeto referenciado que posea manipuladores se añadirá a nuestra escena.
9. Convertir selección: Permite crear RefX a partir de los objetos seleccionados en la escena. Aparece un cuadro de diálogo para guardar los objetos en un archivo **.max**, pasando estos objetos a tener la propiedad de referenciados.
10. Suprimir: Elimina de la escena actual todos los objetos referenciados que pertenezcan a la escena seleccionada en la ventana superior (Archivos RefX).
11. Archivo RefX: Es una zona en la que tenemos la casilla de verificación Activado, que permite activar, o no, la RefX de los objetos de la escena seleccionada en Archivos RefX.
12. Las opciones de Actualizar archivo: Establecen la forma en la que se va a realizar la actualización de los archivos referenciados. Tenemos dos posibilidades: de forma manual, pulsando sobre el botón **Actualizar ahora**, o de forma automática, con la casilla de verificación Automático, activada.
13. Seleccionar en escena: Nos permite seleccionar objetos en la escena. Para ello, simplemente tenemos que seleccionarlos en la ventana Objetos RefX y hacer clic en este botón. Para añadir objetos a la selección actual en la escena, mantendremos pulsada la tecla **Control** y haremos clic en **Seleccionar en escena**. De igual forma, usaremos la tecla para deseleccionar los objetos.
14. Seleccionar de escena: Al pulsar este botón, aparecerán, marcados en la ventana Objetos RefX, los objetos referenciados que tengamos seleccionados actualmente en la escena.

15. Las opciones de Objetos RefX permiten **Fusionar** los objetos que tengamos seleccionados, pasando a ser objetos reales de la escena. También aparecen cuatro casillas de verificación, que son diferentes propiedades de cada objeto seleccionado. Usar Proxy muestra el objeto como proxy. Representar Proxy, activada, mostrará la representación proxy en lugar de la *RefX*. Actualizar mat, pulsada, permite que el material que tiene asignado el objeto de RefX se actualice en cada actualización. Omitir anim, al estar marcada, se desactiva la animación del objeto.
16. Cerrar: Este botón cierra el cuadro de diálogo.

- Escenas RefX: También podemos referenciar escenas completas. Las escenas referenciadas no pueden ser modificadas y los cambios aplicados en la escena original se aplican en el archivo que posea la referencia. Las escenas RefX no aparecerán en la lista de objetos de nuestra escena. El uso de estas escenas nos permitirá elaborar una escena final entre varios usuarios, referenciando los archivos de los compañeros del proyecto. En la figura 2.6 podemos ver el cuadro de diálogo que surge al hacer clic sobre esta opción y que pasamos a comentar:

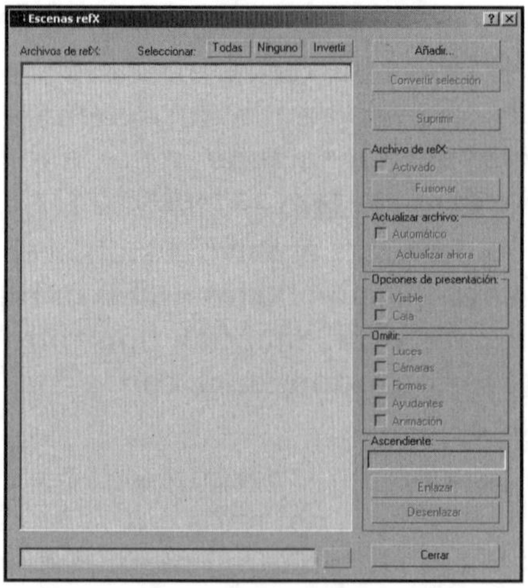

Figura 2.6. Escenas RefX

1. Ventana Archivos RefX: Ocupa prácticamente la totalidad del cuadro. En ella aparece la ruta de los archivos que tenemos referenciados y nos sirve como ventana de selección de objetos.

Nota

Cuando en la ventana Archivos RefX *aparece una ruta en color rojo es que no se ha podido cargar ese archivo. El motivo puede ser la falta o deterioro del archivo especificado.*

2. En la parte inferior aparece un cuadro en el que podemos establecer la ruta de las escenas seleccionadas.
3. La mayoría de las opciones de la parte izquierda tienen el mismo uso que el comentado en el apartado referido a Objetos RefX. No obstante, existen algunas pequeñas diferencias.
4. Opciones de presentación: Esta zona nos da la posibilidad de elegir entre una representación, en forma de caja, o no, según activemos, o no, la opción Caja. Por otra parte, tendremos también posibilidad de ocultar la escena referenciada, estando desactivada la casilla de verificación Visible.
5. Omitir: Nos permite seleccionar aquellos tipos de objetos de la escena que no queremos referenciar.
6. Ascendiente: Esta área nos permite vincular el archivo referenciado con un objeto de la escena actual. Los controles que tenemos nos permiten seleccionar o deseleccionar el objeto (**Enlazar** y **Desenlazar**). Al comienzo del cuadro aparece el nombre objeto utilizado.

- Fusionar: Esta opción sirve para fusionar, es decir, incorporar objetos de otro archivo *3ds max*. Por medio de un cuadro de diálogo, seleccionamos el archivo en el que están los objetos que deseamos fusionar. Una vez elegido el archivo, aparece otro cuadro de diálogo, el recogido en la figura 2.7, que nos muestra los objetos que contiene el archivo seleccionado. Aquí, escogemos los objetos a fusionar. Las opciones del cuadro de diálogo son:

1. Todo: Selecciona todos los objetos de la escena.
2. Ninguno: Desactiva la selección de los objetos.
3. Invertir: Invierte la selección.
4. Dentro del apartado Mostrar tipos, tenemos las mismas opciones: **Todo**, **Ninguno** e **Invertir**, que se aplicarán a los tipos de objetos que aparecen en el cuadro de la izquierda. Los tipos de objetos que podemos seleccionar son: Geometrías, Formas, Luces, Cámaras, Ayudantes, Efectos especiales y Grupos.

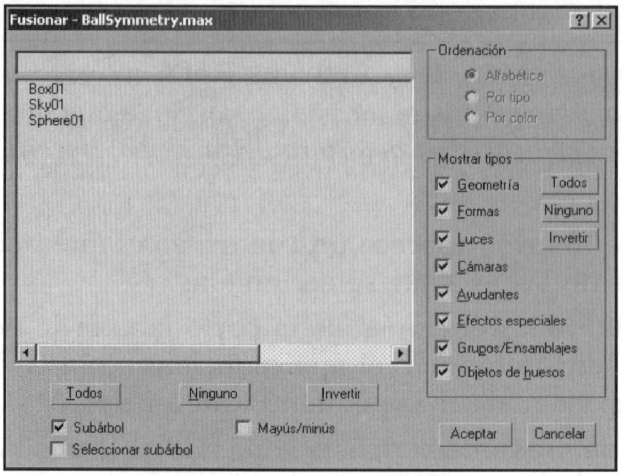

Figura 2.7. Fusionar

5. Las opciones de ordenación sirven para ordenar los objetos por orden alfabético, por tipo y por color. Esta opción sólo está disponible cuando tenemos desactivado el cuadro de verificación Subárbol.

Advertencia

Cuando intentamos fusionar objetos que tengan el mismo nombre que alguno de los de la escena actual, aparecerá un mensaje en el que podremos cambiar el nombre o no fusionarlos.

- Fusionar animación: Nos permite importar una animación de otra escena, sustituyendo las pistas en la escena inicial. Esta opción sólo está disponible cuando tengamos realizada una animación en nuestra escena. Al seleccionar esta opción, aparece el cuadro de diálogo de Selección de Archivo, en el cual elegimos la escena de la que queremos insertar las pistas y se abre un cuadro de diálogo, en el que establecemos los diferentes parámetros de la fusión.
- Sustituir: Nos permite sustituir en nuestra escena los objetos de otra escena, fusionando sólo aquellos que tengan el mismo nombre. Cuando sustituimos un objeto de una escena, se cambia su geometría, pero no sus efectos especiales, su jerarquía, sus transformaciones, etc.
- Importar: Importa objetos, de otro formato, a la escena actual. Cuando accedemos a esta opción, se abre un cuadro de diálogo de Selección de Archivo. Los tipos de archivos que podemos importar son: malla de *3D*

Studio (3DS), Proyecto de *3D Studio* (PRJ), *Adobe Illustrator* (AI), *Autocad* (DWG, DXF), especificación inicial de intercambio de gráficos (*IGES*), Formas de *3D Studio* (SHP), Estereolitografía (STL), VRML (WRL, WRZ), ficheros de *Kaydara Filmbox* (FBX) y extensiones de *Lightscape* (LS, VW, y LP).

- **Exportar**: Esta opción es equivalente a **Guardar como**, pero guarda los archivos en otros formatos: 3DS, DWG, DXF, STL, ASE, (representación ASCII de la escena), extensiones de *Lightscape* (ATR, BLK, DF, LAY, LP y VW) y WRL.
- **Exportar selección**: Realiza la misma opción que la anterior, pero almacena sólo los objetos seleccionados en la escena.
- **Comprimir**: Se abre un cuadro de diálogo similar al de **Guardar** y sirve para crear un archivo comprimido de la escena. También podemos crear un archivo de texto con los mapas de bit de la escena, indicando el nombre y la ruta de acceso. Los archivos se comprimen en formato ZIP y tienen la extensión **.zip**. La extensión de los archivos de texto es **.txt**.
- **Información de escena**: Muestra un cuadro de diálogo sobre el resumen de la escena actual, tal y como se observa en la figura 2.8. Desde este cuadro, podemos guardar la información en un archivo **.txt**, y, sobre todo, mostrar todos aquellos *plug-ins*, tanto los que hemos utilizado en esta escena como los que tenemos cargados en el programa.

Nota

Los plug-ins *son pequeñas aplicaciones que se añaden a la estructura del programa y que nos permitirán crear nuevos objetos, aplicar nuevas luces, más efectos, etc. Hay que resaltar, también, que la mayor parte de las herramientas que tenemos en el programa son* plug-ins.

Advertencia

Si en una escena hemos utilizado un plug-in *y luego pretendemos abrir el archivo desde otro ordenador en el que no se encuentra instalado el plug-in, no podremos ver los objetos, ni las modificaciones, ni los efectos creados con los* plug-ins *ausentes.*

Nota

Los plug-ins *que tengamos para la versión 4 son totalmente compatibles con la versión 5, lo que no quita que el fabricante nos exija algún pago por el uso en otro sistema distinto.*

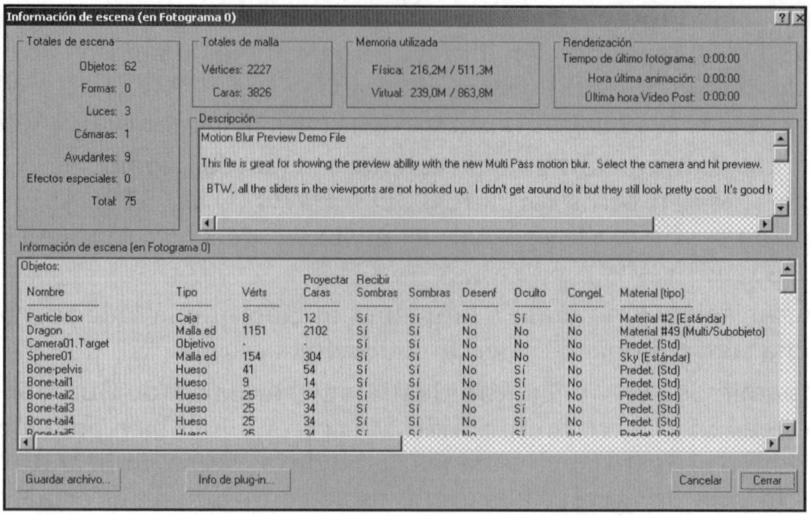

Figura 2.8. Resumen de la escena

- **Propiedades de archivo:** Se abre el cuadro de diálogo **Propiedades de archivo**, en el que podremos especificar el título, el tema, el autor, etc.

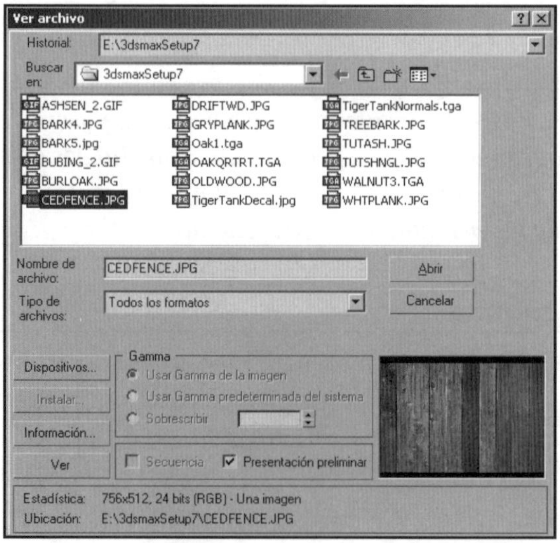

Figura 2.9. Ver archivo

- **Ver archivo de imagen:** Abre un cuadro de diálogo (figura 2.9) que nos permite visualizar una imagen o un archivo de animación, mostrando una presentación preliminar en la parte inferior del cuadro. Para ver la imagen a su tamaño original, haremos clic sobre el botón **Ver**.

- Historial: Almacena la lista de los últimos archivos con los que hemos trabajado.
- Salir: Esta opción es genérica de todos los programas y nos permite abandonar la aplicación. Si tenemos alguna escena abierta de la cual no hemos guardado los cambios, antes de salir, nos pedirá que almacenemos, o no, dichos cambios.

Menú Edición

En este apartado, vamos a ver las opciones del menú Edición, que se muestra en la figura 2.10.

- Deshacer: Esta opción aparece, normalmente, seguida de otro texto, que es la referencia de lo que queremos deshacer. Con esta opción, eliminamos la modificación o la orden aplicada a nuestra escena con anterioridad. La tecla de acceso rápido es **Control-Z**.
- Rehacer: Es la opción opuesta a Deshacer. Estas dos opciones poseen unos iconos en la Barra principal. Su tecla de acceso rápido es **Control-Y.**
- Retener: Permite guardar el estado actual de una escena en un archivo temporal, llamado maxhold.max, situado en la carpeta especificada en el cuadro de diálogo Configurar rutas de acceso, al que podemos acceder desde el menú Personalizar.
- Restituir: Restituye el estado de la escena que tuviéramos archivada con la opción Retener en el archivo maxhold.max.

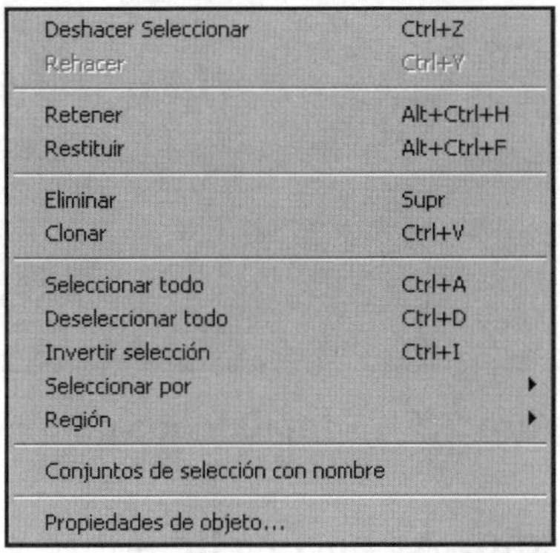

Figura 2.10. Menú Edición

- **Eliminar**: Sirve para borrar los objetos que tengamos seleccionados en la escena actual. Es el mismo uso que pulsar la tecla **Supr** del teclado.
- **Clonar**: Esta opción permite copiar objetos. Será motivo de estudio en el capítulo 13.
- **Seleccionar todo**: Se usa para seleccionar todos los objetos de la escena.
- **Deseleccionar todo**: Permite anular la selección realizada.
- **Invertir selección**: Invierte la selección, es decir, todos los objetos que no estén seleccionados pasan a estarlo y los objetos seleccionados dejan de estarlo.
- **Seleccionar por**: Abre un menú en el que podemos establecer un método de selección, que se tratará en el capítulo 4.
- **Región**: Establece el tipo de selección por el arrastre del ratón.
- **Conjuntos de selección por nombre**: Nos permite administrar los distintos conjuntos de selección por medio de un cuadro de diálogo. Se tratará en detalle en el capítulo 4.

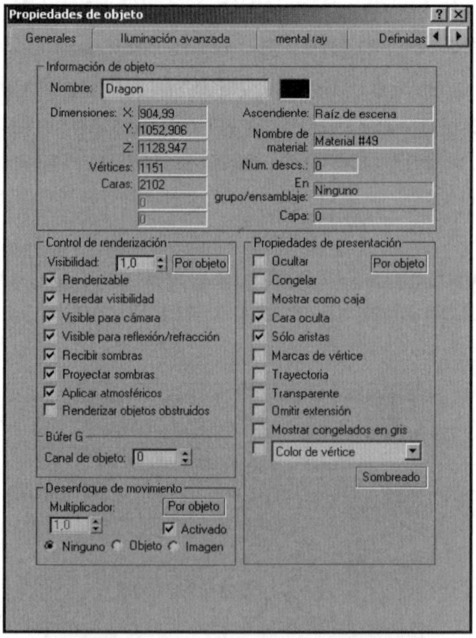

Figura 2.11. Propiedades de objeto

- **Propiedades de objeto**: Al hacer clic sobre esta opción, aparece el cuadro de diálogo **Propiedades de objeto**, con los datos del elemento seleccionado (figura 2.11). Podemos acceder a las mismas propiedades seleccionando la opción **Propiedades** del menú emergente, que surge al hacer clic con el botón derecho del ratón sobre algún objeto de la escena.

Menú Herramientas

Dentro de este menú, encontramos las funciones que serán tratadas en mayor profundidad en los capítulos siguientes, de manera que, en este apartado, sólo daremos una breve descripción de su utilidad.

En la figura 2.12 se puede observar el contenido de este menú.

- **Definir transformación**: Abre un cuadro de diálogo para establecer el movimiento, la rotación y el escalado del objeto seleccionado. Estas transformaciones se tratarán en el capítulo 6.
- **Presentación flotante**: Presenta un cuadro de diálogo que resume las opciones del panel **Presentación**. Estas opciones serán tratadas en capítulos posteriores.
- **Selección flotante**: Abre un cuadro de diálogo que permite seleccionar objetos de la escena. Este cuadro de diálogo, igual que los anteriores, se puede mantener visible mientras realizamos cualquier operación.

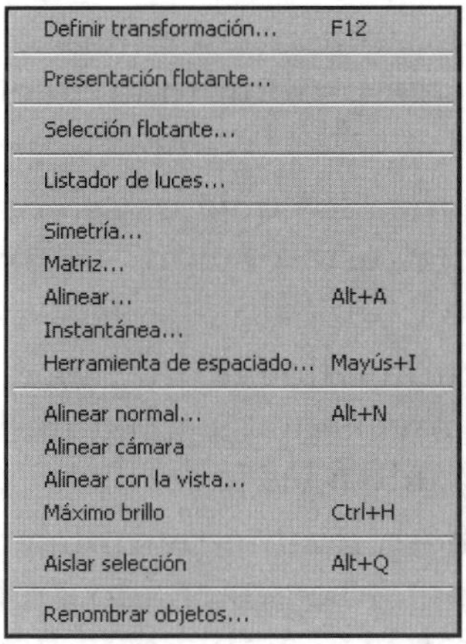

Figura 2.12. Menú Herramientas

- **Listador de luces**: Despliega un cuadro de diálogo en el que se muestra la lista de todas las luces que tenemos en la escena. Desde este cuadro, se pueden modificar algunos de sus parámetros. Estas opciones se comentarán en el capítulo 16.

- Simetría: A través del cuadro de diálogo que aparece, podremos realizar simetrías de los objetos. Esta opción será desarrollada con más detalle en el capítulo 13.
- Matriz: Con esta opción podremos crear matrices de objetos que tengamos seleccionados. Sobre la creación de matrices se hablará en profundidad en el capítulo 13.
- Alinear: Utilizaremos esta opción para alinear el objeto actual con otro. Todas las opciones de alineación serán tratadas en el capítulo 5.
- Instantánea: Es otro método de copia, pero a partir de una animación. Trataremos esta técnica en el capítulo 13.
- Herramienta de espaciado: Es otra herramienta de clonación que veremos en el capítulo 13.
- Alinear normal: Permite alinear las normales de los objetos.

Nota

Llamamos normal *al vector que parte del centro de las caras de los objetos, determinando hacia donde señala la cara. La dirección del vector normal indica cuál es la parte externa de la cara.*

- Alinear cámara: Permite alinear la cámara con la normal de una cara seleccionada. Se tratará en profundidad en el capítulo destinado a las cámaras.
- Alinear con la vista: Alinea los objetos seleccionados con vista del visor actual. Al seleccionar esta opción, se abre un cuadro de diálogo que comentaremos en el capítulo 5.
- Máximo brillo: Nos permite alinear una luz con un objeto, para conseguir que presente con precisión su máximo brillo. Hablaremos sobre ello en el capítulo dedicado a las luces.
- Aislar selección: Esta herramienta permite editar un objeto o un conjunto de ellos que tengamos seleccionados, mientras el resto de la escena está oculto. Mientras esté activa esta herramienta, se activará el cuadro de diálogo Advertencia selección Aislada, en el que encontramos el botón **Salir del modo de aislamiento**. Haciendo clic sobre él, volvemos a mostrar todos los objetos de la escena. El aislamiento efectúa un zoom del objeto en todos los visores.

- **Renombrar objetos**: Esta opción es nueva en la versión 5. Nos permite cambiar de forma rápida los nombres de los objetos que tenemos en la escena. Al seleccionarla, se despliega el cuadro de diálogo **Renombrar objetos**, en el que hallamos las siguientes opciones:
  1. **Seleccionados**: Esta casilla de verificación, cuando está activada, implica que se van a renombrar los objetos seleccionados.
  2. **Designar**: Es una casilla de verificación que, al marcarla, despliega el cuadro de selección de objetos para que establezcamos qué objetos queremos renombrar.
  3. **Nombre base**: Es el nuevo nombre que van a tener los objetos a renombrar. Este nombre es el base, ya que ahora debemos añadirles sufijos y/o prefijos.
  4. **Prefijo**: Permite establecer el prefijo que llevarán todos lo objetos.
  5. **Suprimir primero**: Son los caracteres que se van a suprimir del comienzo del nombre.
  6. **Sufijo**: Es el texto que se va a añadir tras el nombre.
  7. **Suprimir último**: Son los caracteres finales que se va a eliminar del nombre.
  8. **Numerados**, **Número base** y **Paso**: Permiten numerar objetos de forma incremental, siendo el **Número base** el número por el que se va a comenzar a renombrar y **Pasos** el incremento que se va a seguir.
  9. **Renombrar**: Este botón activa el cambio.

Menú Grupo

Contiene las funciones necesarias para unir varios objetos, para formar uno al que llamaremos grupo. Esta técnica se denomina agrupar. Podemos ver el menú **Grupo** en la figura 2.13 y, a continuación, ofrecemos una breve explicación de sus opciones.

Figura 2.13. Menú Grupo

- Agrupar: Esta opción sirve para reunir en un mismo grupo los objetos que tengamos seleccionados. Lo que necesitamos para crear un grupo es el nombre, ya que *3ds max* es un programa orientado a objetos. La solicitud del nombre se hace por un cuadro de diálogo. Una vez que tengamos creado el grupo, cada vez que seleccionemos algún objeto de él, queda seleccionado todo el grupo. El grupo será tratado como un objeto dentro de la escena. Un grupo puede contener también otros grupos.
- Desagrupar: Separa los elementos del grupo que tengamos seleccionado en los diferentes objetos o grupos que lo componen.
- Abrir: Permite desagrupar temporalmente, un grupo para poder acceder a modificar sus objetos con independencia. Cuando terminemos de realizar las transformaciones, debemos usar Cerrar.
- Cerrar: Esta opción sólo está disponible cuando tenemos un grupo abierto y nos permite cerrar dicho grupo.
- Asociar: Permite añadir elementos externos a un grupo abierto.
- Disociar: Este comando se activa cuando se trabaja con un grupo abierto y nos permite extraer del grupo los elementos que seleccionemos antes de hacer clic sobre esta opción.
- Descomponer: Es una opción parecida a Desagrupar, pero Descomponer desagrupa todos los objetos del grupo, incluso los grupos que formen parte del grupo seleccionado.

Nota

Las opciones del menú Grupo *se tratarán en el capítulo 4 del manual.*

Menú Vistas

Este menú Vistas posee todas las funciones para configurar y controlar los visores del programa, que son las cuatro vistas que aparecen en la ventana del programa. Estos apartados se desarrollarán en los capítulos destinados a la configuración de visores y a las unidades de medida con las que vamos a trabajar.

Los visores nos muestran vistas distintas de la misma geometría, consiguiendo, de ese modo, crear al usuario la sensación de tres dimensiones del objeto.

Menú Crear

En este menú, encontramos cinco submenús, que poseen la lista de algunos elementos del panel Crear.

Seleccionada la opción, en este menú, se despliegan los parámetros del tipo de objeto seleccionado, en el panel Crear de la parte derecha de la pantalla.

Las cinco categorías que encontramos son:

- Primitivas estándar: Son elementos de la categoría Geometría, con los siguientes objetos posibles: Caja, Cono, Esfera, Geoesfera, Cilindro, Tubo, Toroide, Pirámide, Plano y Tetera.
- Primitivas extendidas: Otra subcategoría de Geometría, que posee: Poliedro, Nudo toroide, ChaflánCaja, ChaflánCilindro, Bidón, Cápsula, Huso, Extensión L, Gengon, Extensión C, OndaAnill, Manguera y Prisma.
- Formas: Son los objetos de la subcategoría Splines, en las opciones de la categoría Formas del panel Crear. Las posibilidades de este submenú son: Línea, Texto, Arco, Círculo, Corona, Elipse, Hélice, Polígono, Rectángulo, Sección y Estrella.
- Luces: Las opciones de este menú corresponden a varias zonas del panel Crear. En él, encontramos todos los tipos de luces disponibles. En el capítulo 16, desarrollaremos todos estos tipos. Esta es una de las áreas que más se han actualizado en la versión 5.
- Cámaras: Permite crear los dos tipos de cámaras disponibles: Cámara libre y Cámara con_objetivo.
- Partículas: Desde este submenú, podemos crear los siguientes sistemas de partículas: Ventisca, MatrizP, NubeP, Nieve, Aerosol y Superaerosol.

Menú Modificadores

En este menú, encontramos once categorías de los modificadores más usuales para los diferentes objetos. Es posible que algunas de las opciones se encuentren desactivadas para algunos tipos de objetos, mientras que no lo estén para otros. Cada uno de los modificadores que seleccionemos despliega las opciones relativas a él en el panel Modificar de la parte derecha de la pantalla.

Comentaremos los principales modificadores en los capítulos dedicados a este concepto.

Menú Personaje

Este menú es nuevo en la versión 5 y posee opciones para definir las características de personajes. Además, encontramos las herramientas necesarias para definir *Huesos*.

Menú Animación

Este menú ha cambiado desde la versión anterior, ya que, ahora, hay elementos más específicos relativos a los diferentes controladores de animación que podemos añadir.

Muchos de los conceptos de este menú son de un nivel avanzado. Algunos de ellos se comentarán en este manual.

Menú editores gráficos

En este menú, se han resumido otros dos que aparecían en la versión anterior, dando acceso a dos herramientas de edición y de selección: Track View y Vista esquemática.

Track View nos permitirá controlar los parámetros de animación de la escena, así como toda la escena en su estructura ramificada. También, la utilizaremos como herramienta de selección de objetos. Tratemos este concepto en el capítulo 18, dedicado a la animación.

Vista esquemática es una ventana que confiere un control visual sobre la jerarquía de toda la escena, las relaciones entre los objetos, el historial de modificadores de un objeto, la estructura de materiales, etc.

Menú Renderización

Este menú corresponde a la representación de los objetos. Podremos crear presentaciones preliminares de la escena y animación, definir los parámetros del entorno, establecer efectos ambientales y componer escenas o imágenes con la aplicación Vídeo Post. Estas aplicaciones se verán en el capítulo 19.

Como novedad, en el menú encontramos Iluminación avanzada y Renderizar a textura.

Menú Personalizar

Desde este menú podremos configurar las diferentes **Fichas** (barras de herramientas), personalizar el aspecto del entorno a nuestro gusto, configurar las diferentes rutas de acceso y disponer de un administrador de *plug-ins*.

Los diferentes parámetros de personalización se tratarán en el último capítulo de este libro.

Menú MaxScript

El menú (figura 2.14) contiene los comandos para trabajar con guiones creados con el lenguaje interno de *3ds max: MaxScript*.

Figura 2.14. Menú MaxScript

MaxScript es un lenguaje de generación de guiones con el que podemos:

- Crear guiones para todos los aspectos del programa: modelado, animación, materiales, representación, etc.
- Controlar el programa mediante una ventana de línea de comandos denominada **Mini oyente de MaxScript**, situada en la **Barra de estado**.
- Almacenar guiones en el panel **Utilidades**, dentro de la opción **MaxScript**, desde los que presentamos los elementos programados con controles y botones para su uso.
- Construir herramientas de proceso por lotes.

Nota

Tenemos acceso a una ayuda, en inglés, bastante completa sobre el lenguaje de programación, que se encuentra en el menú ?, *en la opción* Referencia de MaxScript.

Los elementos del menú son:

- **Guión nuevo**: Esta opción despliega una ventana, como la de un procesador de texto, en la que debemos teclear el guión que deseamos crear. En la ventana encontramos cuatro menús comunes a un pequeño procesador de textos: **Archivo**, **Edición**, **Encontrar** y **?**.
- **Abrir guión**: Despliega el cuadro de diálogo de selección de archivo. Las extensiones de los guiones a editar son: ***.ms** y ***.mcr**. Una vez elegido el archivo, se abre el procesador de texto con el contenido del código en MaxScript.
- **Ejecutar guión**: Despliega el cuadro de selección de archivo para que elijamos el guión que vamos a ejecutar. Las extensiones posibles son: ***.ms**, ***.mcr**, ***.mse**, ***.mzp** y ***.ds**.
- **Oyente de MaxScript**: Es un intérprete interactivo de MaxScript, que permite introducir órdenes de forma interactiva. Como comentamos antes, tenemos un **Mini oyente de MaxScript** en la **Barra de estado**.
- **Grabadora de macros**: Esta opción activa una grabación de los movimientos del ratón, que se transforma en código MaxScript, para su posterior almacenaje y repetición en forma de proceso por lotes.
- **Editor de Visual MaxScript**: Despliega una ventana de diseño de programación típica de un lenguaje visual orientado a objetos (figura 2.15).

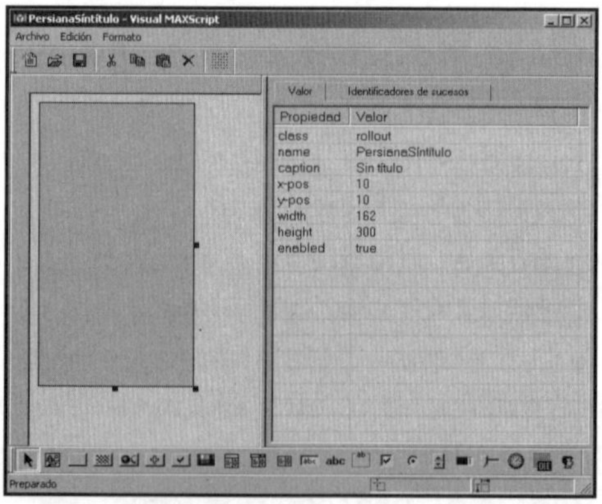

Figura 2.15. Editor de Visual MaxScript

Menú ?

Es otro de los menús típicos de *Windows* y desde él podemos acceder a la ayuda de la aplicación. Este menú permite desplegar las ayudas que posee el programa. La referencia de ayuda en línea está creada en compilados de HTML. Ese es el motivo por el que hay que instalar un navegador. En la figura 2.16 vemos la referencia en línea de *3ds max 5*.

Figura 2.16. Referencia del usuario

Como novedad en esta versión, se incorpora en este menú la opción de desplegar una animación en *Flash*, denominada **Mapa de aceleradores** (figura 2.17), en la que se nos presenta de forma atractiva y fácil de entender las diferentes teclas de acceso rápido que están configuradas. Si desplazamos el ratón por las diferentes partes del teclado, veremos qué teclas son las que están activadas. Podemos hacer un recorrido secuencial, haciendo clic en el triángulo que aparece en la esquina inferior derecha de la ventana.

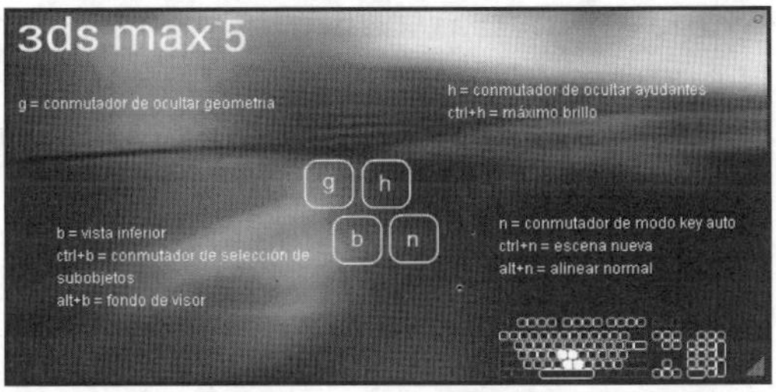

Figura 2.17. Mapa de aceleradores

Barra principal

La barra principal es un conjunto de botones (figura 2.18) situados debajo de los menús, desde los que tenemos acceso a las principales herramientas de trabajo.

Figura 2.18. Barra principal

Nota

Es aconsejable establecer el tamaño de los iconos de esta barra principal en formato pequeño, con el fin de presentar la mayor parte de ellos, a la vez, en la pantalla de trabajo. Para activar los iconos pequeños, debemos acceder al cuadro de diálogo Preferencias *del menú* Personalizar *y, en la pestaña* General, *desactivamos la opción* Botones grandes en barras de herramientas.

Comentamos, seguidamente, algunas consideraciones a tener en cuenta con este conjunto de botones:

- En la parte inicial de la barra, aparecen dos líneas verticales consecutivas. Si colocamos el puntero del ratón en esa zona, mostrará un aspecto de flecha con dos rectángulos en la parte final; en ese momento, si hacemos clic con el botón izquierdo y arrastramos el ratón, podemos cambiar de posición la barra, pasándola a flotante o anclada en otra parte de la pantalla. Para colocarla de nuevo en la posición, sólo debemos arrastrarla de nuevo, desde las mismas líneas o desde la barra de título en modo flotante, hasta situarla en la parte superior de la pantalla.
- La barra no se puede mostrar completamente, por lo que, si desplazamos el ratón sobre ella, hay unos momentos en los que aparece una mano. Si arrastramos en esa posición, podemos desplazar la información para ver el conjunto de botones que se encuentren ocultos.
- Algunos iconos de la barra presentan una marca en la esquina inferior derecha, indicándonos que son iconos desplegables, es decir, que, si hacemos clic con el botón izquierdo del ratón sobre él y mantenemos pulsado el botón, se desplegarán más botones.

- Si hacemos clic con el botón derecho del ratón en alguna zona de la barra donde no haya ningún botón, surge un menú emergente que permite desactivar la presencia de la Barra principal. Para volver a activarla, tenemos tres opciones:
  1. La primera es volver a hacer clic con el botón derecho del ratón sobre la zona de paneles o de estanterías y activar la opción Barra principal en el menú emergente.
  2. La segunda opción es desde el submenú Mostrar IU del menú Personalizar, donde tenemos posibilidad de activarla y desactivarla.
  3. Usando la combinación de teclas **Alt-6**. Esta opción conmuta la activación o la desactivación.

Otras barras de botones

Además de la barra de botones Principal, encontramos otras dos barras de botones, a las que haremos referencia a lo largo del manual: Restricciones a ejes y Capas.

Para desplegar estas opciones, usaremos el botón derecho del ratón sobre alguna zona de la barra principal donde no haya ningún objeto y, en el menú emergente, activaremos las respectivas barras de botones.

Panel de fichas

Están debajo de la Barra principal, siempre que se encuentren activadas. Por defecto, aparecen desactivadas.

Para activar el Panel de fichas, seguiremos la mismas opciones que las comentadas para la barra principal, pero en este caso la tecla de acceso rápido es **Y**.

Las fichas nos facilitan un acceso rápido a las opciones y cuadros de diálogo de todas las tareas *3ds max*. En la figura 2.19 podemos ver el Panel de fichas.

El panel de fichas contiene diferentes fichas, que denominaremos barras de herramientas cuando sean flotantes, y que poseen las opciones, en forma de icono, que tenemos dentro del programa. Así, por ejemplo, la barra de herramientas Objetos tiene los botones necesarios para crear los diferentes objetos estándar de la aplicación.

Figura 2.19. Fichas

Para acceder a las opciones de una ficha, sólo tenemos que hacer clic con el ratón en su título.

Podemos definir las fichas como solapas situadas bajo la barra de menús. Estas solapas proporcionan acceso rápido a casi todas las herramientas disponibles en el panel de comandos, así como a muchos elementos de los menús. Estas fichas podemos convertirlas en barras de herramientas flotantes, que podemos colocar en cualquier parte de la pantalla y variar su tamaño.

Las fichas contienen botones de texto o iconos, que nos dan acceso a diferentes acciones. Estos botones los podemos trasladar de una barra de herramientas a otra, manteniendo la tecla **Alt** pulsada y arrastrando el icono a la posición deseada dentro de la misma barra o a otra barra de herramientas (cuando una de las dos esté flotante).

En algunas configuraciones de pantalla, es posible que una parte de las barras de herramienta o una parte de los iconos de una barra de herramientas no quepa en la pantalla. En este caso, podemos hacer uso del cursor mano que aparece al desplazar el ratón por las zonas vacías de la estantería, que nos permite desplazar los estantes o los botones de un estante.

Menú botón derecho sobre una ficha

Al hacer clic con el botón derecho del ratón en la etiqueta de una ficha, aparece un menú que contiene las siguientes opciones.

- Añadir ficha: Esta primera opción abre un cuadro de diálogo para que se introduzca el nombre de la ficha nueva que vamos a crear. La nueva ficha se coloca la última.
- Eliminar ficha: Elimina la ficha que estemos mostrando en ese momento.
- Renombrar ficha: Nos permite renombrar fichas.

Truco

Para que en la pantalla podamos ver todos las fichas, es aconsejable que usemos nombres cortos para ver más fichas.

- **A la izquierda**: Desplaza la ficha seleccionada a la izquierda. Si está situada en el extremo izquierdo, pasa a ocupar la última posición en el extremo derecho.
- **A la derecha**: Lo desplaza a la derecha. Igual que antes, si está situado en el extremo derecho, lo pasa al extremo izquierdo.
- **Como barra herramientas**: Coloca el estante de forma flotante, es decir, como barra de herramientas que puede colocarse en cualquier parte de la pantalla y redimensionarse. Para colocar una barra de herramientas en forma de ficha, debemos hacer clic con el botón derecho del ratón en el título de la barra de herramientas y, en el menú emergente que aparece, se selecciona la opción **Como panel de fichas**.
- **Personalizar**: Abre el cuadro de diálogo de personalización que veremos en el último capítulo del libro.

Menú botón derecho sobre un icono

Cuando pulsamos el botón derecho del ratón sobre algún icono de un estante, aparece un menú con las siguientes opciones.

- **Editar botón**: Permite cambiar el aspecto del botón por medio de un cuadro de diálogo, en el que podemos escribir la pista o texto que aparece en la pantalla cuando colocamos el ratón encima del botón, y la forma de presentarlo, en forma de texto o de imagen.
- **Eliminar botón**: Borra el botón del estante.
- **Editar guión de macro**: Esta opción abre una ventana con el código en MaxScript que presenta la acción del botón.
- **Personalizar**: Realiza la misma acción que el comentado en el menú botón derecho de estante.

Zona de visores

Con este programa es posible presentar de uno a cuatro visores de una misma geometría y con independencia de trabajo cada uno.

Los visores ocupan la mayor parte de la pantalla y siempre trabajaremos con el visor activo, que es el que está rodeado por un marco de color amarillo. En el resto de los visores, cuando desplazamos el ratón, aparece el puntero y, haciendo clic sobre el botón izquierdo del ratón, cambiamos ese visor a activo.

Como podemos apreciar en la figura 2.20, por defecto, aparecen los visores Superior, Anterior, Izquierda y Perspectiva. Esta configuración inicial se puede modificar después, como veremos en el capítulo 3.

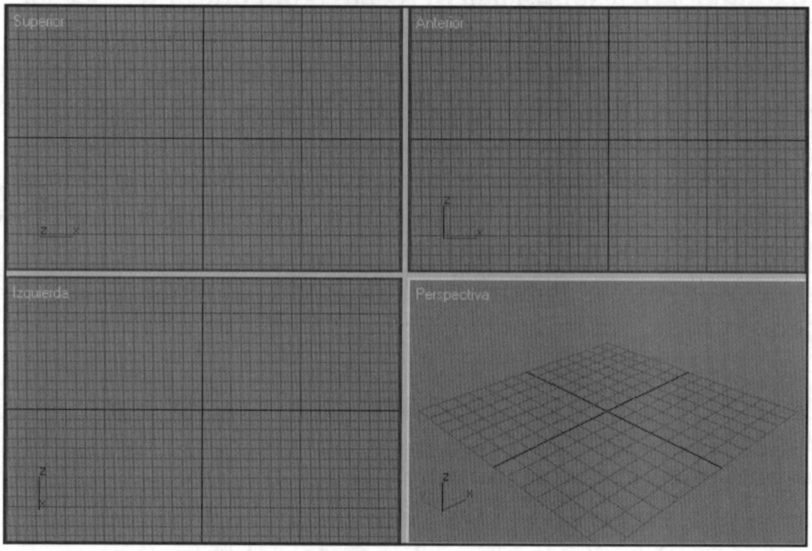

Figura 2.20. Visores

Paneles

Son seis paneles que contienen la mayoría de las funciones de creación, modelado y animación. Se encuentran situados en la parte derecha de la pantalla. En los siguientes apartados explicamos su funcionamiento.

En los paneles encontramos algunos elementos característicos de la interfaz, que pasamos a detallar en los siguientes puntos:

- Podemos activar la presencia de los Paneles, igual que ocurría con la Barra principal o con los Paneles de fichas.
- Podemos colocar los paneles en diferente posición de la pantalla e incluso hacerlos flotantes. Para eso, sólo tenemos que hacer clic con el botón derecho del ratón a la derecha del icono del panel Utilidades, en la zona en la que no hay más iconos, y en el menú emergente encontramos las siguientes opciones:
  1. Anclaje: Es un submenú que podemos establecer en la parte derecha o izquierda de la pantalla.

2. **Flotante**: Pasa a mostrar los paneles en modo flotante. Para volver a la posición anterior, lo haremos desde el menú del botón derecho sobre el título **Paneles** del modo flotante.

- Podemos aumentar el tamaño dedicado a los paneles. Para modificar el ancho de los paneles, sólo debemos colocar el ratón en la unión de éstos con los visores y, cuando presente una doble flecha horizontal, arrastrar con el ratón para modificar el tamaño.
- Podemos desplegar las persianas y contraerlas, haciendo clic en el título de la persiana. Si en el título se presenta un signo «+», estará contraída y, si presenta un signo «-», estará desplegada. Podemos cerrarlas o abrirlas desde el menú que surge al hacer clic con el botón derecho del ratón en el panel. En ese menú emergente aparecen las siguientes opciones:
  1. Lista de las posibles persianas que tenemos en esa zona.
  2. **Cerrar persiana**: Cierra la persiana sobre la que hemos hecho clic con el botón derecho.
  3. **Cerrar todo**: Cierra todas las persianas.
  4. **Abrir todo**: Abre todas las persianas.
- Las persianas que encontramos dentro de los paneles pueden quedar organizadas a nuestro gusto, según el uso que le vayamos a dar. Para reorganizar las persianas, sólo debemos colocar el ratón en el título de la que deseemos mover y, arrastrando el ratón, la desplazaremos a la nueva ubicación. La nueva posición se marca con una línea de color azul. Para colocar el orden en la posición inicial, debemos hacer clic con el botón derecho del ratón en alguna zona de la persiana y seleccionar la opción **Restablecer orden de persiana** del menú emergente.
- En las persianas encontramos contadores, que son controles de campos numéricos y forman parte de algunos parámetros de creación o modificación de los objetos. Su valor puede cambiarse, presionando o arrastrando las flechas que lleva dicho contador. En estos campos debemos tener en cuenta:
  1. Si arrastramos la flecha y, a la vez, mantenemos pulsada la tecla **Control**, el valor del contador aumentará de forma más rápida que sin el uso de la tecla. Por el contrario, si la tecla que tenemos pulsada es **Alt**, el incremento de arrastre del valor se hará de forma más lenta.
  2. Si hacemos clic con el botón derecho del ratón en el contador, establecemos su valor mínimo.
  3. En los contadores es posible introducir el número manualmente.

4. También podemos establecer una cantidad por medio de un desfase relativo. Para ello, debemos escribir la letra **R** seguida de la cantidad de desfase. Si el desfase que introducimos tiene un valor positivo, aumentaremos el valor del contador en ese desfase. Si el desfase es negativo, disminuirá en esa cantidad.

Panel Crear

Es el primer panel que aparece al iniciar una escena, con él podemos crear objetos bajo *3ds max*. Las opciones que encontramos aquí son las mismas que las del menú Crear.

Panel Modificar

Desde este panel podemos modificar cualquier parámetro de creación de los objetos vistos en el panel anterior y aplicar diferentes modificadores al objeto. Los modificadores son los anunciados en el menú Modificadores. Este panel se adapta a las características del objeto que tengamos seleccionado.

Panel Jerarquía

En este panel disponemos de las herramientas necesarias para ajustar los vínculos jerárquicos entre los objetos. Podremos vincular un objeto a otro, estableciendo entre ellos una relación «padre-hijo», de tal forma que, cuando apliquemos una transformación al «padre», también se aplique al «hijo». Así, podremos establecer jerarquías entre los objetos. También controlaremos el punto pivote de los objetos y sus restricciones de movimiento, rotación y escalado.

Panel Movimiento

Desde este panel dispondremos de las herramientas necesarias para ajustar el movimiento del objeto que tengamos seleccionado.

Panel Presentación

Contiene los comandos que nos van a permitir controlar la presentación de los objetos dentro de los visores, es decir, desde aquí podemos indicar qué objetos se sitúan en cada uno de los visores.

Podremos congelar y ocultar los objetos, para que nuestro trabajo sea más eficiente.

Panel Utilidades

Este panel proporciona acceso a utilidades.

Desde este panel, igual que desde el menú MaxScript, tenemos acceso a los *MaxScript*, que son pequeños programas que no necesitan compilarse y que realizan diversas operaciones dentro de nuestra escena.

Barra de estado

La barra de estado es un área que existe en la parte inferior de la pantalla, en la que aparecen mensajes e información sobre el estado de la escena.

Aparece, también, una ventana desplegable a la izquierda con una interfaz de dos líneas para el Mini oyente de MaxScript, del que ya hemos comentado algo.

Nota

Debemos reducir el tamaño del Mini oyente de MaxScript *para poder ver todas las opciones de la barra de estado. Para reducir su tamaño, nos colocamos en el borde y, arrastrando con el ratón, podremos variarlo.*

Como se puede observar en la figura 2.21, en la línea de estado aparece el tamaño de la cuadrícula y la información sobre los objetos que tengamos seleccionados en cada momento.

Existe una línea de mensaje que contiene información sobre los pasos a seguir para realizar la opción seleccionada.

Desde esta barra podemos establecer las transformaciones que deseemos realizar al objeto seleccionado.

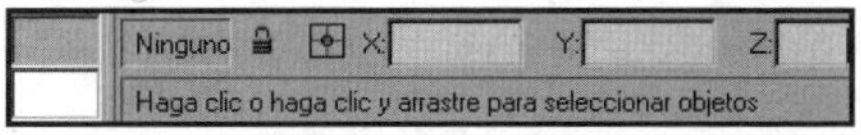

Figura 2.21. Barra de estado

Controles de tiempo

A la derecha de la barra de estado se encuentran los controles de tiempo.

Encima de la barra de estado se encuentra una barra de desplazamiento, con la que podemos movernos por los distintos cuadros de la animación, y debajo de la barra de desplazamiento hay una barra que muestra las diferentes pistas del objeto que tengamos seleccionado.

Controles de visores

Se encuentran en la esquina inferior derecha de la ventana de *3ds max*. Nos permiten controlar el zoom, encuadre y exploración dentro de los distintos visores. Estos controles cambian, según tengamos seleccionado un tipo de visor u otro.

Resumen

Al empezar a trabajar con una aplicación, es importante hacer un recorrido por su interfaz, como el que hemos hecho en este capítulo.

Algunas de las opciones que se han visto se comentarán de forma más intensa en otros capítulos, pero, en éste, cabe destacar que hemos analizado exhaustivamente el menú Archivo y las opciones del lenguaje *MaxScript*. No hay que olvidar el recorrido por la pantalla de trabajo, haciendo hincapié en la barra de estado, los controles y la barra principal.

Es bueno conocer el lugar de trabajo ya que junto a él vamos a seguir comentando este manual.

Una de las partes que más espacio ocupa en la pantalla son los visores, que serán tema de estudio en el siguiente capítulo.

Capítulo 3

Uso de los visores

En este capítulo aprenderá:

- Los tipos de visores y representaciones.
- Las opciones de representación.
- El concepto de *Degradación adaptativa*.
- Las opciones del panel Presentación.
- Algunas opciones del menú Vistas.
- Los controles de los visores.

Introducción

Como ya vamos teniendo una idea de lo que podemos hacer con el programa, ahora es el momento de profundizar todo lo que podamos en las distintas partes del mismo.

A lo largo de este capítulo, trabajaremos con los visores, configuraremos su presentación, veremos los distintos tipos, manejaremos sus controles, analizaremos algunas opciones en su menú, etc.

Los visores, además de ser los elementos que más ocupan en el entorno del programa, permiten que tengamos una idea previa de la escena, antes de obtener la imagen definitiva.

Concepto de visor

Los visores son herramientas imprescindibles para trabajar con *3ds max*, ya que nos muestran un entorno de apariencia tridimensional, al poder observar una misma geometría desde distintos puntos de vista.

El visor es, por tanto, una herramienta necesaria para construir una escena, por lo que le dedicamos todo el presente capítulo.

Visor activo

Siempre que trabajemos con *3ds max*, encontraremos un visor que está activo: es el visor de trabajo.

En la escena, podemos tener desde uno hasta cuatro visores, pero distinguiremos el visor activo porque su contorno se encuentra con un marco amarillo (las referencias a colores las haremos a los que posee la aplicación por defecto).

El visor activo será el lugar donde nosotros creemos o modifiquemos los objetos.

Para conseguir que un visor se convierta en activo, basta hacer clic con el botón izquierdo del ratón, o sobre el botón derecho, si no deseamos cancelar la acción con la que estemos trabajando.

Todos los cambios que ejecutemos sobre el visor activo se reflejarán en los demás, es decir, los otros visores siguen simultáneamente las acciones realizadas en el visor activo.

Nota

En la esquina inferior del visor, aparece la triada de ejes del sistema de coordenadas que tengamos activo. En la representación, el color rojo pertenece al eje X, el verde al eje Y y el azul al eje Z.

Almacenamiento y restauración del visor activo

Podemos guardar la vista que tengamos en cualquier visor activo, con el fin de restaurarla más adelante, por si establecemos en ella algún zoom, desplazamiento o giro. Esta opción resulta bastante útil, porque, de esta manera, cuando ya tengamos definida la vista idónea para la representación, podremos realizar algunas modificaciones en la visión de la escena sin perder aquella vista que, posiblemente, tanto nos había costado conseguir. Cada visor de la escena podrá almacenar una vista.

El proceso de almacenamiento de un visor activo es muy sencillo. En primer lugar, debemos abrir el menú Vistas y después seleccionar Guardar vista activa. Se cierra el menú y la vista queda almacenada. Si deseamos restaurar la vista almacenada, procederemos de la siguiente manera: accedemos con el botón izquierdo del ratón al menú Vistas y seleccionaremos Restaurar vista activa. Volvemos a tener en el visor activo la vista que estaba almacenada.

Vistas

En *3ds max*, podemos definir o escoger entre distintos tipos de vistas. En los siguientes apartados, veremos las diferentes clases de vistas, aunque algunos de estos tipos se estudiarán en capítulos posteriores: *Foco* y *Cámara*.

Ortográficas

Las vistas ortográficas son aquellas que nos ofrecen una superficie plana definida por los ejes de coordenadas universales. Las únicas posibilidades que nos brindan los ejes X, Y, Z, son: Superior, Inferior, Anterior, Posterior, Izquierda y Derecha.

Este tipo de vista viene definida por el propio programa. En la figura 3.1, podemos ver cuatro de estas vistas ortográficas, aunque, en las opciones por defecto, la pantalla de *3ds max 5* presente sólo tres de estos tipos de vistas.

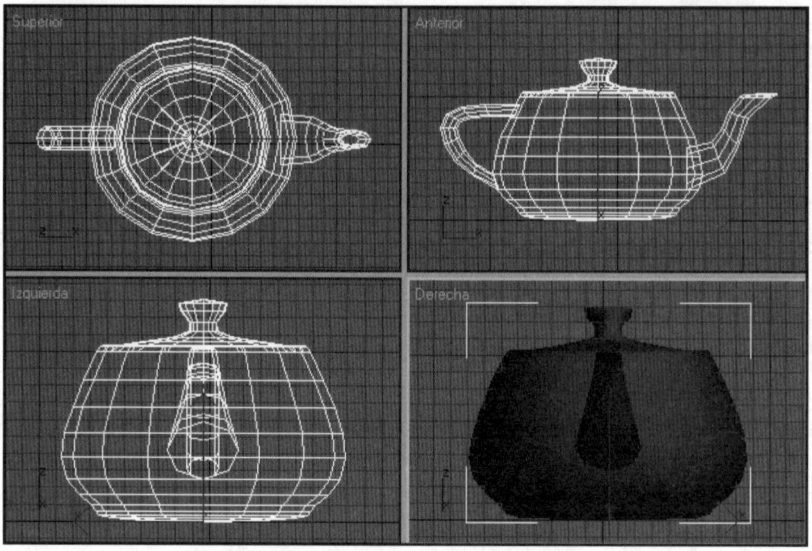

Figura 3.1. Vistas ortográficas

Usuario

Las vistas de usuario son aquellas que quedan definidas por la persona que trabaja con la escena. Son vistas axonométricas.

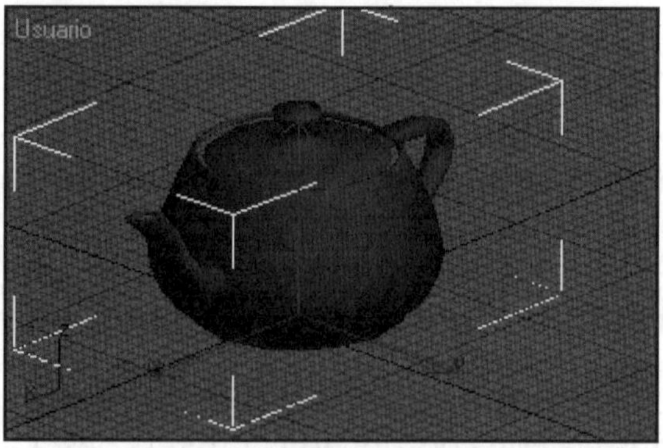

Figura 3.2. Vista Usuario

Estas vistas se refieren a la proyección paralela de un objeto 3D con la pantalla. Los lados del objeto tienen la misma inclinación respecto a la pantalla, con lo que se produce un escorzo uniforme en los bordes del objeto. En las vistas de usuario, las líneas permanecen siempre paralelas, aunque el escorzo sea muy extremo. De esta forma, conseguimos una sensación de representación tridimensional distinta a la de las vistas en perspectiva.

En la figura 3.2 podemos ver algunas vistas Usuario.

Perspectiva

Las vistas en perspectiva son las que más se asemejan a la vista humana. En ellas, los objetos dan una sensación de profundidad y espacio.

Podemos definir tres tipos de vista en perspectiva: la vista en perspectiva propiamente dicha, que se carga al iniciar el programa, la vista de cámara, a la que se accede si previamente creamos la cámara, y la vista focal, parecida a la anterior, en la que primero tenemos que crear un foco.

Otras vistas

En las zonas dedicadas a enmarcar las vistas en la pantalla, podemos situar otros tipos de vistas distintas a las ya comentadas.

Para empezar, decir que las más usuales son las vistas tipo Foco y Cámara, que se comentarán en el capítulo 16 de esta obra.

Además de los diferentes tipos de vistas, destacamos:

- Visión Activa: Muestra en el visor la vista de visión activa que comentaremos en el capítulo dedicado a la representación.
- Esquemática: Coloca en el visor la ventana Vista esquemática, que analizaremos en el siguiente capítulo.
- Cuadrículas: Coloca la vista de la cuadrícula activa. Despliega un submenú en el que podemos seleccionar diferentes opciones.
- Otras: En las que están Visor de imágenes, Oyente de MaxScript y Forma.

Formato del visor

En este apartado estableceremos los conceptos necesarios para cambiar de visores y para mejorar la rapidez en la representación de los objetos.

El número máximo de visores que podemos tener es de cuatro.

Para definir o elegir los distintos formatos de visores, debemos utilizar el cuadro de diálogo **Configuración de visores** (figura 3.3), que desplegamos seleccionando esa misma opción en el menú **Personalizar**.

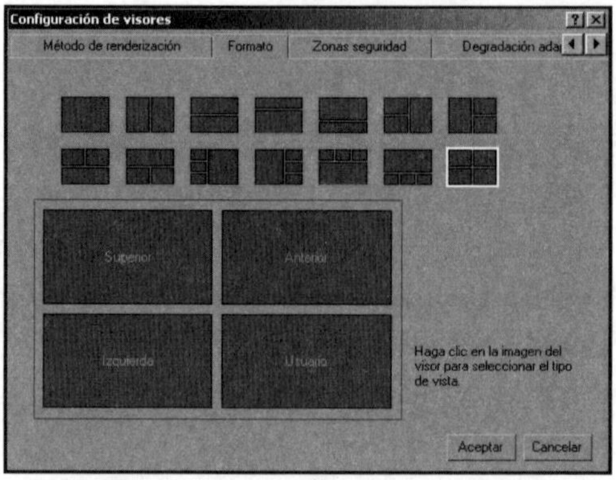

Figura 3.3. Cuadro de diálogo Configuración de visores (Formato)

El cuadro de diálogo **Configuración de visores** posee cinco pestañas, de las cuales vamos a trabajar con la de **Formato**. Cada una de las pestañas posee diversas opciones.

En este cuadro de diálogo aparecen catorce configuraciones distintas de visores.

Al seleccionar una determinada configuración, aparecerá una presentación de la misma en mayor tamaño, cuyas partes podremos ir modificando.

Para modificar los visores dentro del formato, sólo tenemos que hacer clic con el botón izquierdo o derecho del ratón sobre el formato del visor que queremos modificar y elegir una de las opciones que aparecen en el menú emergente.

Cuando hayamos activado el botón **Aceptar** dentro del cuadro de diálogo **Configuración de visores**, los cambios efectuados afectarán a la pantalla de *3ds max*.

Existe una forma rápida para conseguir cambiar de un visor a otro por medio del teclado.

Dependiendo del tipo de vista a obtener, tenemos una combinación de teclas u otra para conseguir ese fin. Este cambio sólo afecta al visor que se encuentra activo.

Método de renderización de los visores

En cada uno de los visores, de forma independiente, es posible elegir el método de representación de la geometría de la escena. Según la forma de representación, podemos ver los objetos con sus texturas y suavizado, o como simples cajas que los enmarcarían.

Para poder cambiar estos modos de representación, tenemos la pestaña **Método de renderización**, dentro del cuadro de diálogo **Configuración de visores**. Las distintas opciones de representación están en la figura 3.4.

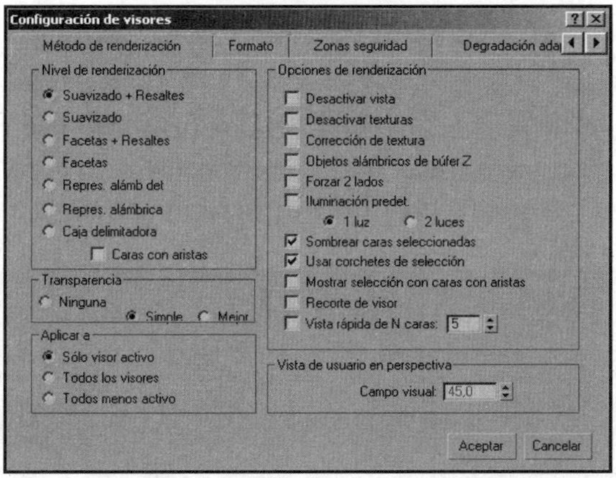

Figura 3.4. Cuadro de diálogo Configuración de visores (Métodos de renderización)

La opción que elijamos en el cuadro va a depender de lo real que queramos ver la escena antes de su representación y de la velocidad de trabajo que pretendamos obtener. A mayor nivel de representación, menor velocidad.

Entre la caja y las opciones de calidad, existe una gran gama de niveles de representación.

Advertencia

La representación que se establezca en un visor no afecta al resultado final de la escena.

Los distintos métodos de renderización son:

- **Suavizado+Resaltes**: Representa los objetos con sombreado suave en su color y muestra resaltes especulares.
- **Suavizado**: Muestra los objetos con suavizado.
- **Facetas+Resaltes**: Los objetos aparecen con un suavizado plano y con resaltes especulares.
- **Facetas**: Los representa con sombreado plano.
- **Repres alámb det**: Vemos los objetos en modo alámbrico y con sombreado plano.
- **Repres alámbrica**: Muestra los objetos en modo alámbrico, pero sin sombreado plano.
- **Área de trabajo**: Los dibuja mediante una caja que contiene completamente al objeto.

Dentro de las posibilidades de **Nivel de renderización**, aparece una opción que es **Caras con aristas**. Esta opción hace que en el visor aparezcan las aristas alámbricas junto con las superficies sombreadas.

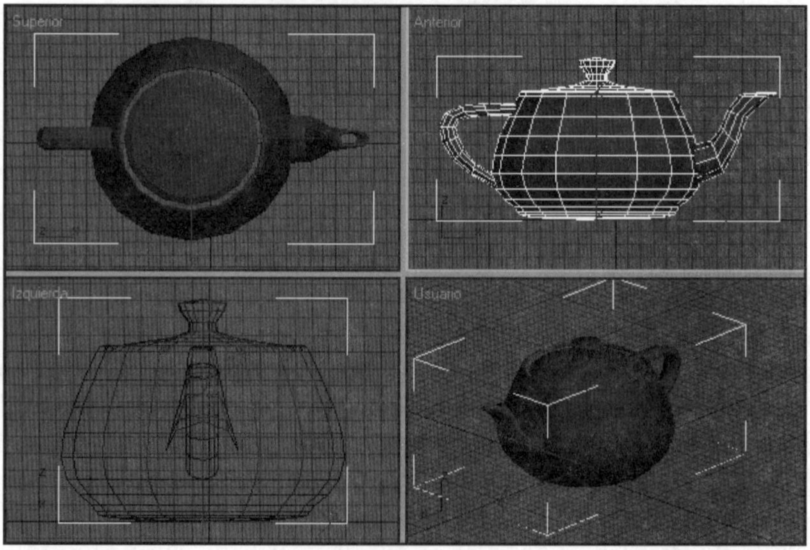

Figura 3.5. Visores con diferentes niveles de renderización

Truco

La opción **Caras con aristas** *será muy útil cuando queramos seleccionar la malla del objeto y éste se encuentre sombreado.*

Nota

La opción Caras con aristas *sólo surtirá efecto cuando tengamos seleccionado en los métodos de representación:* Suavizado+ Resaltes, Suavizado, Facetas+Resaltes *o* Facetas.

En la figura 3.5 podemos ver cuatro niveles de renderización distintos.

Transparencia

Las opciones del grupo Transparencia, del cuadro Configuración de visores, en la pestaña Métodos de renderización (figura 3.4), permiten establecer cómo se van a mostrar los objetos que tienen en su material aplicada una transparencia. Encontramos tres opciones:

- Ninguna: Los objetos que tienen aplicada la transparencia aparecen opacos en el visor.
- Simple: Los objetos aparecen con un efecto de transparencia denominado "puerta de pantalla", es decir, presentan un punteado.
- Mejor: Es el más parecido a la realidad y el más suave. El efecto de transparencia que se le aplica es de dos pases.

Opciones de renderización

Después de definir el método de transformación, debemos elegir unas opciones que nos permitan ajustar el rendimiento de la presentación. Éstas se muestran en la figura 3.4, que es una de las zonas del cuadro de diálogo Configuración de visores, en su pestaña Métodos de renderización.

Pasamos a comentar alguna de las opciones:

- Desactivar vista: Esta opción desactiva el visor actual. Mientras está desactivado, los cambios efectuados en los otros visores no se apreciarán en él, pero aparecerán en cuanto lo activemos.
- Desactivar texturas: Desactivamos la representación de las texturas asignadas a los objetos.
- Corrección de textura: Representa la textura de una forma aproximada, ya que dibuja el visor con interpolación de píxel.
- Alambres de búfer Z: Si la tenemos activada, obligamos a que la representación de los alambres de la geometría se realice en función de la

profundidad de las aristas del objeto, ya que el visor se actualiza de atrás hacia adelante.

Truco

Es aconsejable utilizar esta opción cuando estemos trabajando en estructura alámbrica y seleccionando las aristas del objeto, para que la arista que seleccionemos sea la que se encuentre más cerca del visor.

- Forzar 2 lados: Con esta opción definimos la representación de los dos lados de las caras. Si está desactivada, se muestran las caras con (¿falta una palabra?) normales hacia el punto de vista. En las vistas que tengan desactivada esta opción, no aparecerán los objetos que estemos viendo desde sus caras interiores.

Advertencia

A la hora de representar la escena con el módulo render, debemos indicar esta opción en los parámetros de representación, ya que esta casilla de verificación sólo afecta a los visores.

- Iluminación predeterminada: Al seleccionarla, queremos que se use la iluminación predeterminada. Si la desactivamos, usará la iluminación creada en la escena.

  Si hemos creado una luz y un objeto no recibe esa luz; al hacer clic sobre esta opción, veremos los objetos con una iluminación uniforme. Tenemos dos opciones de iluminación:

  1. Una luz: Es una casilla de verificación en la que establecemos una luz poco natural, pero que, en contraposición, acelera la actualización del visor en un 20 por 100.
  2. Dos luces: Con esta opción creamos una iluminación más natural, pero perdemos velocidad.
- Sombrear caras seleccionadas: Al estar activada esta opción, las caras seleccionadas en el visor se presentan en rojo semitransparente, para que puedan ser distinguidas en el modo de representación Suavizado+Resaltes.
- Usar corchetes de selección: Esta opción es la que establece que se representen en color blanco las esquinas de la caja de selección del vi-

sor. Así, si está desactivada, en el visor no aparecerá la caja en color blanco que nos indica la selección de un objeto.

Truco

Desactivaremos esta opción en escenas complejas, donde la presentación de muchas cajas de selección puede ralentizar la marcha del programa.

- Mostrar selección con caras con aristas: Cuando se activa, las aristas alámbricas de los objetos seleccionados aparecen junto a las superficies sombreadas. Esto resulta útil cuando se seleccionan varios objetos u objetos de pequeño tamaño.
- Recorte de visor: En los visores que tengan esta casilla activada, como se ve en la figura 3.6, aparece una línea de color amarilla en la parte derecha con dos marcas, una de proximidad, la inferior, y otra de lejanía, la superior. Por medio del arrastre del ratón sobre cada una de estas marcas, establecemos los cortes próximo y lejano del visor. Esto no afecta a la representación de salida, sino sólo a la presentación del visor.

Figura 3.6. Visor con la opción Recorte de visor activada

- Vista rápida: Esta casilla activa el modo de presentación de vista rápida, que hace que se muestren menos caras de la geometría de los objetos, para, de esta forma, acelerar la actualización de pantalla. También se activa un contador, en el que establecemos cada cuántas caras vamos a representar una de ellas. El valor del número de caras puede oscilar desde 1 a 100. En la figura 3.7 tenemos la opción de vista rápida aplicada sobre un visor.

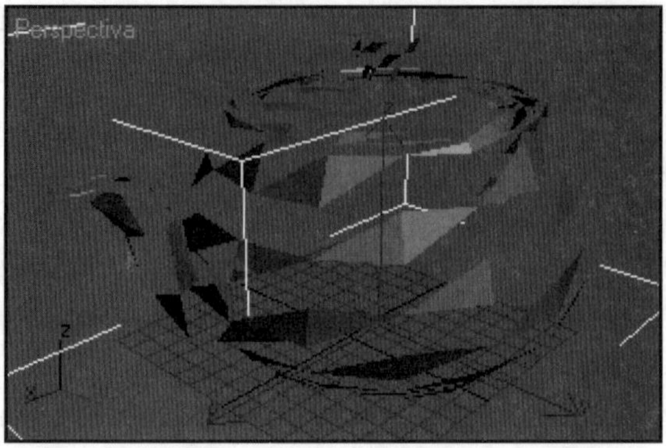

Figura 3.7. Visor con la opción Vista rápida activada

Degradación adaptativa

Como hemos visto, a medida que aumentamos la calidad de la representación, necesitamos un equipo informático con más prestaciones para que el programa realice las operaciones con mayor rapidez.

En este tema, veremos cómo optimizar la representación, ya que, si el programa mantiene su velocidad de trabajo, esta representación se irá degradando. Es lo que denominamos *Degradación adaptativa*.

En definitiva, podemos decir que la degradación adaptativa es ir perdiendo calidad en la imagen para ganar rapidez en la regeneración de la imagen.

Nota

La configuración de los diferentes parámetros de la degradación adaptativa se almacena en la escena que estemos trabajando.

El conjunto de opciones de **Degradación adaptativa** se encuentra en una solapa con el mismo nombre dentro del cuadro de diálogo **Configuración de visores** con el que estamos tratando. En la figura 3.8 podemos ver esas opciones.

- **Degradación general**: En esta zona debemos seleccionar los diferentes modos de representación por los que debe pasar el visor para degradarse. Por ejemplo, si tenemos activada la opción **Facetas** y **Área**

de trabajo, cuando el ordenador necesite degradar la imagen, primero lo intentará en la representación de **Facetas** y luego pasará a **Área de trabajo**. La degradación general afecta a todos los visores inactivos.

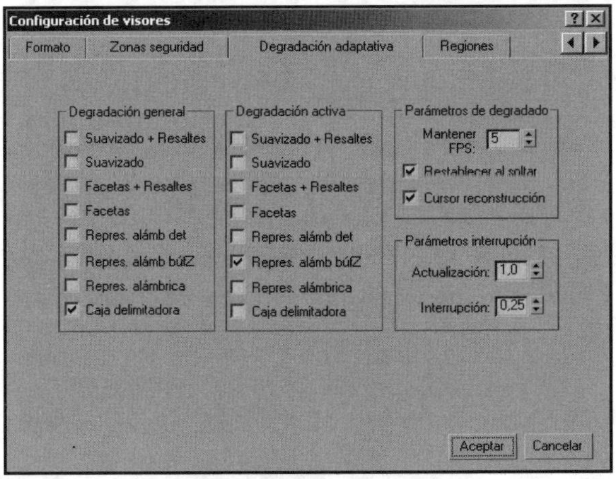

Figura 3.8. Cuadro de diálogo Configuración de visores (Degradación adaptativa)

- **Degradación activa**: Funciona como la anterior, afectando al visor activo.
- **Parámetros de degradado**: Estos parámetros establecen la velocidad de representación y la calidad de la misma.
- **FPS**: Es la velocidad que debe mantenerse en el visor en cuadros por segundo. Esta velocidad afectará a la degradación, ya que el ordenador irá degradando la imagen para conseguir mantener esta pauta.
- **Restablecer al soltar**: Al estar activada, la degradación pasará por los niveles marcados en las áreas **Degradación general** y **activa**. De no ser así, se colocará, cuando sea necesario, en el nivel mínimo.
- **Cursor reconstrucción**: Con esta opción, aparece el cursor indicándonos que el programa está ocupado en optimizar la representación.
- **Parámetros interrupción**: Existen dos parámetros de interrupción:
  1. **Actualización**: Con este parámetro establecemos el intervalo entre dos actualizaciones consecutivas. Si el valor es 0, no se actualizará el visor hasta que no acabe la representación.
  2. **Interrupción**: Sirve para definir el intervalo de tiempo en el que el programa comprueba el uso del ratón. Para un valor bajo, cercano a

0, el programa nos dará acceso de forma más rápida a las opciones del ratón durante la representación.

Botón derecho sobre el título del visor

Haciendo clic con el botón derecho sobre el título del visor, se despliega un menú emergente (figura 3.9) con las siguientes opciones:

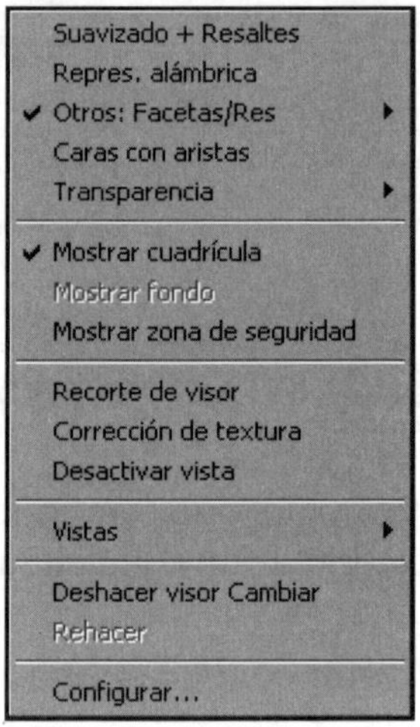

Figura 3.9. Menú botón derecho sobre título del visor

- Suavizado+Resaltes: Establece el modo de representación del visor en modo suavizado con resaltes especulares. Esta opción está activada por defecto en el visor Perspectiva.
- Repres. alámbrica: Pone el modo de representación en alámbrico. Esta opción está por defecto en los visores ortogonales.
- Otros: Es un submenú con diferentes modos de representación para el visor.
- Caras con aristas: Establece la representación alámbrica en los visores con sombreado.
- Transparencia: Despliega un menú en el que podemos escoger los tres modos de transparencia posibles: Ninguna, Simple y Mejor.
- Mostrar cuadrícula: Activa la visualización, o no, de la cuadrícula en el visor.

- Mostrar fondo: Muestra en el visor el fondo que tenga aplicado. Para seleccionar el fondo, lo haremos desde el menú Vistas.
- Mostrar zona de seguridad: Establece cuatro recuadros en el visor, que marcan cuatro zonas de seguridad, para evitar representar en la salida final de la imagen zonas no deseadas. Estos cuadros se configuran desde el cuadro de diálogo Configuración de visores, en la **pestaña** Zonas seguridad.
- Recorte de visor: Esta opción se comentó en el apartado Opciones de representación.
- Corrección de textura: También ha sido comentada en el mismo apartado.
- Desactivar vista: Se comentó en el apartado Opciones de representación.
- Vistas: Es un menú con las posibles vistas que podemos establecer en el visor.
- Deshacer: Deshace la transformación efectuada en la vista.
- Rehacer: Rehace la transformación deshecha.
- Configurar: Abre el cuadro de diálogo Configuración de visores.

Opciones del menú Vistas

Vamos a comentar algunas opciones del menú Vistas que pueden ser interesantes.

- Fondo de visor: Abre un cuadro de diálogo, en el que se establece cuál va a ser el mapa de bit que se va a colocar como fondo en el visor activo.
- Mostrar gizmo de transformación: Esta opción activa, o desactiva, el que aparezca la triada de ejes de los objetos que seleccionemos en el visor.
- Sombrear selecciones: Esta opción, cuando está activa, establece que, al seleccionar algún objeto, éste aparezca en todos los visores en la visión de sombreado, aunque en el visor tengamos representación alámbrica.
- Redibujar todas las vistas: Actualiza todos los visores.
- Activar y Desactivar todos los mapas: Estas dos opciones conmutan el que se muestren en el visor activo los mapas establecidos en los materiales del objeto. La forma de establecer cuál será el mapa a mostrar del material del objeto se explica en el capítulo 17.

- **Modo experto**: Esta opción oculta todos los elementos de la interfaz de pantalla menos los visores, quedando el aspecto que se ve en la figura 3.10. Se suele utilizar para tener mayor espacio para el trabajo. En la pantalla en modo experto, aparece en la esquina inferior derecha un botón para cancelar el modo. Podemos activarlo y desactivarlo con la combinación de teclas **Control-X**.

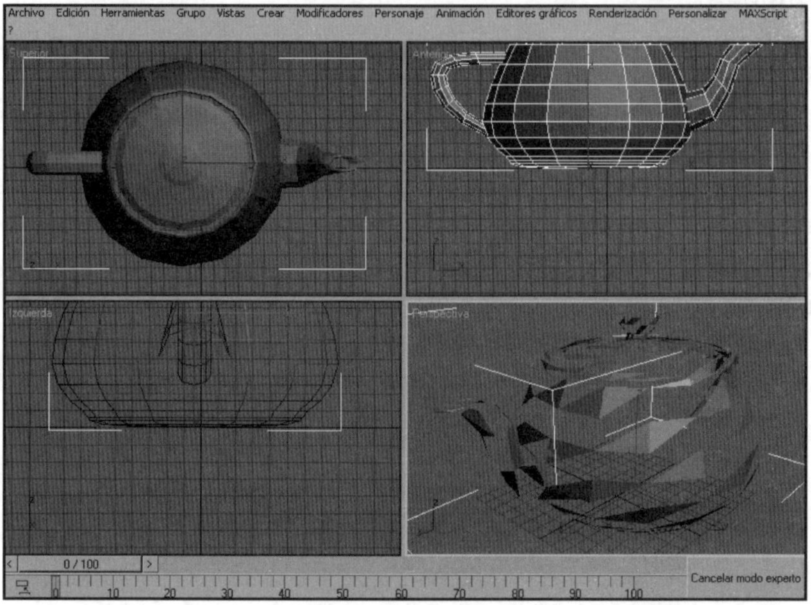

Figura 3.10. Visión Modo experto

Panel Presentación

Dentro de los paneles de comando encontramos el panel Presentación. Desde aquí, controlamos la presentación de los distintos objetos de la escena en el visor. En la figura 3.11 podemos ver este panel.

Las opciones de este panel se comentan a continuación.

Color de presentación

Desde esta persiana, la primera que aparece en el panel, establecemos el color con el que vamos a representar los objetos en los visores.

Podemos elegir dos colores de representación: Color del Objeto o Color del material.

- Color del Objeto: Establecemos el color que tenga el objeto como el color de representación en el visor.
- Color del material: Seleccionamos el color difuso del material aplicado al objeto, que es aquel que tiene un objeto cuando recibe una luz (natural o artificial), y, de esta forma, se facilita su visibilidad.

Estas dos opciones se pueden aplicar a objetos, tanto en su representación alámbrica como sombreada.

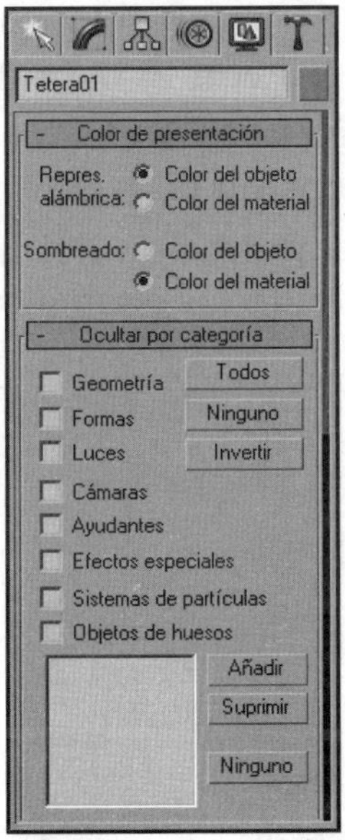

Figura 3.11. Panel Presentación

Ocultar

Desde este panel tenemos la posibilidad de ocultar o mostrar los objetos que tengamos seleccionados. Los objetos ocultos no tienen representación dentro del visor, pero siguen actuando sobre la escena. Las opciones que nos encontramos (figura 3.12) son:

- Ocultar por Categorías: Es una persiana, como se ve en la figura 3.12, y en ella tenemos las opciones que nos permiten ocultar los objetos por distintas categorías (Geometría, Formas, Luces, Cámaras, Ayudantes, Efectos especiales, Sistemas de partículas y Objetos de huesos). Junto a estas posibilidades de selección, hay tres botones que nos permiten modificar la configuración de las casillas de categorías: **Todos**, **Ninguno** e **Invertir**. La opción **Todos** seleccionaría todas las categorías, la opción **Ninguno** deselecciona las que se encuentren seleccionadas y la opción **Invertir** invierte la selección. Aparece la posibilidad de añadir más filtros en las opciones de ocultar. Aparece un cuadro en la parte inferior de la persiana con tres botones y una lista de filtros. Las opciones de este cuadro son:

1. Lista de filtros que se han añadido: Es una cuadro con la lista de los filtros añadidos. Si seleccionamos un elemento de la lista, este tipo de objeto se ocultará en la escena. Podemos usar la tecla **Control** para seleccionar más tipos de elementos.
2. **Añadir**: Abre un cuadro con la lista de todos los posibles filtros que podemos añadir a la lista.
3. **Suprimir**: Elimina filtros de la lista.
4. **Ninguno**: Desactiva la aplicación del filtro que habíamos seleccionado en la lista, mostrando los elementos ocultos en el visor.

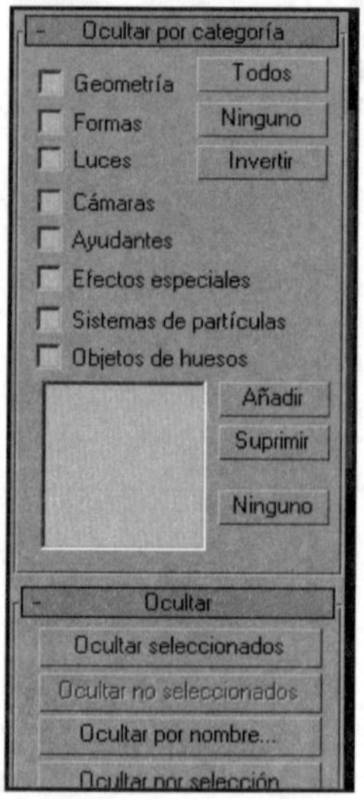

Figura 3.12. Persiana Ocultar

Nota

Cuando se tenga una escena complicada, es aconsejable ocultar los objetos por categoría, porque de esta forma no serán evaluados en la escena y conseguiremos un mejor rendimiento.

- **Ocultar**: Es la segunda de las persianas y contiene estas opciones:
  1. **Ocultar seleccionados**: Si accedemos a esta opción, ocultamos los objetos que tengamos seleccionados.
  2. **Ocultar no seleccionados**: Esta opción oculta todos los objetos, dejando sólo visibles aquellos que se encuentren seleccionados.

Truco

Utiliza esta opción para ocultar todos los objetos, dejando sólo visible el que tengas seleccionado. Así, puedes trabajar con él con mayor comodidad. Esta opción es equivalente a seleccionar **Aislar selección** *del menú* **Herramientas**.

  3. **Ocultar por nombre**: Al hacer clic sobre esta opción, aparece el cuadro de diálogo de selección de objetos en el que hay que seleccionar los nombres de los objetos que queremos ocultar.
  4. **Ocultar por selección**: Permite ir seleccionando los objetos del visor activo que queremos ocultar.

Nota

*Si mantenemos pulsada la tecla **Control** mientras realizamos la selección, ocultaremos el objeto y todos sus descendientes.*

Truco

Podemos salir del modo **Ocultar por selección** *con el botón derecho del ratón, pulsando la tecla **Esc** o seleccionando cualquier otra función. La opción queda desactivada sin necesidad de volver a deseleccionarla.*

  5. **Mostrar todo**: Con esta opción, mostramos todos los objetos que estén ocultos. Por supuesto, esta opción y la siguiente sólo están disponibles cuando se ha ocultado algún objeto.
  6. **Mostrar por nombre**: Cuando la seleccionamos, aparece un cuadro de diálogo con los nombres de los objetos que están ocultos, para que elijamos aquellos que queramos mostrar.
  7. **Ocultar objetos congelados**: Oculta los objetos congelados, tipo de representación que tratamos a continuación. Si desactivamos

esta opción, se mostrarán los objetos congelados que están ocultos.

Congelar

Esta persiana del panel Presentación nos permite congelar o descongelar los objetos.

Cuando congelamos un objeto, éste pasa a una tonalidad gris oscuro. Los objetos congelados, a diferencia de los ocultos, permanecen en la pantalla, pero no pueden ser seleccionados, es decir, no pueden modificarse ni transformarse. Con el modo Congelar, evitamos modificar objetos de forma accidental y, sobre todo, aceleramos el tiempo de actualización de los visores. En la figura 3.13 se muestra la persiana Congelar.

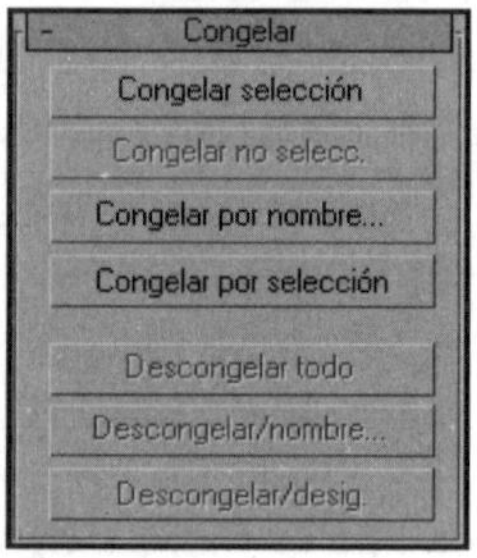

Figura 3.13. Persiana Congelar

Las opciones que aparecen en este panel son las mismas que las que hemos comentado para la opción Ocultar, permitiendo también descongelar por selección.

Propiedades de presentación

Esta persiana nos ofrece todos los controles necesarios para alterar la presentación de los objetos que están seleccionados. Entre las opciones, tenemos algunas que simplifican la geometría de los objetos, reduciendo de esta forma el tiempo de representación.

Las opciones (figura 3.14) son las siguientes:

- Mostrar como caja: Presenta los objetos con unas cajas que establecen el área de trabajo. Esa área es la caja mínima que abarca las dimensiones de un objeto.

Figura 3.14. Persiana Propiedades de presentación

- **Cara oculta**: Permite ver las caras posteriores. Esta opción surtirá efecto cuando el visor se encuentre en modo de representación alámbrico.
- **Sólo aristas**: Cuando la activamos, aparecen sólo las aristas. Si está desactivada, vemos toda la geometría mallada. Esta opción sólo se puede apreciar en representación alámbrica.
- **Marcas de vértices**: Coloca marcas en los vértices de la representación.
- **Trayectoria**: Observamos la trayectoria que recorre el objeto durante la animación. Se presenta de la siguiente forma:
  1. La curva de la trayectoria se traza en color rojo.
  2. Los incrementos de cuadro se señalan en la curva por unos puntos blancos.
  3. Los cuadros claves de posición se señalan con cuadrados de color blanco.
  4. Las claves seleccionadas aparecen en color gris.
- **Transparente**: Muestra el objeto o el conjunto de selección transparentes en los visores. El fin de esta herramienta no es afectar la representación, sino mostrar lo que hay detrás, o dentro de un objeto, en una escena.
- **Omitir extensión**: Con esta opción activada, el objeto no se tiene en cuenta cuando realicemos un **Zoom a extensión**.
- **Colores de vértice**: Presenta los colores de vértice que se asignan en la malla editable del objeto, editándolo a nivel de subobjeto de vértice.
- **Mostrar congelados en gris**: Si está activado (valor por defecto), los objetos congelados aparecen en color gris. Si lo desactivamos, presentarán el color o la textura, aunque estén congelados.
- **Sombreado**: Con este botón, determinamos si el objeto y los colores de vértice asignados se sombrean, o no.

Presentación de vínculos

Estas opciones afectan a la presentación de los vínculos que controlamos en el panel Jerarquía. Encontramos dos posibilidades:

- Mostrar vínculos: Esta opción se aplica al objeto que tengamos seleccionado y, si éste posee un vínculo, en la representación aparecerá una marca circular indicándolo, además de establecer la representación de la unión entre los dos vínculos de los objetos vinculados. Para que se muestre el enlace de unión, los dos objetos deben tener activada la propiedad Mostrar vínculos. Podemos mover los enlaces y de esa forma desplazamos los objetos enlazados.
- Vínculo sustituye objeto: Esta opción permite simplificar la escena, porque aquellos objetos a los que se les aplique esta propiedad desaparecerán y serán sustituidos por la representación de su vínculo.

Controles de visores

Los controles de visores son un conjunto de iconos que aparecen en la esquina inferior derecha de la ventana de *3ds max* y que nos permiten modificar la presentación de los visores. Este conjunto de iconos es diferente según el tipo de visor que tengamos activado. Así, si estamos trabajando con un visor de cámara o focal, aparecerán distintas opciones. En la figura 3.15 podemos ver los iconos de presentación de un visor ortográfico.

Iremos detallando todos estos controles y, además, aquellos que afectan a un visor en perspectiva. Los que afectan a los visores tipo cámara o de foco se tratarán en los capítulos destinados al efecto.

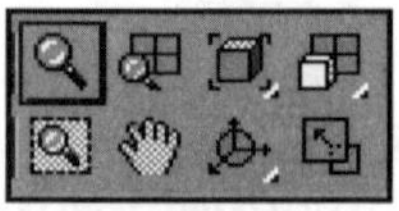

Figura 3.15. Controles de visor ortográfico

Controles de visores ortográficos

Los controles de visores ortográficos son aquellos que aparecen cuando tenemos como visor activo alguna de las vistas siguientes: superior, inferior, anterior, posterior, izquierda o derecha.

- **Zoom**: Con esta herramienta, aumentamos o disminuimos la vista del visor que activemos. Esta opción amplía o reduce siempre respecto al centro del visor. Para usarlo, debemos activar el botón y luego, arrastrando con el ratón en el visor, aumentaremos o disminuiremos la visión de la escena.
- **Zoom todo**: Ajusta la ampliación de todos los visores que no sean de cámara. Esta opción equivale a realizar la opción Zoom de todos los visores al mismo tiempo y se gestiona siguiendo los mismos pasos que en ella. Si mantenemos pulsada la tecla **Control** mientras desplazamos el ratón para aumentar o reducir, el visor perspectiva no cambia.
- **Zoom región**: Sirve para ampliar al máximo una zona rectangular dentro del visor. Con el ratón realizamos un rectángulo de ventana y todo lo que quede dentro de la ventana se mostrará al máximo tamaño en el visor.

Nota

*Esta opción no está disponible en los visores en perspectiva. Si, después de seleccionar el icono **Zoom región**, activamos un visor* Perspectiva, *dicha opción se convierte en la de* Campo visual, *que comentaremos más adelante.*

- **Zoom a extensión**: En su posición nos encontramos un icono desplegable. Con esta opción, se amplía o reduce la imagen del visor hasta mostrarnos en él todos los objetos de la escena que se encuentren visibles.
- **Zoom a extensión de seleccionados**: Esta es la opción que se encuentra dentro del icono desplegable comentado anteriormente. Nos permite realizar un zoom extensión únicamente de los objetos seleccionados.
- **Zoom extensión a todo**: Si hacemos clic con el ratón sobre este icono, ampliamos la vista de todos los visores excepto del de la cámara. También contiene un icono desplegable.
- **Zoom extensión a todo seleccionado**: Es el icono desplegable contenido en la opción anterior, por medio del cual vemos al máximo tamaño todos los objetos que se encuentren seleccionados. Afecta a todos los visores, excepto a los de cámara y foco. Si no tenemos seleccionado ningún objeto y pulsamos sobre esta opción, estamos realizando un Zoom extensión de todo.

- **Encuadrar**: Utilizamos esta opción para desplazar la vista del visor actual.
- **Conmutador de pantalla completa**: Por medio de esta opción, conmutamos el tamaño del visor activo. Si hacemos clic sobre este icono, el visor activo pasa a abarcar el mismo espacio que ocupan todos los visores en la pantalla. Si volvemos a hacer clic sobre él, regresa a su posición anterior. En la figura 3.16 vemos el aspecto que toma *3ds max* cuando trabajamos con pantalla completa.

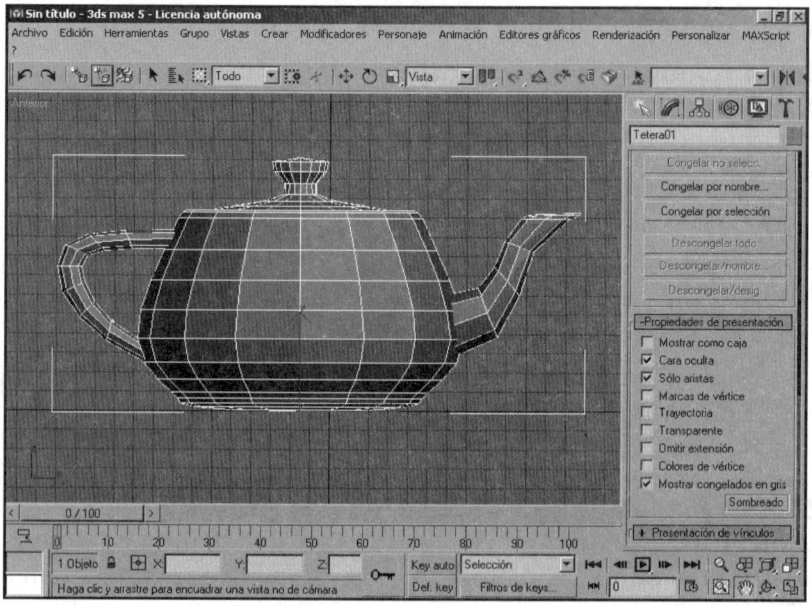

Figura 3.16. Conmutador de pantalla completa activado

- **Rotar arco**: Este icono es desplegable. Nos permite rotar el visor alrededor de la vista. Podemos realizar tres tipos de rotaciones, según la posición que ocupe el ratón a la hora de efectuar el desplazamiento:
  1. Cuando pulsamos sobre el visor activo, aparece una esfera de color verde con marcas en sus cuatro cuadrantes. A medida que desplazamos el ratón por el centro de la esfera, toma la forma de dos flechas orbitales alrededor de un centro. Si nos colocamos en cada uno de los cuadrantes, aparece una flecha orbital en el sentido del giro que vayamos a realizar. Fuera de la esfera, el ratón coge la forma de una flecha de espiral.

2. En cada una de las posiciones descritas, realizaremos una rotación distinta, mientras mantenemos pulsado el botón izquierdo del ratón sobre el visor. En el centro de la esfera, rotamos la vista libremente alrededor del visor. En los cuadrantes efectuamos una rotación según la posición que ellos tengan.
3. La opción en el exterior de la esfera permite rotar la vista en torno a un eje perpendicular al visor.

Nota

Cuando aplicamos una rotación sobre un visor ortogonal, éste pasa a ser un visor Usuario, *en el que se muestran los mismos controles del visor ortogonal.*

Controles de visor Perspectiva

Las opciones que aparecen en los iconos de visores cuando tenemos como visor activo un visor perspectiva son, prácticamente, las mismas que las citadas anteriormente, como vemos en la figura 3.17.

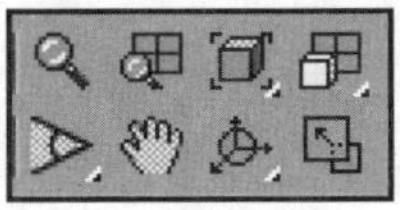

Figura 3.17. Controles de visor perspectiva

 La única diferencia la encontramos en uno de los iconos. El icono **Campo visual** aparece en la posición del icono **Zoom a región**. Por medio de esta opción, conseguimos aumentar o disminuir la cantidad de escena visible y de perspectiva.

Este botón tiene un efecto parecido a un zoom, sólo que aquí lo que aumenta o disminuye es la perspectiva.

Truco

En ocasiones, al modificar el campo visual y la rotación de los visores, es posible que perdamos la imagen. Para volver a la posición inicial de los visores, debemos ocultar todos los elementos de la escena, posteriormente, aplicamos un zoom extensión a todo y volvemos a mostrar los objetos.

Cambiar el tamaño de los visores

Si colocamos el cursor en la encrucijada de los visores o en las líneas que poseen en común los visores, aparecen los punteros del ratón con flechas, indicando que se puede modificar el tamaño. Arrastrando, podemos modificar el tamaño de los visores. En la figura 3.18, vemos el aspecto de la ventana *3ds max* con los visores modificados en tamaño.

Para colocar los visores en su posición original, debemos hacer clic con el botón derecho del ratón en la encrucijada de los visores y, seleccionando la opción resultante Resert Layout, volvemos a la disposición inicial.

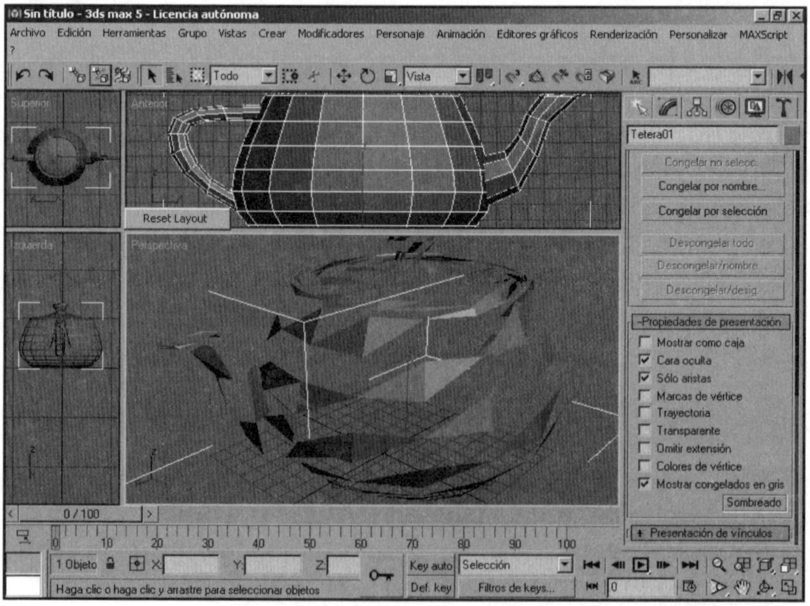

Figura 3.18. Modificación en el tamaño de los visores

Resumen

Con estos resúmenes, que hacemos siempre al finalizar los capítulos, pretendemos dejar claro los puntos más importantes del tema. En este caso, debemos destacar que los visores son los elementos que crean las tres dimensiones, son los encargados de que nuestra mente transforme 4 visiones planas (el monitor tiene dos dimensiones) en una escena con tres dimensiones. Éste es precisamente el motivo por el que hay que tener muy claro su uso y su gestión.

El capítulo abarca todo lo relacionado con la visión de los objetos en la escena. Hemos visto las diferentes representaciones de los objetos, con mayor o menor calidad, y hemos comentado las opciones del panel Presentación.

Capítulo 4

Modos de selección, Grupos y Capas

En este capítulo aprenderá:

- Los diferentes tipos y modos de selección.
- Las opciones del menú Edición.
- La creación de filtros y conjuntos de selección.
- Las opciones del menú Grupo.
- La gestión y uso de las capas.

Introducción

3ds max es un programa orientado a objetos. La mayoría de las operaciones que podemos realizar con *3ds max* afectan a los objetos que tengamos seleccionados en la escena, por tanto, esta selección es parte esencial para dominar el programa. En este capítulo, veremos las distintas herramientas de selección, el trabajo con subobjetos y con grupos.

En la ventana de *3ds max* existen referencias a la selección de objetos en casi todas sus partes. Así, encontramos opciones de selección en la barra de herramientas, en el menú Edición, etc.

Selección en la barra principal

En la Barra principal de la estantería, encontramos un conjunto de iconos que nos van a permitir la elección de los objetos. Junto a los que vemos en la figura 4.1, existen unos botones para seleccionar y aplicar una transformación al objeto. Las transformaciones de objetos se tratarán en el capítulo 6 de este manual.

Figura 4.1. Herramientas de selección de la Barra principal

Este conjunto de herramientas se analizará en este capítulo.

Selección por *Track View*

Es una de las formas de las que disponemos para seleccionar los objetos. Track View es una herramienta ideada para la animación de escenas, pero, como podemos ver en la figura 4.2, su estructura jerárquica nos es útil para encontrar y seleccionar objetos, tanto por su nombre como por su jerarquía.

Las opciones de la ventana Track View se analizarán en el capítulo 18.

Vista esquemática: estructura y selección

Otra manera de establecer la selección de diferentes objetos es por medio de la ventana de Vista esquemática, que podemos observar en la figura 4.3.

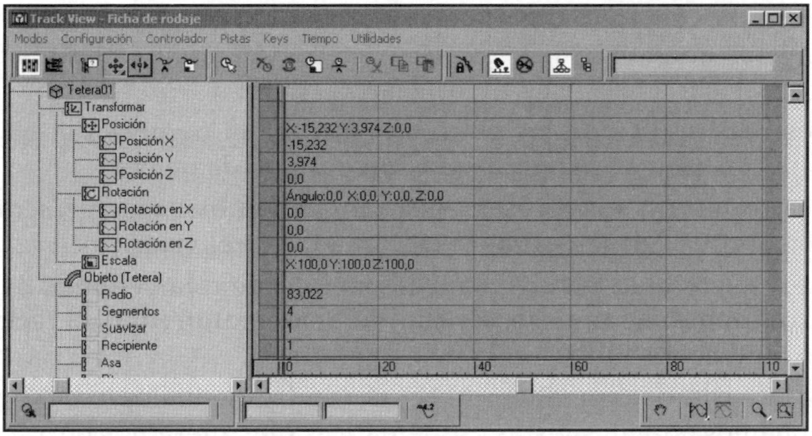

Figura 4.2. *Track View* para la selección de objetos

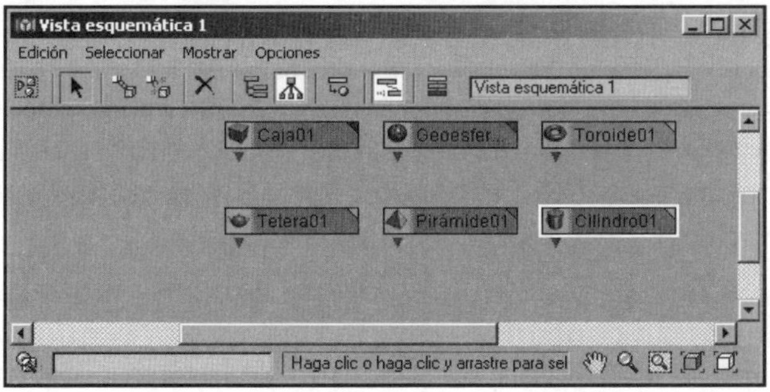

Figura 4.3. Vista esquemática en selección de objetos

Esta herramienta nos da un control visual sobre la jerarquía de toda la escena.

Podemos acceder a las opciones de **Vista esquemática**, seleccionando la opción **Vista esquemática nueva**, desde el menú **Editores gráficos**.

Entre las opciones del menú, tenemos posibilidad de abrir varias ventanas flotantes de vista esquemática. Cada una de ellas puede ser nombrada, almacenada y recuperada cuando deseemos, desde el submenú **Vistas esquemáticas guardadas**, del menú **Editores gráficos**.

Las opciones del menú relacionadas con la Vista esquemática son:

- **Vista esquemática nueva**: Abre una ventana de vista esquemática, que puede estar de modo flotante, o bien ocupar el espacio de un visor, estableciéndolo de la misma forma que otra vista. Al pulsarla, se abre una ventana, como la que vemos en la figura 4.3. Los diferentes objetos que forman la escena se presentarán en recuadros con las siguientes características a destacar:

1. Los rectángulos de los objetos presentan el nombre del objeto en cuestión, junto a la representación del tipo de objeto.
2. Los recuadros que presenten un marco en blanco representan los objetos que se encuentran seleccionados en el visor.
3. Para seleccionar un objeto en el visor desde esta ventana, debemos hacer doble clic con el botón izquierdo del ratón sobre el rectángulo de representación.

- Eliminar vista esquemática: Abre un cuadro de diálogo, para que seleccionemos aquellas vistas esquemáticas que queramos borrar.
- Vistas esquemáticas guardadas: Presenta la lista de las vistas esquemáticas que tengamos creadas.

Opciones de la ventana Vista esquemática

Lo primero que encontramos en la ventana de la Vista esquemática (figura 4.3) es la barra de título que nos presenta el nombre de la vista esquemática que tengamos abierta. Por defecto, el programa les pone el nombre "Vista esquemática 1", luego 2 y así sucesivamente.

Debajo aparecen los menús de la ventana con los que tenemos acceso a todas las opciones de control y edición de la vista esquemática. Los menús que tenemos son: Edición, Seleccionar, Mostrar y Opciones.

Los botones que aparecen en la parte superior tienen la siguiente función:

- **Filtros**: Abre un cuadro de diálogo en el que podemos establecer qué tipos de elementos queremos ocultar, o no, en la ventana de vista esquemática.
- **Seleccionar**: El icono en forma de flecha permite pasar a modo de selección, de tal forma que en la ventana de vista esquemática podemos seleccionar los objetos en sus recuadros.
- **Vincular**: Permite establecer vínculos entre objetos desde la vista esquemática. Esta herramienta se comentará en el capítulo 13.
- **Desvincular selección**: Elimina el vínculo entre objetos.
- **Eliminar objetos**: Borra de la escena los objetos seleccionados en la vista esquemática.
- **Modo jerárquico**: Muestra las relaciones de jerarquía entre objetos.
- **Modo de referencia**: Presenta las referencias entre los objetos, en lugar de las jerarquías.

- **Sincronizar selección**: Activamos el modo de trabajo en el que, al seleccionar los objetos en Vista esquemática, los tenemos seleccionados de forma instantánea en el visor. Al seleccionarlos en el visor, también los tenemos seleccionados de forma instantánea en Vista esquemática.
- **Organizar nodos de gráficos automáticamente**: Organiza los enlaces en el gráfico de forma automática.
- **Conmutar visibilidad siguiente**: Oculta o muestra lo que aparece debajo de un nodo de relación.
- **Nombre de vista esquemática:** Es un campo situado detrás de los botones de la parte superior, en el que introduciremos el nombre de la vista esquemática que tengamos abierta.

En la parte inferior de la ventana encontramos los siguientes botones:

- **Zoom de objetos seleccionados en el visor**: Realiza un zoom en la vista esquemática de los objetos que tengamos seleccionados en el visor.
- **Ventana de texto de objeto seleccionado:** Permite escribir el nombre del objeto a buscar. Se seleccionarán todos los objetos que cumplan los caracteres que tecleemos, es decir, si tecleamos "te", se seleccionaran todos los objetos cuyo nombre comience por "te...".
- Controles de visión de la ventana: **Encuadrar**, **Zoom**, **Zoom a región**, **Zoom a extensión** y **Zoom a extensión de seleccionados**.

Modos de selección

A lo largo de este apartado hablaremos de los distintos modos de selección: por objetos, por región, por nombre, etc.

Selección de un solo objeto

Seleccionar un solo objeto es una de las acciones más utilizadas en *3ds max*. Podemos usar varias opciones, pero quizás la más interesante sea la que nos ahorre el mayor tiempo posible. Para ello, tenemos que hacer clic sobre uno de los cuatro botones de la barra de herramientas, que aparecen en la figura 4.4.

Figura 4.4. Herramientas de selección de un objeto

Los elementos son:

- **Seleccionar objeto**: Nos permite, como indica su nombre, seleccionar un objeto. Si el objeto está en modo de representación alámbrico, al seleccionarlo, pasa a tomar un color blanco, mientras que si el objeto se encuentra en modo sombreado, son las esquinas del área de trabajo del objeto las que aparecen de dicho color.

Nota

Podemos hacer la selección haciendo clic sobre cualquier parte del objeto. En modo sombreado vale cualquier zona, pero en modo alámbrico el lugar de selección tiene que ser las aristas o segmentos del objeto.

- **Seleccionar y mover:** Esta herramienta permite no sólo seleccionar el objeto, sino también desplazarlo.
- **Seleccionar y rotar:** Se selecciona el objeto y podemos rotarlo.
- **Seleccionar y escalar:** Con esta opción, podemos seleccionar y aumentar o disminuir el tamaño de un objeto de una sola vez.
- **Seleccionar y manipular:** Permite seleccionar un objeto y modificar sus parámetros con el arrastre del ratón.

Hablaremos también en el capítulo 6 de estas cuatro opciones, porque permiten no sólo seleccionar el objeto, sino también transformarlo.

Otras opciones en la selección

En primer lugar, puede ocurrir que, mientras estamos trabajando con estas opciones en la selección de objetos, los transformemos involuntariamente. Para evitar esto, podemos utilizar la selección por región, que comentaremos a lo largo de este capítulo, o bien, seleccionar el objeto simplemente con la herramienta Seleccionar objeto.

Tendríamos otro caso especial, cuando tratáramos de elegir un objeto que se encontrara detrás de otro que no deseemos seleccionar, es decir, que estuvieran superpuestos. La forma de hacerlo es repitiendo el clic con el ratón sin moverlo para avanzar en profundidad dentro del visor.

Si pulsamos nuevamente en las mismas condiciones sobre el objeto, quedará seleccionado el que se encuentra en primer plano y, si existen más de dos objetos alineados, iremos repitiendo los pasos hasta llegar a seleccionar el deseado.

Selección por región

Cuando tengamos activo alguno de los cuatro modos de selección citados anteriormente, tenemos la posibilidad de seleccionar los objetos enmarcándolos en un rectángulo o región. Este método resulta muy útil cuando queramos seleccionar varios objetos a la vez.

Existen dos formas de selección por región: Completa y Parcial. Ambas presentan cuatro tipos de regiones: rectangular, circular, poligonal y en lazo (novedad de la versión 5).

Formas de selección

En el menú Edición, existe la opción Región, que nos da acceso a un submenú en el que podemos elegir la forma de selección de los objetos. También tenemos un icono en la barra de estado que activa una u otra.

- **Completa:** Por este método, quedan seleccionados todos los objetos que se encuentren totalmente incluidos en la región establecida.
- **Parcial:** De esta manera, seleccionamos todos los objetos incluidos, total o parcialmente, en la región establecida.

Tipos de región

Existen cuatro tipos de regiones, que se encuentran situadas en un icono desplegable de la barra principal.

- **Rectangular**: Es la opción que carga por defecto el programa. Nos permite dibujar un rectángulo como región de selección.

Advertencia

Los objetos que aparezcan seleccionados dependerán del modo de selección que tengamos, Completa *o* Parcial.

- **Circular**: Creamos un círculo como región.
- **Poligonal**: Esta opción permite crear una región de selección con forma irregular y compuesta por el número de lados que deseemos, que vamos determinando con diferentes clic con el ratón.
- **En lazo**: Permite crear una forma irregular, que definimos con el arrastre del ratón y, cuando soltemos, se seleccionarán los objetos dependiendo del modo seleccionado.

Selección por nombre

Es posible realizar un tipo de selección por el nombre del objeto. Como *3ds max* es un programa orientado a objetos, cada vez que creamos uno, nosotros, o el programa por defecto, lo personalizamos. Le asignamos un nombre, que nos permite realizar una selección por nombre (figura 4.5). A este cuadro de diálogo se llega de tres formas distintas:

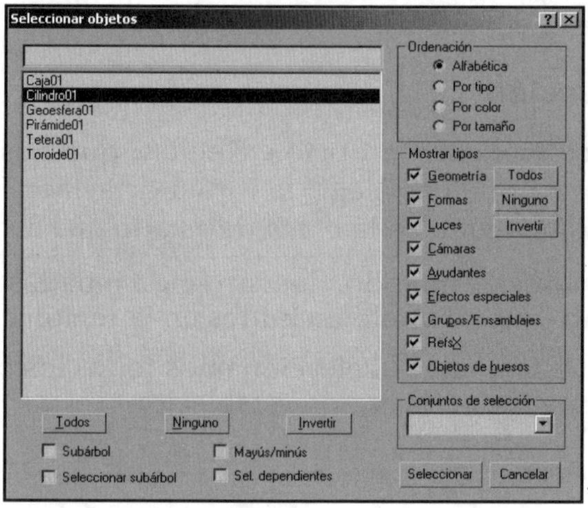

Figura 4.5. Cuadro de diálogo Selección por nombre

- Haciendo clic sobre el icono **Seleccionar por nombre**, situado en la Barra principal.
- Dentro del menú Edición existe la opción Seleccionar por, que contiene un submenú, donde se encuentra la opción Nombre.
- Una tercera posibilidad es la opción Selección flotante, que aparece dentro del menú Herramientas.

Truco

*Pulsando la tecla **H** del teclado, desplegamos el cuadro de diálogo* Selección por nombre.

Cuando lo abrimos, el cuadro de diálogo nos muestra los objetos que existen en la escena y quedan resaltados aquellos que se encuentran seleccionados. En este cuadro vamos eligiendo los objetos que queremos seleccionar. Utilizamos las teclas **Control** y **Mayús** con el mismo significado que tienen bajo el entorno *Windows*. Una vez elegidos los objetos, solamente tenemos que hacer clic sobre el botón **Seleccionar**.

Comentaremos a continuación cada una de las partes del cuadro de diálogo.

Selección con introducción de nombre

En la parte superior del cuadro, aparece el nombre del objeto que tenemos resaltado. En la zona del nombre podemos escribir el del objeto que queramos seleccionar. Es posible seleccionar varios objetos a la vez, utilizando comodines (**?** y *).

Advertencia

El signo interrogación (?) representa un único carácter y el signo asterisco (*) una cadena de caracteres.

Controles de la lista

En la parte inferior del cuadro de diálogo, aparecen opciones que nos permiten controlar la aparición de los objetos en la lista.

- Todo: Quedan seleccionados todos los elementos de la lista.
- Ninguno: Deseleccionamos todos los objetos de la lista.
- Invertir: Se invierte la selección de los objetos, pasando los que estaban marcados a deseleccionados y viceversa.
- Subárbol: Nos muestra la jerarquía de los objetos que se encuentran vinculados. Si la opción está activada, los objetos de cada jerarquía aparecen en la lista con formato sangrado. Las opciones de jerarquía se verán en los capítulos siguientes.
- Seleccionar subárbol: Los objetos que se encuentran vinculados como descendientes quedan seleccionados.
- Sel dependientes: Esta opción, por el contrario, selecciona los objetos dependientes y aquellos que comparten algún modificador común.
- Mayús/minús: Con esta opción, podemos determinar la coincidencia, o no, de los nombres. Cuando está activada, la coincidencia debe ser, incluso, entre mayúsculas y minúsculas. La opción por defecto está desactivada.

- **Ordenación**: En el cuadro existe una zona destinada al método de ordenación de los objetos dentro de la lista. Existen cuatro criterios: Alfabética, Por tipo, Por color y Por tamaño.
  1. El orden alfabético ordena los objetos según sus nombres.
  2. El tipo, respecto a la categoría del objeto.
  3. El color, según el que tenga la representación del objeto.
  4. El tamaño ordena en función del número de caras del objeto, en progresión ascendente.

Advertencia

En el orden alfabético influye el que tengamos, o no, el parámetro Mayús/minús *activado.*

- **Mostrar tipos**: Esta parte del cuadro de diálogo nos permite establecer unos filtros de selección para los objetos que aparecen en la lista. Se establecen siete criterios de filtrado, según la categoría del objeto: Geometría, Formas, Luces, Cámaras, Ayudantes, Efectos especiales, Grupos, Refx y Objetos de huesos. Por defecto, el programa los selecciona todos. Aparecen, además, tres botones:
  1. **Todos**: Muestra todas las categorías.
  2. **Ninguno**: Deselecciona todas las categorías.
  3. **Invertir**: Invierte la selección de las distintas categorías.
- **Conjuntos de selección**: En la lista, aparecen entre corchetes los conjuntos de selección de los que trataremos más adelante. Desde esta opción, podemos seleccionar los distintos conjuntos de selección que tengamos creados en la escena.

Nota

Este tipo de cuadro de diálogo aparece en muchos otros contextos dentro del programa 3ds max.

Selección por color

Otra forma de selección es por el color, que no es una herramienta de dibujo, para que los objetos queden mejor o peor o con un color u otro. El color en *3ds max* es una herramienta de selección.

Para establecer una selección por color, debemos acceder al menú Edición y, en el submenú Seleccionar por, elegiremos la opción Color. El puntero del ratón cambia de aspecto, presentando una flecha con una especie de arco en la parte inferior. Marcamos un objeto e inmediatamente se seleccionarán todos los objetos de la escena que posean el mismo color.

Opciones del menú Edición

Dentro del menú Edición existen opciones para seleccionar objetos. Analizaremos tres de estos métodos.

- Seleccionar todo: Esta opción nos permite seleccionar todos los objetos de la escena de una forma rápida y sencilla.
- Deseleccionar todo: Con este comando, podemos eliminar la selección de objetos que tuviésemos activada. Los objetos que se encontraban seleccionados pasan a estar sin selección.
- Invertir selección: Esta es la tercera de las opciones. Permite invertir el estado de selección de los distintos objetos que se encuentran en la escena. Al activar esta opción, los objetos que se encontraban seleccionados pasan a deseleccionados y viceversa.

Otras opciones en la selección

Bloqueo de selección

 Por medio de esta opción, podemos bloquear la selección de objetos una vez seleccionados. Al activar este icono, los objetos permanecerán seleccionados hasta que lo desactivemos y realicemos otra selección.

Truco

Resulta muy útil realizar estos bloqueos cuando la selección de los objetos es complicada y nos llevaría más tiempo que si bloqueamos y desbloqueamos la selección.

Teclas adicionales de selección

En los métodos de selección existen dos teclas que nos permiten añadir o eliminar objetos en la selección. Con la tecla **Control,** añadimos objetos a una selección que ya se encuentre establecida.

La forma de hacerlo es muy sencilla, se trata únicamente de mantener pulsada la tecla mientras realizamos la selección de los nuevos objetos.

El uso de la tecla **Alt** nos permite eliminar objetos de la selección. Esta opción se realiza de forma similar a la de añadir objetos.

Filtros de selección

En la barra de herramientas aparece una lista, que se observa en la figura 4.6, con la que podemos filtrar la selección de los objetos. Nos permite seleccionar los objetos por categorías que ya están determinadas. Además, es posible crear filtros nuevos a partir de distintas combinaciones entre las categorías de la lista.

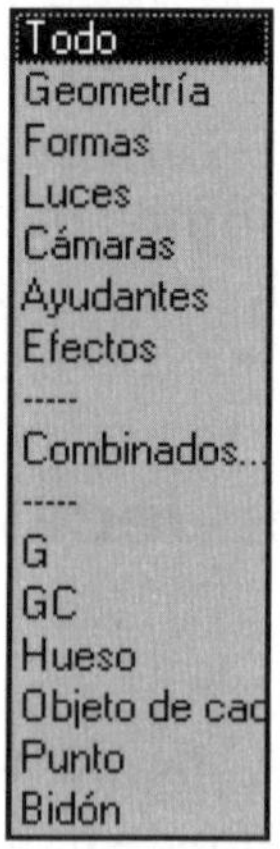

Figura 4.6. Lista de filtros de selección

Los filtros de selección indican qué tipos de elementos de la escena pueden ser seleccionados por los modos de selección comentados anteriormente. Sólo hay que seleccionar en la lista uno de los tipos de filtros y a partir de ese momento sólo se podrá seleccionar ese tipo de objeto. Para volver a la posición normal, colocaremos la opción Todo.

Truco

Resulta bastante rentable utilizar un filtro de selección, para seleccionar los objetos que nosotros deseemos dentro de una escena muy compleja.

Las distintas categorías de selección son:

- Todo: Podemos seleccionar todas las categorías y es el comando que se encuentra activo por defecto.
- Geometría: Selecciona todos los objetos geométricos.
- Formas: Sólo quedarían seleccionadas las formas.
- Luces: Se seleccionan las luces y sus objetivos.
- Cámaras: Seleccionamos las cámaras y sus objetivos.
- Ayudantes: Quedan seleccionados los objetos ayudantes.
- Efectos especiales: Se seleccionan solamente los efectos especiales.
- Hueso: Se seleccionarían sólo los objetos huesos. Este elemento es un ejemplo de las posibilidades de filtración que vamos a comentar en este apartado.
- Objeto de cadena: Permite seleccionar sólo cadenas de CI.
- Punto: Sólo permitirá seleccionar puntos.

Filtros combinados

Como comentamos anteriormente, podemos crear combinaciones de filtros de selección por la unión de dos o más categorías. En la figura 4.7 vemos el cuadro de diálogo que nos permite crear estos filtros. Para acceder a estos filtros, debemos seleccionar en la lista de filtros de selección la opción Combinados.

En este cuadro vemos claramente diferenciadas dos áreas. La primera, en la que podemos crear Combinados de una forma sencilla, y la segunda, en la que podemos establecer filtros según el tipo de objeto. Vamos a comentar las dos zonas y su forma de uso:

- Creación de combinaciones: Aparecen dos listas, una con las diferentes categorías de objetos en casillas de verificación y otra con las Combinaciones actuales. Tendríamos que seleccionar las categorías que deseásemos y hacer clic en el botón **Añadir**. Dichos combinados aparecerán en la lista de filtros de selección, nombrados por las iniciales de las distintas categorías que lo forman. Así, un filtro combinado de geometría, formas, luces, cámaras, ayudantes y efectos especiales tendría por nombre GFLCAE. Para eliminar una combinación, se selecciona y se hace clic sobre el botón **Eliminar**.
- Incorporación de filtros *ID*: En la parte inferior aparecen también dos tablas. La de la izquierda presenta todos los tipos de objetos que podemos crear. En la derecha están los filtros ID añadidos (por de-

fecto aparecen tres). Para añadir más filtros, seleccionamos el elemento deseado y hacemos clic sobre el botón **Añadir**. Por el contrario, para eliminarlos, lo seleccionamos en la lista y hacemos clic sobre **Eliminar**.

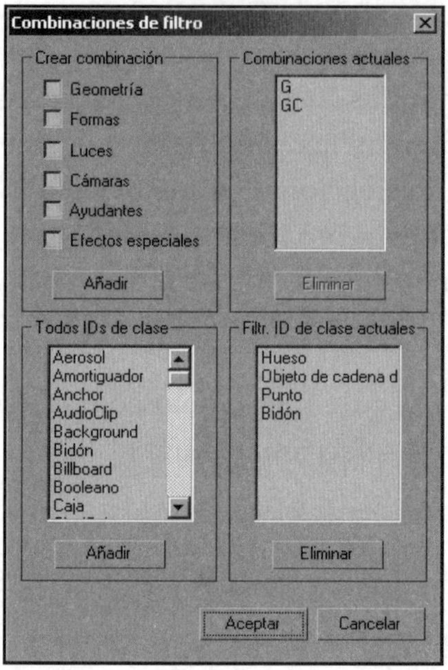

Figura 4.7. Cuadro de diálogo Filtrar combinaciones.

Los filtros combinados y los filtros *ID* que tengamos creados aparecerán en la lista de filtros de selección para su uso.

Conjuntos de selección con nombre

Podemos asignar un nombre a la selección que tengamos establecida, con lo que, cada vez que deseemos trabajar con los objetos de una selección, bastará que tomemos dicho nombre de la lista de selección. Esta lista se encuentra en la barra de herramientas.

 Delante de la lista de conjuntos de selección por nombre, aparece un icono denominado **Conjunto de selección por nombre**, que despliega el cuadro de diálogo con el mismo nombre (figura 4.8).

Para asignar un nombre a un conjunto de selección, realizamos los siguientes pasos:

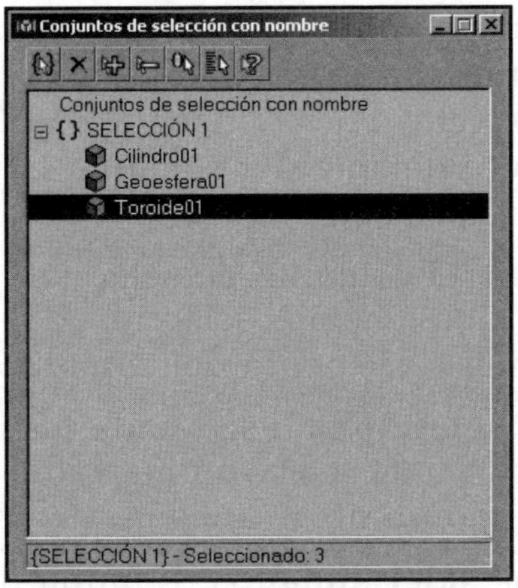

Figura 4.8. Conjunto de selección por nombre

1. Seleccionaremos los distintos objetos que formarán parte del conjunto de selección.
2. Haremos clic sobre Lista de selección y escribimos el nombre. El conjunto de selección con el nombre introducido queda creado.
3. Utilizando la opción Crear conjunto nuevo, del cuadro Conjunto de selección por nombre.

Nota

El nombre de un conjunto de selección establece distinción entre mayúsculas y minúsculas.

Para recuperar un conjunto de selección, sólo hay que elegirlo de la lista de selección.

Opciones del cuadro Conjuntos de selección por nombres

También podemos obtener el cuadro desde el menú Edición, con la opción Conjuntos de selección con nombre.

Desde el cuadro de diálogo, que veíamos en la figura 4.8, podemos gestionar los conjuntos de selección con nombre. El cuadro de diálogo contiene las siguientes opciones:

-  **Crear conjunto nuevo**: Crea un nuevo conjunto en la lista, que coloca entre llaves, con los objetos seleccionados en la escena. Se activa la posibilidad de introducir el nombre de la selección para sustituir el nombre "Conjunto nuevo", que es el valor que coloca por defecto. Para ver los objetos que contiene el conjunto, seleccionamos el signo "+",que aparece delante del conjunto creado. Para contraer la ramificación, pulsaremos sobre el signo "-".

- **Suprimir**: Elimina el conjunto de selección que tengamos marcado en la lista. Si lo que tenemos seleccionado es un elemento de un conjunto, eliminará este elemento del conjunto al que pertenezca.
- **Añadir objetos seleccionados**: Añade los objetos seleccionados en la escena al conjunto de selección marcado. Los objetos que ya se encuentren en el conjunto no se añaden.
- **Sustraer objetos seleccionados**: Elimina del conjunto de selección aquellos objetos que se encuentren seleccionados en la escena.
- **Seleccionar objetos del conjunto**: Selecciona en la escena los objetos que compongan el conjunto marcado.
- **Seleccionar objetos por nombre**: Abre el cuadro de diálogo Seleccionar objetos.
- **Resaltar objetos seleccionados**: Establece colores de señalización en el cuadro de diálogo, en los objetos que estén seleccionados en el visor. Coloca en color verde el nombre del objeto y en color rojo el nombre del conjunto de selección que lo contiene.

En la barra de estado del cuadro, aparece el nombre del conjunto de selección marcado, seguido del numero de objetos que están seleccionados en la escena. Si sólo se encuentra seleccionado uno de ellos, aparecerá el nombre del objeto.

Si hacemos doble clic con el botón izquierdo del ratón sobre un objeto del cuadro, éste se selecciona en el visor; pero si lo hacemos encima de un conjunto de selección, se seleccionan todos los objetos del conjunto.

Podemos mover los objetos de un conjunto a otro con sólo arrastrarlos con el botón izquierdo del ratón.

Si hacemos clic con el botón derecho del ratón sobre un objeto o sobre un conjunto de selección, surge un menú con opciones, de las que destacamos:

- Renombrar: Permite renombrar tanto el conjunto de selección como el objeto.
- Cortar, Copiar y Pegar: Son las opciones típicas de edición que nos permiten mover o copiar objetos de un conjunto de selección a otro.

- **Contraer todo** y **Expandir todo**: Permiten mostrar toda la ramificación de la estructura de árbol, o recontraerla.
- **Buscar siguiente**: Selecciona el siguiente conjunto de selección que posea objetos resaltados. Cada vez que lo marquemos, se desplazará al siguiente, hasta que vuelva al primero y continúe así de forma cíclica.

Selección de subobjetos

Todos los objetos creados en *3ds max* pueden ser editados a nivel de subobjetos. Un subobjeto de una esfera es, por ejemplo, un vértice o una cara de la geometría. Los subobjetos son seleccionables por los distintos métodos de selección ya comentados. Para acceder a la geometría de un objeto, se usa el panel **Modificar**. Existen varias técnicas para la modificación de la geometría de un objeto, que se comentarán en los capítulos 14 y 15.

En la figura 4.9 podemos ver el panel **Modificar**.

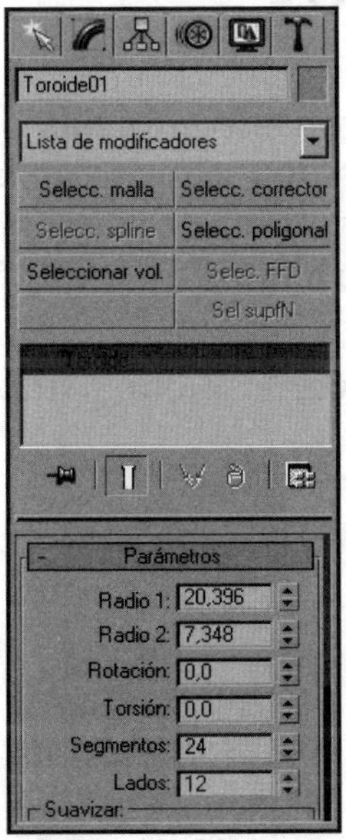

Figura 4.9. Panel Modificar

Un subobjeto es una división inferior que podamos realizar a un objeto, por ejemplo, un **Booleano** (se analizará en capítulo sucesivos) puede ser dividido en operandos que se pueden manipular y seleccionar.

Lo más evidente es dividir una geometría en vértices, caras, aristas, etc., por lo que la manera más sencilla de trabajar con subobjetos de este tipo es convertir el objeto en una malla editable, en la que podremos seleccionar vértices, aristas o caras.

Para establecer la selección de los diferentes elementos, se usarán primero iconos para acceder a ese tipo de subobjeto, y, posteriormente, cualquier método de selección de los que hemos comentado en el capítulo.

En algunos niveles de subobjetos existen otros métodos de selección que se analizarán cuando se comente ese tipo de nivel.

Nota

A la hora de trabajar sobre una geometría a nivel de subobjeto, es aconsejable colocar el visor sobre el seleccionado en modo de representación alámbrica.

Gestión de Grupos

Cuando trabajamos con escenas complejas y realizamos siempre operaciones sobre los mismos objetos, resulta aconsejable la creación de grupos. Los grupos permiten combinar dos o más objetos en un único objeto agrupado. El grupo recibe un nombre y es considerado como si se tratase de cualquier otro objeto.

En la figura 4.10 podemos ver el menú Grupo.

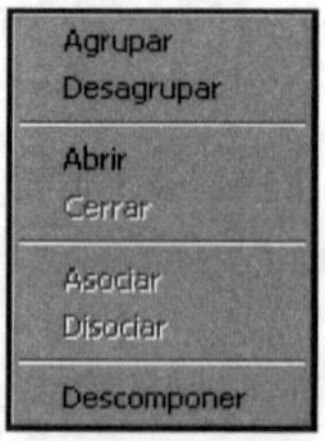

Figura 4.10. Menú Grupo

Para definir un grupo, debemos establecer primero la selección de los elementos que lo formarán y, posteriormente, en el menú Grupo, seleccionar la opción Agrupar, que nos permitirá dar nombre al grupo que acabamos de crear.

A partir de la creación de un grupo, cada vez que seleccionemos uno de sus miembros, el grupo quedará seleccionado en su totalidad.

Menú Grupo

Dentro del menú Grupo tenemos, además de la citada opción Agrupar, otras que nos permiten el acceso a los grupos o la disolución de los mismos.

Acceso a grupos

Es posible acceder de forma individual a los objetos que forman parte del grupo. La opción que nos permite realizar esta operación es Abrir. Utilizando este procedimiento, podemos abrir temporalmente el grupo para acceder a los objetos que lo forman. Mientras tenemos el grupo abierto, podemos modificar, transformar, aplicar modificadores, etc., a cada uno de los objetos del grupo.

Para abrir un grupo, es necesario seleccionarlo y hacer clic, dentro del menú Grupo, a la opción Abrir.

En el visor se nos muestra una caja de selección en color rosa y podemos seleccionar individualmente los objetos, apareciendo éstos con una caja de selección en color blanco.

Una vez modificado el objeto, el siguiente paso sería cerrar el grupo. La opción que nos permite realizar esta operación se encuentra dentro del menú Grupo y se llama Cerrar.

Para cerrar el grupo, debemos seleccionar el grupo abierto en la caja de color rosa que lo enmarca.

Disolución de grupos

Si deseamos disociar los elementos que forman parte de un grupo, tenemos dos opciones dentro del menú Grupo.

- Desagrupar: Podemos separar los distintos objetos que forman el grupo que tengamos seleccionado. Los objetos pasan a comportarse de forma independiente.
- Descomponer: Los grupos pueden anidarse, es decir, pueden contener a su vez otros grupos, tantos como se quieran. Con la opción Descomponer, similar a Desagrupar, se separan, además, todos los grupos que se encuentren anidados, dejando todos los objetos de forma independiente.

Nota

Si desagrupamos o descomponemos un grupo, los objetos pierden todas las transformaciones de animación que habíamos realizado con ellos, pero no las transformaciones individuales.

Gestión de grupo

Las otras dos opciones que aparecen dentro del menú Grupo nos permiten añadir o quitar elementos de un grupo cuando éste se encuentre abierto.

- Asociar: Podemos añadir al grupo que se encuentre abierto un objeto que no pertenezca a él.
- Disociar: Esta opción nos permite extraer de un grupo abierto el objeto o los objetos que queramos. El objeto, una vez disociado, se comporta de forma independiente.

Capas

Las capas son diferentes niveles transparentes que podemos organizar a nuestro gusto. En cada nivel, podemos colocar diferentes objetos, que se podrán desactivar todos juntos, bloquearlos y establecerles características comunes.

Imaginemos que disponemos de un edificio en su diseño de interiores. Podríamos establecer las siguientes capas: una capa para las paredes, otra para el mobiliario, otra para el techo y así sucesivamente con los diferentes elementos, como objetos de iluminación, etc. De esta forma, podríamos mostrar el edificio sólo con las paredes, o con el mobiliario y las paredes sin el techo, etc. Cada vez que creamos una escena por defecto, tenemos activada la Capa 0, que es en la que trabajamos. Los objetos de la capa pueden tener sus propiedades o heredarlas de las propiedades que tenga establecida la capa a la que pertenecen.

Nota

Todas las opciones de capas nos recuerdan el trabajo con Autocad.

Para trabajar con las capas debemos desplegar la barra de botones Capas, en la que encontramos todas las opciones referidas a este concepto. Repasando las opciones, tenemos:

- **Definir capa actual**: Establece la capa del objeto seleccionado con la propiedad de capa actual. En la capa actual es donde se van a crear los nuevos objetos de la escena.
- **Propiedades de capa**: Despliega el cuadro propiedades de capa de la figura 4.11. Desde él, podremos crear y gestionar las capas. Las opciones las comentaremos en el siguiente apartado.

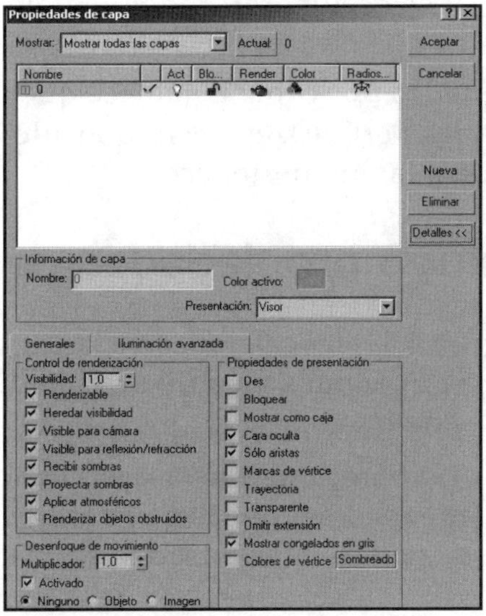

Figura 4.11. Cuadro de diálogo Propiedades de capa

- Lista de las propiedades y nombres de las capas: Es una lista desplegable que muestra las capas que tengamos creadas y las propiedades definidas en esas capas.
- **Igualar capa de objetos**: Al activarlo, el objeto que tengamos seleccionado, pasará a situarse en la capa del objeto que marquemos a continuación en el visor.
- **Aislar capa del objeto**: Este botón, al activarlo, coloca el modo desactivado a todas las capas menos a la del objeto seleccionado.
- **Deshacer último Aislar capa**: Deshace la última acción del botón **Aislar capa**.
- **Desactivar capa de objeto**: Al activarlo, debemos ir seleccionando aquellos objetos de la escena a los que queramos desactivar su capa. Para finalizar, debemos hacer clic con el botón derecho del ratón.

- **Activar todas las capas**: Pasa todas las capas al modo activado.
- **Bloquear capa de objeto**: Se comporta igual que la opción Desactivar capa de objeto, pero en este caso las va bloqueando.
- **Desbloquear capa de objeto**: En este caso, al ir seleccionando, vamos desbloqueando la capa a la que pertenezca el objeto.
- **Seleccionar capa**: Con esta opción activada, al seleccionar un objeto de la escena, se seleccionarán todos los que se encuentren en la misma capa.
- **Definir propiedades por capa**: Establece que el objeto seleccionado tenga las propiedades *PorCapa*, es decir, que adquiera las propiedades definidas en la capa a la que pertenece.

Cuadro de diálogo propiedades de capa

Como vimos en la figura 4.11, las opciones de las capas se controlan desde ese cuadro de diálogo que vamos a analizar a medida que establecemos las diferentes opciones de las capas.

- En la parte superior, aparece una lista desplegable desde la que establecemos filtros a las capas, según las que deseemos mostrar: todas, las usadas y las no usadas. Las capas usadas son las que contienen objetos.
- **Actual**: Este botón establece como capa actual la que tengamos seleccionada en el cuadro. La capa actual es la que irá recogiendo los objetos que se vayan creando. Este botón va seguido del nombre de la capa que posee esta propiedad.
- **Nueva**: Permite añadir una nueva capa a la lista. Para añadir una nueva capa, debemos colocarle un nombre que puede llegar a tener hasta 255 caracteres.
- **Eliminar**: Borrará la capa seleccionada, siempre que no sea ni la 0, ni la que esté definida como actual, ni aquella que contenga objetos.
- **Detalles**: Despliega más información en el cuadro en el que se presentan mas propiedades de las capas. Estas opciones nuevas nos recuerdan al cuadro de diálogo Propiedades de objeto.
- **Lista de capas:** Es una tabla en la que tenemos la siguiente información:
  1. Nombre: Por defecto, ya hemos dicho que existe la capa 0, y que los nombres de las capas pueden contener hasta 255 caracteres. Delante de las capas que contienen objetos, aparece un signo "+".

Al hacer clic sobre él, se presentan en forma de árbol los objetos que posee esa capa. Si hacemos dos clic en el nombre de una capa, tendremos acceso a modificarla.

2. La capa que esté marcada como actual tendrá en la segunda columna una marca indicándolo.
3. Act: presenta una representación de unas bombillas que pueden estar encendidas o apagadas. Los dos estados corresponden a que la capa está activada o desactivada, respectivamente. Una capa desactivada no se aprecia en el visor, ni en el renderizado. Los objetos pueden presentar, además, en esa columna, un punto, que representaría que adoptarían las características establecidas en la capa, es decir, que su modo activado o desactivado sería *PorCapa*. Esto mismo va a suceder para las demás columnas.
4. Bloquear: En ella aparece un candado que puede estar abierto o cerrado. Cuando está cerrado, la capa está bloqueada y en ese caso los objetos que adopten esta propiedad no se pueden editar ni eliminar. Si aparece el candado abierto, la capa estará desbloqueada. Si en esta zona, un objeto, aparece un punto, es que posee la propiedad *PorCapa*.
5. Render: En este caso aparece una tetera en color verde o blanco. Si está en verde, el objeto o la capa saldrá en la renderización, si está en blanco no.
6. Color: Presenta el color de la capa y, al hacer clic sobre el recuadro, se puede establecer el color en el cuadro **Color del objeto**. En la capa 0 aparece una representación indicando que el color es aleatorio. Todos los objetos de la capa tendrán el mismo color, siempre que presenten el color *PorCapa,* que se puede establecer en un botón con ese texto en el cuadro **Color del objeto**.
7. Radiosidad: Esta opción establece, cuando está en amarillo, que los objetos de la capa se calcularán en la radiosidad (cálculo avanzado de iluminación que comentaremos en el capítulo dedicado a las luces) o, por el contrario, si está el dibujo en gris, que no se tienen en cuenta para el cálculo.

Nota

Todos los diferentes modos de cada capa se pueden activar o desactivar sin necesidad de entrar en el cuadro, simplemente marcando la opción indicada en la lista de capas de la barra de botones.

8. Para cambiar el modo de alguna de las propiedades, sólo hay que hacer clic en el dibujo de la capa o del objeto correspondiente y éste conmutará por las posibilidades que contenga.

- Información de capa: Es una zona que presenta la posibilidad de modificar tres parámetros de la capa seleccionada en la lista: el nombre, el color y el modo de presentarse en el visor, que establece cuatro opciones: Visor (la que posea el visor), Caja delimitadora, Representación alámbrica y Sombreado.
- Propiedades: Es una lista amplia de diferentes propiedades que se pueden establecer a cada capa.

Nota

Para cambiar un objeto de capa, basta con seleccionarlo en el visor y seleccionar la capa a la que deseemos colocarlo en la lista de las capas de la barra de botones. Además, cuando seleccionamos un objeto, en la barra de botones Capas *aparecen las propiedades de la capa a la que pertenece el objeto.*

Advertencia

Aunque en ocasiones resulte un poco engorroso su uso, es muy aconsejable tener la información establecida en diferentes capas, ya que podremos tener más posibilidades, y, además, llevaremos un orden en nuestra escena.

Resumen

Un apartado importante para el trabajo es el poder establecer selecciones de objetos.

En el capítulo, hemos visto las diferentes formas que presenta el programa para seleccionar objetos.

Hemos descubierto que el color y el nombre de los objetos son una herramienta de selección.

Siguiendo con el recorrido por las partes del programa, hemos comentado en profundidad las opciones del menú Edición, en lo que respecta a la selección de objetos, y el menú Grupo, con el que realizamos agrupaciones de los objetos seleccionados.

Es también importante recordar que hemos estudiado la posibilidad de establecer filtros de selección y conjuntos de selección con nombre.

Al finalizar el capítulo, hemos visto la importancia de utilizar capas, un concepto nuevo en la versión 5 del programa, y que los usuarios de *Autocad* echábamos de menos. Hemos visto cómo se crean y cómo podemos establecer diferentes modos de trabajo.

Capítulo 5

Herramientas de precisión y ayuda. Ayudantes

En este capítulo aprenderá:

- A establecer las unidades de trabajo.
- A crear cuadrículas.
- A fijar ajustes.
- La alineación de objetos.
- El uso de los objetos ayudantes.

Introducción

A medida que nos vamos adentrando en el mundo de las tres dimensiones, nos damos cuenta de lo necesario que es la precisión en la escena.

En este tema, indicaremos los diferentes métodos de precisión y aprenderemos a servirnos de las diferentes ayudas que nos brinda el programa.

Podremos establecer unidades de trabajo, utilizar herramientas como cuadrículas, alinear objetos, realizar ajustes y utilizar ayudantes para el trabajo.

Si deseamos realizar objetos que tengan que cumplir una medida, que deben tener una precisión, o que sean reflejo exacto del mundo real, necesitaremos utilizar las herramientas de precisión que vamos a tratar a continuación.

Para trabajar en una escena con precisión, deberemos establecer un orden lógico de uso de las herramientas, pero este orden no es riguroso, es decir, se puede optar entre seguirlo, o no.

1. Lo primero que debemos hacer es elegir una unidad de medida.
2. Definiremos y ajustaremos la cuadrícula.
3. Utilizaremos la cuadrícula inicial o los objetos de cuadrícula para alinear y desplazar los objetos.
4. Estableceremos los distintos parámetros de ajuste que necesitemos para crear la escena.
5. Usaremos las herramientas ayudantes.

Este proceso es el que describiremos a lo largo del capítulo.

Establecer unidades

Podemos definir las distintas unidades de trabajo desde un único cuadro de diálogo, como podemos apreciar en la figura 5.1.

Este cuadro de diálogo se encuentra dentro del menú Personalizar, en la opción Establecer unidades. El cuadro presenta distintos sistemas de unidades:

- Establecer unidades del sistema: Despliega un cuadro en el que determinamos las unidades de trabajo del programa. Posteriormente, podremos establecer estas unidades para la escena que tenemos abierta.

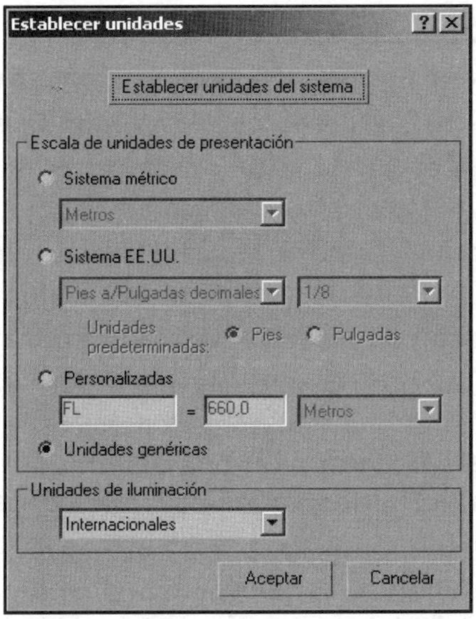

Figura 5.1. Cuadro de diálogo Establecer unidades

- **Sistema métrico**: Dentro del sistema, si presionamos sobre la lista desplegable, obtenemos las siguientes unidades métricas: Milímetros, Centímetros, Metros y Kilómetros.
- **Sistema EE.UU.**: Dentro de este sistema, podemos elegir también varias unidades y, además, si optamos por un sistema que tenga representación fraccionaria, activamos la lista para seleccionar el componente fraccionario de la unidad.

Nota

En estos dos últimos, podemos introducir las unidades tanto en pies como en pulgadas. Dispondremos un valor predeterminado en Pies o Pulgadas, pero podremos introducir el otro valor. Por ejemplo, si el valor predeterminado es pies y utilizamos una medida de 100, éstas serán 100 pies. Si queremos usar 100 pulgadas, simplemente pondremos 100".

- **Personalizada**: Para definir una unidad personalizada, hay que rellenar los campos que aparecen en el cuadro de diálogo.
  1. El primer campo a la izquierda del signo igual (=) sirve para escribir la abreviatura de la unidad personalizada a crear.

Advertencia

Cuando escribamos la abreviatura, utilizaremos sólo dos o tres letras, para dejar espacio al campo numérico a la hora de introducir un número.

2. La segunda entrada se refiere a la cantidad de equivalencia que existe entre la unidad nueva y la que ya tiene establecida el programa.
3. En el último campo elegiremos la unidad para la conversión, de tal forma que nos quedará: «La unidad nueva es igual a tal cantidad de unidad del sistema».

- **Unidades genéricas**: Es la opción por defecto del programa, que establece las unidades definidas en las opciones **Establecer unidades del sistema** de este mismo cuadro.
- **Unidades de iluminación**: Desde esta lista desplegable, establecemos si las unidades que vamos a usar en la iluminación son en formato internacional o americano.

Entrada de cantidades

Cuando introducimos un número, siempre se toma la unidad que tengamos establecida como actual, aunque podemos introducir cantidades en otras unidades y el programa se encargará de convertirlas a las unidades del sistema. Entre los distintos casos que tenemos, para poner un ejemplo, vamos a establecer como unidad de trabajo los metros en el sistema métrico:

- Podemos introducir una cantidad en otro sistema: por ejemplo, 1' (un pie) y el programa lo pasará a metros, considerando 0.305 M. Es necesario escribir el apóstrofe de la unidad para que el programa sepa de qué unidad estamos hablando, si no lo indicamos, considerará la entrada como 1 metro.
- Si introducimos cantidades separadas por espacios, el programa calculará como medida la suma de las cantidades. Así, «1 2 5» será considerado como una entrada de 8 metros.
- Podemos utilizar cantidades fraccionarias, por ejemplo, la entrada de «12/2» supondrá una medida de 6 M.
- Recordamos que al introducir en un contador una cantidad, positiva o negativa, con una R delante, estaremos introduciendo una cantidad relativa al valor que tuviese el contador antes, es decir, si tenemos en el radio

de un círculo el valor «50» e introducimos «R-20», el nuevo valor será «30». Por el contrario, si ponemos «R20», obtendremos el resultado de «70».

- Podemos introducir un número que se consiga como resultado de expresión. Cuando tengamos el cursor en el contador, debemos utilizar la combinación de teclas **Control-N** y se despliega el cuadro de diálogo Evaluador de expresiones numéricas, con el que podemos indicar la expresión que queremos resolver. En la ayuda del programa, existe documentación de la lista de funciones que podemos utilizar (nos sorprenderemos de las posibilidades que esta calculadora científica nos brinda). Una vez obtenido el resultado, hacemos clic sobre el botón **Pegar** y pasará a inscribirse en el contador.

Cambio de unidades

El cambio de unidades en el cuadro de diálogo no supone un cambio en el tamaño de los objetos creados con anterioridad a dicho cambio. Igual que ocurre en el mundo físico, los objetos no cambian de tamaño porque los midamos con distintas unidades.

Una caja creada en las unidades del sistema con un tamaño de 20x20x20 (recordamos que en pulgadas), al cambiar el sistema de medidas a métrico en metros, no tendrá como valor 20x20x20 sino la conversión de unidades: 0.508x0.508x0.508 en metros.

Cuadrículas

A la hora de realizar un dibujo sobre el papel, siempre es más fácil cuando trabajamos sobre un papel cuadriculado. Pues esto son las cuadrículas, y sólo se diferencian en que se pueden modificar y configurar a nuestras necesidades y que se crean en el espacio.

Las cuadrículas tienen un uso fundamental a la hora de trabajar con precisión en *MAX*. Podemos usarlas como ayuda en la creación de objetos, nos sirven como planos de construcción y como sistema de referencia para los ajustes. En la figura 5.2 podemos ver distintas cuadrículas. *3ds max* nos proporciona dos tipos de cuadrículas: cuadrícula inicial y objetos de cuadrícula.

Cada vez que hacemos clic con el ratón en un visor para crear un objeto, estamos haciendo referencia a un punto de la cuadrícula, es decir, no sólo son ayudas visuales, sino que son los planos de trabajo de los visores ortogonales.

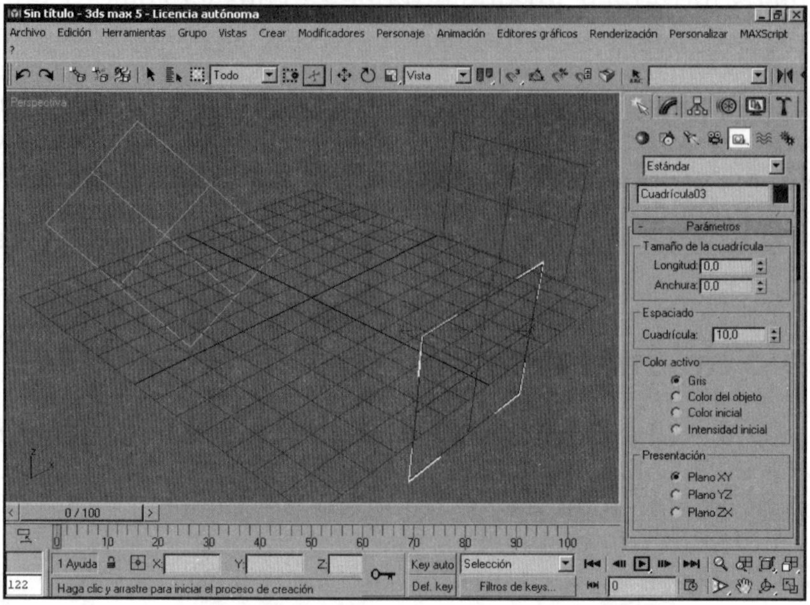

Figura 5.2. Cuadrículas: inicial y objetos de cuadrículas

Cuadrícula inicial

La cuadrícula inicial es un sistema de referencia formado por los tres planos de los tres ejes de coordenadas universales. Dos ejes definen cada plano de la cuadrícula.

Para que resulte más fácil la visión de los objetos de la escena, sólo se ve un plano de la cuadrícula en cada uno de los visores. Dentro del visor perspectiva, se aprecia el plano XY y el eje Z sale perpendicular desde el plano.

Esta cuadrícula se encuentra presente al arrancar la aplicación, pero puede activarse o desactivarse en cualquier visor, aunque no se puede cambiar su orientación. Cuando creamos un objeto en un visor, se coloca en el plano de la cuadrícula inicial del visor.

Mostrar, o no, la cuadrícula inicial

Como hemos comentado, la cuadrícula inicial puede desactivarse en cada visor. La forma de ocultar o mostrar la cuadrícula inicial se realiza desde el menú Vistas. Seleccionamos en el submenú Cuadrícula la opción Mostar cuadrícula inicial.

Modificación de la cuadrícula inicial

Existe un cuadro de diálogo para modificar las opciones de la cuadrícula inicial. Hay dos formas de acceder a este cuadro de diálogo:

- Ir al menú Personalizar y seleccionar la opción Configuración de cuadrícula y ajustes.
- Pulsar con el botón derecho el icono **Conmutador ajuste 3D**, que se encuentra en la barra de botones Principal.

Con cualquiera de las dos opciones accedemos a un cuadro de diálogo que tiene 4 pestañas: Ajustes, Opciones, Cuadrícula inicial y Cuadrículas de usuario. Vamos ahora a comentar la tercera de las pestañas, que se observa en la figura 5.3.

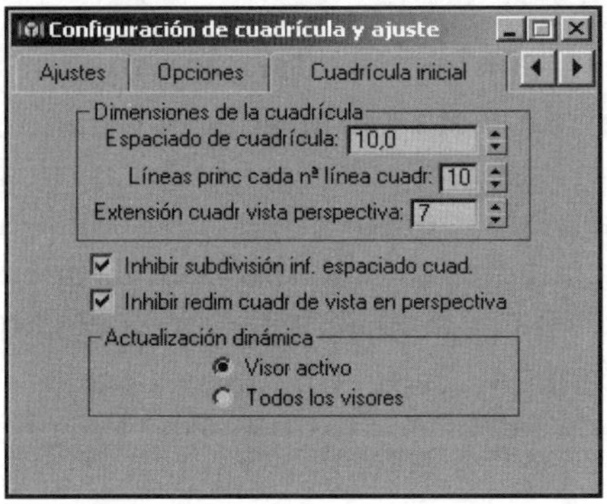

Figura 5.3. Configuración de cuadrícula y ajustes: Cuadrícula inicial

- Espaciado de cuadrícula: Es el tamaño del cuadrado más pequeño de la cuadrícula, medido en las unidades actuales definidas.

Nota

Lo ideal es definir un espacio que corresponda a la unidad de la medida que tengamos definida.

- Líneas principales cada n: En la cuadrícula inicial, aparecen líneas más oscuras que denominamos líneas principales. Aquí establecemos cada cuántas líneas queremos encontrar líneas principales.

Truco

Utilizamos las líneas principales para representar unidades de medida mayor que el tamaño de la cuadrícula. Si estamos trabajando en milímetros y establecemos líneas principales cada 10, éstas tendrán la medida de un centímetro.

- Extensión cuadrícula vista perspectiva: Es el número de cuadros que van a aparecer en el visor perspectiva. En este caso, si establecemos el valor 7, que figura por defecto, en la perspectiva tendremos 4 cuadros de 7 divisiones por cada lado, es decir, si nuestra cuadrícula es de 5 unidades, tendremos en la perspectiva una zona de cuadrículas que abarca 7x2x5=70 unidades por cada lado.
- Inhibir subdivisión inf a espaciado cuad: Establecemos el comportamiento de la cuadrícula cuando aumentamos la vista en el visor. Si está sin activar, a medida que aumentamos el zoom en el visor, la cuadrícula va dividiéndose en otras más pequeñas. Con la opción activada, no se realiza ninguna división menor a la inicial.
- Inhibir redim cuadr de vista perspectiva: Cuando está activada, valor por defecto, se representan sólo las líneas indicadas en el campo Extensión cuadrícula vista perspectiva. Es aconsejable la opción por defecto, ya que solucionaremos muchos problemas de perder la vista *Perspectiva* al realizar alguna variación en la rotación o el campo visual del visor.
- Actualización dinámica: Especificamos la actualización de los cambios que realicemos en la configuración. Por defecto, esta actualización es solamente sobre el Visor activo. Seleccionando Todos los visores, será efectiva a todos ellos.

Colores de la cuadrícula

Podemos mejorar la visibilidad de la cuadrícula dentro del visor cambiando su color. En la figura 5.4 vemos las opciones que podemos controlar. Estas opciones se encuentran dentro del cuadro de diálogo Personalizar interfaz de usuario, dentro del menú Personalizar, y en su pestaña Colores. En el cuadro de diálogo seleccionamos en la lista Elementos la opción Cuadrícula.

Podemos definir el color de la cuadrícula con dos parámetros: Definir por color o Definir por intensidad. Los campos que nos encontramos son:

- Intensidad: Este parámetro permite especificar la intensidad de gris de la cuadrícula inicial. Su valor puede oscilar entre 0 (negro) y 255 (blanco).
- Invertir: Permite invertir la intensidad de la cuadrícula.

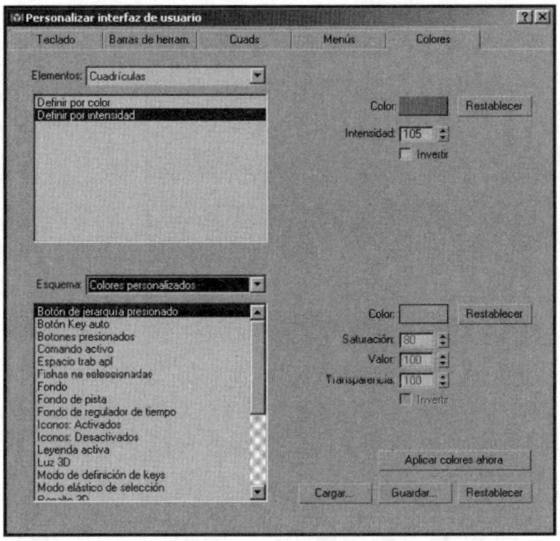

Figura 5.4. Personalizar interfaz de usuario: Colores de cuadrícula

- Color: El color de la cuadrícula es la otra opción posible para definir el color de visión de la cuadrícula. Esta opción nos permite elegir un color determinado, haciendo clic sobre el recuadro de color.
- Restablecer: Nos permite volver a poner el valor predefinido.

Objetos Cuadrícula

Uno de los objetos que se pueden crear es una cuadrícula local, que podríamos denominar Plano de construcción. Podemos crear el número que queramos de cuadrículas en la escena, pero únicamente se nos permite tener uno activado. El objeto cuadrícula activado se presenta en todos los visores.

Como cuadrícula, estos objetos tienen sus tres planos: XY, YZ y ZX. Podemos mover los objetos por cualquiera de estos planos.

Creación

Los objetos cuadrículas se crean desde el panel Crear, en la categoría de objetos Ayudantes.

Para crear un objeto cuadrícula, haremos clic sobre el botón **Cuadrícula** de Ayudantes, en el panel Crear. Luego, con el arrastre en el visor, definimos el recuadro de la cuadrícula.

Para finalizar, estableceremos el color y el nombre junto a los parámetros del objeto (figura 5.5).

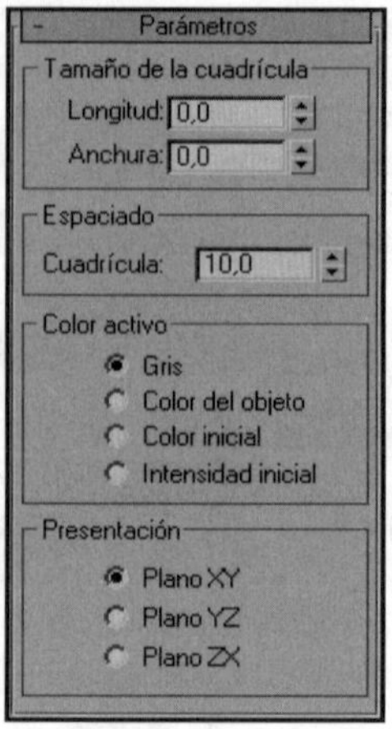

Figura 5.5. Parámetros de los objetos Cuadrícula

- Tamaño de la cuadrícula: Para establecer el ancho y la longitud del objeto cuadrícula.
- Espaciado: Define el tamaño del cuadrado de la cuadrícula en las unidades actuales, valor que no se aprecia en la representación del visor hasta que la cuadrícula sea activada,
- Color activo: Esta opción nos permite definir el color de la cuadrícula cuando se encuentra activada, pudiendo elegir entre:
  1. Gris.
  2. Color del objeto.
  3. Color inicial: Según se establece en el cuadro de diálogo Personalizar interfaz de usuario, en la opción Definir por color.
  4. Intensidad inicial: Adopta los parámetros definidos en la opción Definir por intensidad, comentada anteriormente.
- Presentación: Especificamos de esta forma cuál de los tres planos de la cuadrícula queremos ver: XY, YZ o ZX.

A la hora de crear la cuadrícula, se le otorga un nombre y se la considera como cualquier otro objeto, con lo cual, también podemos borrarla.

Activación

Para utilizar un objeto cuadrícula hay que activarlo antes. Sólo podemos tener un objeto cuadrícula activado a la vez. Cuando activamos un objeto cuadrícula, la cuadrícula inicial se desactiva.

Tenemos dos formas de activar un objeto como cuadrícula de trabajo:

- Con el objeto cuadrícula seleccionado, accedemos al menú Vistas y, dentro del submenú Cuadrícula, seleccionamos la opción Activar objeto de cuadrícula. Para volver a la cuadrícula inicial, seleccionaremos la opción Activar cuadrícula inicial, en el mismo submenú.
- La segunda opción consiste en seleccionar Activar cuadrícula, en el menú Herramientas 1, que surge al hacer clic con el botón derecho del ratón sobre el objeto cuadrícula. Para volver a la cuadrícula inicial, seleccionaremos Activar cuadrícula inicial, en el mismo menú.

Nota

Si eliminamos el objeto cuadrícula cuando se encuentra activado, inmediatamente el ordenador coloca la cuadrícula inicial como activada.

Configuración

Dentro del cuadro de diálogo Configuración de cuadrícula y ajuste, del menú Personalizar, comentado con anterioridad, encontramos la pestaña Cuadrículas de usuario, que pasamos a analizar y que podemos ver en la figura 5.6.

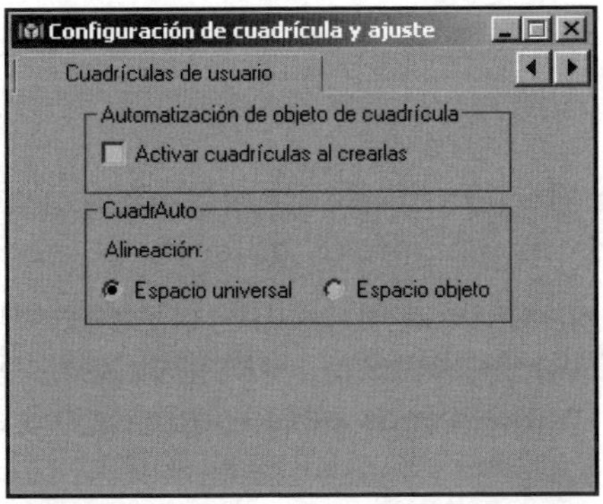

Figura 5.6. Configuración de cuadrículas y ajustes: Cuadrículas de usuario

- Automatización de objeto de cuadrícula: En esta primera zona determinamos, por medio de una casilla de verificación, si *3ds max* activa de forma automática las cuadrículas al crearlas.

- CuadrAuto: Esta opción activada nos va a permitir crear objetos cuadrículas en la superficie de los objetos, de esta forma, se simplifica la tarea de alineación. *3ds max* utiliza dos métodos de creación:
  1. Espacio universal: Crea cuadrículas en el espacio universal.
  2. Espacio de objeto: Crea cuadrículas en el espacio objeto.

Ajustes

Cuando queramos aplicar una transformación o crear algún objeto, estableciendo referencia a puntos característicos de otro objeto, como centro de una cara, vértice, arista, o desplazarnos una cantidad controlada, etc., debemos utilizar lo que en *3ds max* se conoce como Ajustes. Son indicaciones a puntos de referencia, que en la modificación o creación de los objetos nos permiten tener precisión. Los ajustes se establecen referidos a puntos característicos, que tenemos definidos con anterioridad a la transformación o creación de objetos.

Los ajustes se establecen desde un cuadro de diálogo con cuatro paneles, de los que ya hemos comentado uno a lo largo de este capítulo: Configuración de cuadrícula y ajuste.

Dentro de este apartado, comentaremos los otros dos paneles: Ajustes y Opciones.

Panel Ajustes

El panel Ajustes, situado dentro de Configuración de cuadrícula y ajuste (observa la figura 5.7) nos permite establecer los distintos tipos de ajustes.

En principio, si desplegamos la lista que aparece en el cuadro, podemos ver dos grandes bloques de ajustes: Estándar y NURBS.

En este capítulo, sólo hablaremos del bloque de los ajustes Estándar.

Los distintos ajustes son:

- Puntos de cuadrícula: Ajusta a la intersección de las líneas de cuadrícula.
- Líneas cuadrícula: Ajusta a cualquier punto de la línea de cuadrícula.
- Pivote: Ajusta a los puntos de pivote de los objetos.
- Caja delimitadora: Ajusta a cualquiera de las ocho esquinas del área de trabajo de un objeto.

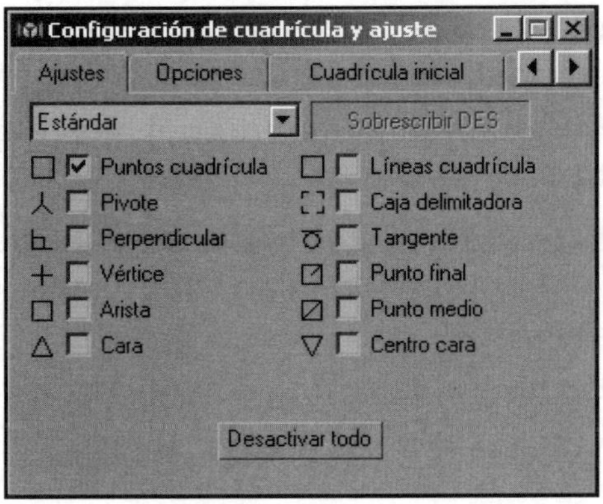

Figura 5.7. Configuración de cuadrículas y ajustes: Ajustes

- Perpendicular: Ajusta con respecto a un punto perpendicular al anterior en la creación de una spline.
- Tangente: Igual que perpendicular, pero con respecto a una tangente.
- Vértice: Ajusta a los vértices de los objetos.
- Punto final: Ofrece la posibilidad de ajustar a los puntos finales de las aristas.
- Aristas: Esta opción ajusta a cualquier punto a lo largo de las aristas.
- Punto medio: Ajusta al centro de las aristas.
- Cara: Ajusta a cualquier punto de la superficie de una cara.
- Centro cara: Ajusta al centro de la cara.

Cada una de estas opciones tiene dibujado algo a su izquierda, éste será el símbolo de representación, cuando tengamos seleccionado un punto de ajuste en el visor.

Nota

Esta opción nos recuerda las referencias a objetos de Autocad.

Nota

La configuración de ajuste se almacena en el archivo 3dsmax.ini, *lo que significa que el estado de la configuración de ajuste se mantiene de sesión a sesión.*

Por sí solos, los ajustes no aparecen en el visor. Para su uso, tenemos que seleccionar el conmutador de ajuste con el que vamos a trabajar.

Estos conmutadores delimitan el ámbito del ajuste que queremos realizar. Tenemos tres tipos:

- **Ajuste 3D**: Nos permite elegir los distintos ajustes, haciendo clic con el botón derecho del ratón sobre él. Establece que se activen los ajustes comentados anteriormente.
- **Ajuste 2,5D**: Permite ajustar únicamente los vértices o las aristas de la proyección de un objeto respecto del plano de construcción. Se encuentra en el icono desplegable de **Ajuste 3D**.
- **Ajuste 2D**: También se encuentra en el icono desplegable de **Ajuste 3D** y sólo ajusta sobre la cuadrícula activa trabajando en dos dimensiones, omitiendo el eje Z.

En resumen, son herramientas de precisión a la hora de construir o transformar un objeto.

Nos dan la seguridad de seleccionar el punto que nosotros queremos para realizar la operación.

Panel Opciones de ajuste

Para poder controlar o configurar las opciones de ajuste, debemos acceder al cuadro de diálogo Configuración de cuadrícula y ajuste. Una vez seleccionado este cuadro, elegiremos la pestaña Opciones.

Este panel, que se observa en la figura 5.8, nos permite modificar algunos parámetros del ajuste. Los parámetros son:

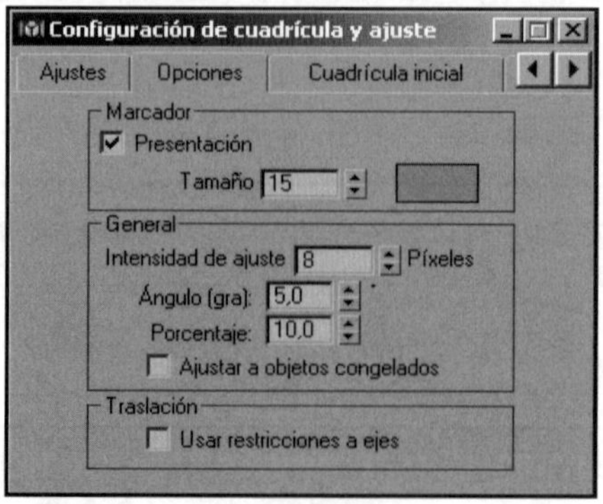

Figura 5.8. Configuración de cuadrículas y ajustes: Opciones

- **Marcador**: Establece la presentación del cursor de ajuste en la pantalla, pudiendo modificar su tamaño y su color.
- **Intensidad de ajuste**: Establece el valor de la distancia que debe existir entre el punto del cursor y el punto de ajuste para que éste se produzca. El valor oscila entre 1 y 20 píxeles.

Ajustes en el botón derecho

Cuando tengamos activado el ajuste y estemos estableciendo una transformación o creando algún objeto, podemos trabajar temporalmente un ajuste distinto a los que se encuentren activados en el cuadro Configuración de cuadrícula y ajuste.

Si mantenemos pulsada la tecla **Mayús** y pulsamos el botón derecho del ratón sobre el fondo de algún visor, se despliega el menú de la figura 5.9.

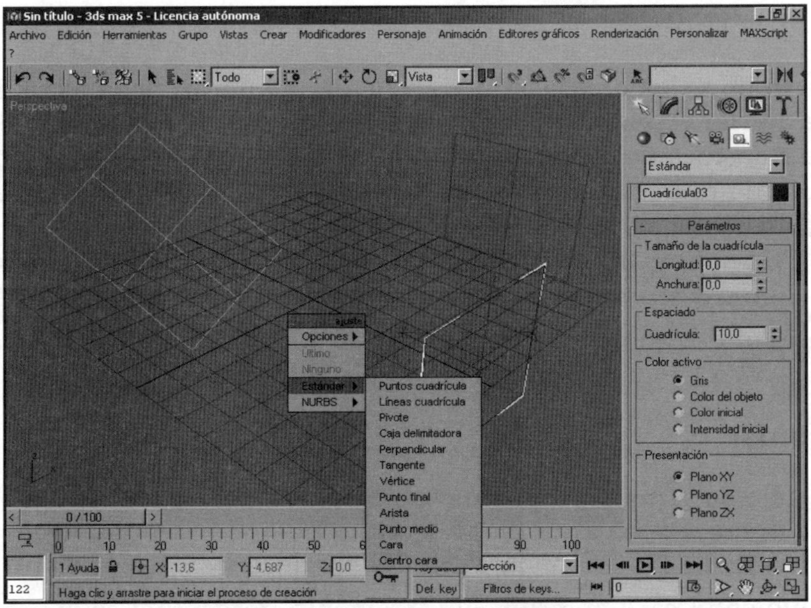

Figura 5.9. Menú Ajustes del botón derecho del ratón

Dentro de este menú encontramos las siguientes partes:

- **Opciones**: Cuando seleccionemos este cuadro, se despliega un submenú en el que podemos establecer dos conceptos:

1. Restricciones de transformación: Ajustaremos dentro de las restricciones que tengamos a la transformación. Lo comentaremos en el siguiente capítulo.
2. Ajustar a congelados: Para ajustar a objetos congelados.

- Podemos reutilizar el último ajuste temporal: La primera vez que accedemos a este menú aparecerá la opción Último.
- Ninguno: Desactiva todos los ajustes para la próxima selección.
- Estándar y NURBS: Estas opciones despliegan los menús correspondientes a todos los posibles ajustes de cada una de las categorías. Seleccionaremos aquí con el ratón el ajuste temporal para la siguiente selección.

Otros tipos de ajustes

Podemos establecer dentro del programa otros tres tipos de ajustes que detallamos seguidamente.

Angular

Este icono se encuentra situado en la parte inferior de la pantalla y sirve para ajustar el ángulo de rotación de los objetos. Principalmente, se usa para la transformación Rotar, aunque también afecta a las opciones de encuadre de cámara, ángulos focales, etc. Con la opción Ajuste angular activada, la rotación se va realizando por incrementos establecidos en la pestaña Opciones, del cuadro de diálogo Configuración de cuadrícula y ajuste (figura 5.10).

La cantidad del ángulo de la rotación se va presentando en la barra de estado.

Porcentual

El icono de **Ajuste porcentual** permite establecer un incremento durante la operación de escalado. El control del incremento se establece en el cuadro de diálogo Configuración de cuadrícula y ajuste (figura 5.10).

Igual que en el caso anterior, el incremento porcentual se expresará en la barra de estado.

Contador

El **Ajuste contador** establece un incremento para los campos de contador. Esta opción se controla en el cuadro de diálogo Configuración de preferencias (figura 5.11), que aparece haciendo clic con el botón derecho en el icono **Ajuste contador**.

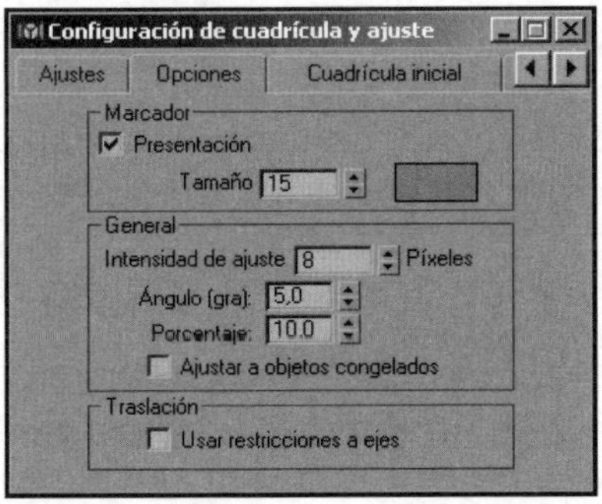

Figura 5.10. Configuración de cuadrículas y ajustes: Opciones

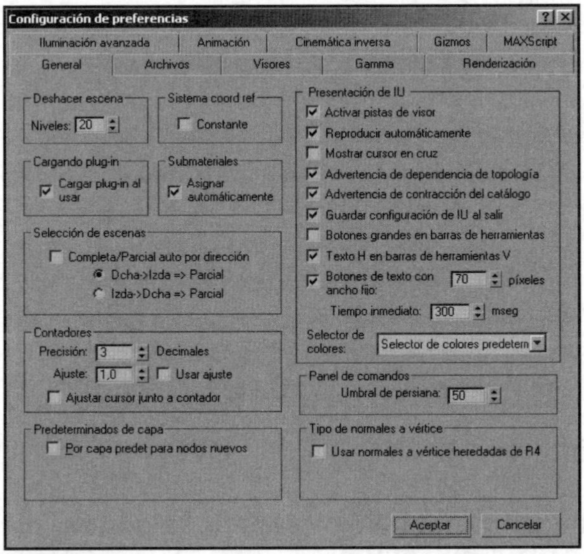

Figura 5.11. Configuración de preferencias

Cuando establecemos un valor de incremento numérico en **Ajuste de contador**, todos los contadores de transformación sufren un incremento de esa cantidad al aumentar o disminuir su contenido.

El valor de **Ajuste de contador,** por defecto, está establecido en 1, que es la cantidad de incremento definida si lo tenemos desactivado. Desde este cuadro podemos establecer también el número de decimales de los contadores.

Alinear

Alinear es colocar en las mismas características de posición, orientación y escala.

Dos objetos pueden ser alineados entre sí dentro del programa *3ds max*. Para realizar la alineación, necesitamos un objeto que actuará como objeto origen y que será alineado con un objeto destino. El objeto origen debe seleccionarse al iniciar el proceso de alineación, mientras que el objeto destino se selecciona durante el proceso.

La alineación se realiza bajo un sistema de coordenadas de referencia. Este sistema de coordenadas determina los ejes utilizados para la alineación y el tamaño del área de trabajo.

En el cuadro de diálogo de la figura 5.12 podemos ver las opciones de alineación de objetos.

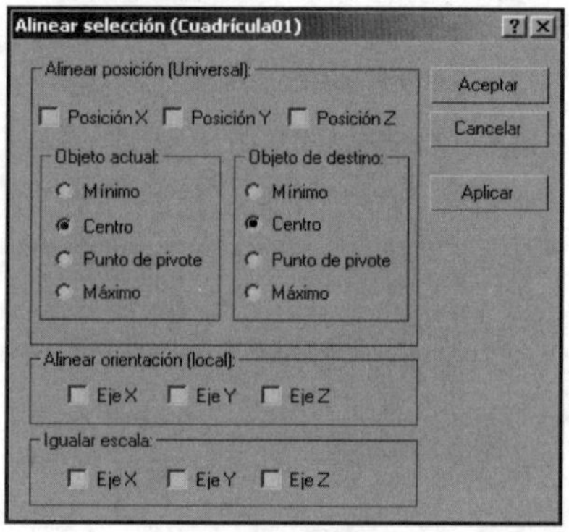

Figura 5.12. Cuadro de diálogo Alinear selección

Para acceder al cuadro de diálogo **Alinear selección**, debemos seleccionar el objeto origen, luego, seleccionar en el menú **Herramientas** la opción Alinear y, posteriormente, seleccionar el objeto destino.

 Si pulsamos el icono **Alinear**, también tenemos opción a la alineación de objetos.

Parámetros

En el cuadro de diálogo de la figura 5.12, vista anteriormente, encontramos los parámetros y opciones que se exponen a continuación.

Alinear posición

En las opciones de **Alinear posición** se encuentran los siguientes parámetros:

- **Posición X, Y, Z**: En esta opción, establecemos el eje o los ejes por los cuales realizaremos la alineación.

Nota

Si activamos las tres casillas de los ejes, el objeto actual se centrará con el objeto destino.

- **Objeto actual**: En el objeto actual, se especifica el punto que utilizaremos para realizar la alineación. Podemos seleccionar varias opciones:
  1. **Mínimo, Máximo**: Estas opciones se refieren a las intersecciones que tiene el objeto con los ejes de coordenadas de referencia. La opción **Máximo** será la del valor positivo del eje determinado y la opción **Mínimo** la negativa.
  2. **Centro**: Esta opción se refiere al centro geométrico del objeto en cuestión.
  3. **Punto pivote**: Se realiza con respecto al pivote del objeto.
- **Objeto destino**: Esta opción es igual que la anterior y en ella se especifica cuál será el centro de alineación utilizado para el objeto destino.

Alinear orientación

Por medio de esta opción, podremos hacer coincidir la orientación de los sistemas de coordenadas con respecto a cualesquiera de sus tres ejes entre dos o más objetos.

En esta opción, trabajamos con las coordenadas locales, que son las coordenadas específicas de cada objeto, mientras que con la opción anterior (alinear posición) se realiza una alineación con respecto a las coordenadas universales.

Para resumir, podemos decir que la alineación de los objetos se realiza por sus ejes locales (X, Y y Z), que son las tres casillas de verificación que podemos seleccionar.

Igualar escala

Permite igualar los valores de escala de los ejes seleccionados.

Advertencia

El tamaño de los objetos no cambia si ninguno de los objetos ha sido escalado anteriormente.

Alinear normales

Otra de las cosas que se pueden alinear dentro de *3ds max* son las normales de los objetos.

La normal de una cara es el vector que indica hacia dónde señala dicha cara. Es posible que a la hora del modelado de los objetos provoquemos errores y esta opción nos permite alinear las caras.

El proceso de alineación es similar al comentado en la alineación de los objetos: primero, hay que tener seleccionado el objeto origen, que es el que va a sufrir el desplazamiento; después, seleccionar el icono que se encuentra dentro del icono desplegable **Alinear;** o, también, entrar en el menú Herramientas y seleccionar la opción Alinear normales; el siguiente paso es seleccionar, arrastrando el ratón por la superficie del objeto origen, la cara, la normal, por la que vamos a realizar la alineación. Aparecerá una flecha de color azul que representa la normal del objeto origen; por último, seleccionar el objeto destino y, arrastrando el ratón, elegir de igual forma la cara de destino para la alineación. En esta ocasión aparece una flecha de color verde que nos indica la normal de destino.

Este proceso nos va a permitir alinear los dos objetos por las normales indicadas. Una vez terminada la alineación de las normales, el objeto origen se desplaza hasta el objeto de destino y aparece el cuadro de diálogo Alinear normales que podemos ver en la figura 5.13.

En este cuadro de diálogo podemos modificar la alineación de las normales.

El cuadro tiene los parámetros con efecto interactivo; es decir, cada vez que realizamos algún cambio, éste se representa en el visor. Cuando tengamos establecidos estos parámetros, pulsamos sobre la tecla **Aceptar**.

Las opciones del cuadro de diálogo son las siguientes:

- Desfase de posición: esta opción mueve el objeto origen un desfase con respecto a las coordenadas de la normal del destino. Tenemos la posibilidad de desfase con respecto a los tres ejes; si desplazamos por el eje Z, nos movemos hacia fuera o hacia dentro de la normal del objeto destino.
- Desfase de rotación: nos permite controlar dos parámetros:

1. Ángulo: rota el objeto origen alrededor del eje Z de la normal de destino.
2. Voltear normal: esta opción consigue invertir la dirección del eje Z de la normal de destino. El objeto origen se gira para seguir manteniendo la alineación con la normal.

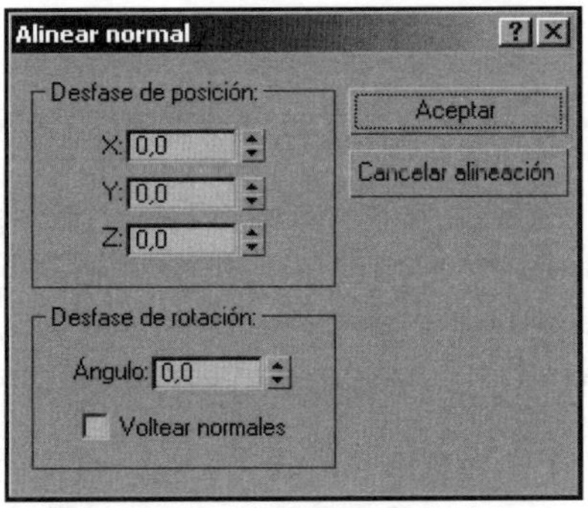

Figura 5.13. Cuadro de diálogo Alinear normales

Alinear con la vista

Alinear con la vista se encuentra también dentro del icono desplegable **Alinear**. Sirve para seleccionar el eje local del objeto seleccionado con la vista que tengamos. En el cuadro que surge tenemos las siguientes opciones:

- Alinear X, Y o Z: Nos permite establecer el eje que deseamos alinear.
- Voltear: Volteamos el objeto alrededor del eje seleccionado.

Ayudantes

El programa nos ofrece varias opciones para calcular las distancias o los ángulos que forman los objetos.

Estas utilidades, denominadas Ayudantes, se encuentran dentro del panel Crear, en su apartado Ayudantes. De todas estas opciones, ya hemos comentado el objeto Cuadrícula.

En la figura 5.14 tenemos el panel Crear con los elementos que podemos crear en la subcategoría Estándar, dentro de Ayudantes.

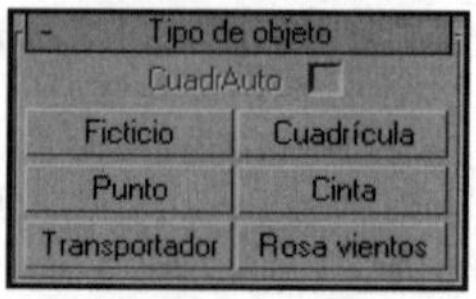

Figura 5.14. Objetos Ayudantes del panel Crear

Cinta

Con el uso de los ajustes 3D podemos crear un objeto Cinta, arrastrando con el ratón entre dos puntos característicos en el espacio 3D. Cinta nos permite calcular la distancia entre los dos puntos, como si de una cinta métrica se tratase. La distancia aparece en la persiana Parámetros, como observamos en la figura 5.15.

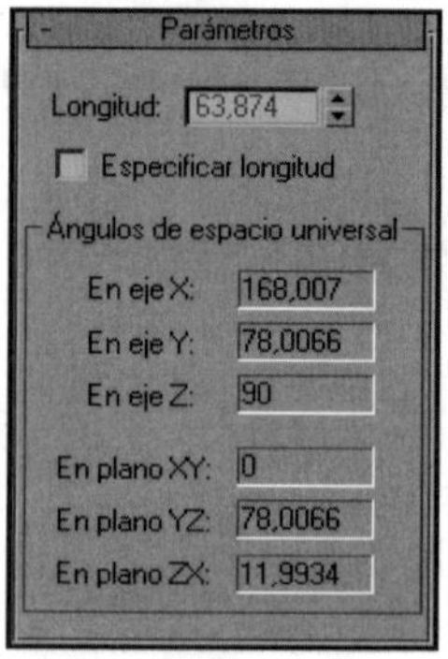

Figura 5.15. Persiana Parámetros de un objeto Cinta

Transportador

El objeto Transportador nos indica el ángulo que existe entre los puntos de pivote de dos objetos que tengamos creados.

Para realizar la medición de un ángulo con un objeto transportador, procederemos de la siguiente forma:

1. Seleccionamos el objeto **Transportador**.
2. Hacemos clic con el botón izquierdo en el visor para situar el objeto.
3. Seleccionamos la opción **Designar objeto 1** y seleccionamos el objeto primero.

4. Repetimos la misma operación con el botón **Designar objeto 2** y en el visor aparece la información del ángulo que forman los dos objetos con respecto al Transportador creado.

Punto

Hacemos clic en la opción objeto **Punto** y marcamos sobre cualquier lugar del espacio 3D para crearlo.

Este objeto carece de dimensiones y su uso es para identificar un punto en una posición determinada, que nos sirva de ayuda para aplicar una transformación. Las opciones que presenta afectan a su visualización y su modo de representación en el visor:

- Marcador de centro: Coloca una marca en la posición del punto.
- Triada de ejes: Representa la triada de los ejes en la posición del punto.
- Cruz: Representa una cruz en la posición del punto.
- Caja: Crea una caja en el punto, parecida al objeto ficticio que veremos después.
- Tamaño y tamaño en pantalla constante: Afectan al tamaño de representación del objeto.
- Dibujar encima: Fuerza que siempre se vea el objeto, aunque se encuentre dentro de otro.

Ficticio

El objeto es un cubo con un punto de pivote en su centro geométrico, que no se representa. Se emplea como centro para las transformaciones, ya que posee un punto pivote.

Rosa de los vientos

El objeto **Rosa de los vientos** establece la orientación geográfica de una escena.

Para crearlo, hay que hacer clic en una vista y, arrastrando con el ratón, establecemos el tamaño del objeto. Es un objeto no representable, ya que sólo sirve como referencia de la ubicación del norte de las escenas que creemos.

Resumen

Establecer las unidades de trabajo es lo primero que debemos hacer al comenzar a crear una escena, como hemos visto en el comienzo del capítulo.

Hemos creado *Cuadrículas*, que nos han situado en otra posición dentro de la escena y que nos han permitido trabajar con más comodidad. Los *Ajustes* nos dan una precisión que algunos usuarios, sobre todo los que estén acostumbrados a un programa de *CAD*, demandarán en los comienzos, pero hay que tener en cuenta que *3ds max* es un programa artístico.

Las alineaciones, como hemos visto, son una herramienta de trabajo para conseguir que los objetos estén en su justa posición.

Para finalizar el capítulo, hemos empezado a utilizar el panel Crear, en el que vimos los objetos *Ayudantes*, una ayuda en las transformaciones y medidas.

Capítulo 6

Transformaciones

En este capítulo aprenderá:

- A realizar trasformaciones a los objetos.
- Los nuevos gizmos de transformación.
- A utilizar diferentes sistemas de coordenadas.
- El uso de la herramienta manipular.
- Cómo establecer restricciones a ejes.

Introducción

Ya hemos establecido en capítulos anteriores una serie de conocimientos sobre la selección de objetos.

Estos objetos seleccionados pueden ser transformados, desplazados, escalados, rotados y manipulados.

Veremos cómo las transformaciones se hacen con respecto a un sistema de coordenadas, según un centro de aplicación y con unas restricciones a ejes de coordenadas.

Transformaciones

Llamamos transformación al cambio en la posición, orientación y tamaño de un objeto.

Toda transformación se realiza a un objeto o a un conjunto de objetos seleccionados. Por este motivo, las cuatro herramientas de transformación se denominan:

-  **Seleccionar y mover**.
-  **Seleccionar y rotar**.
-  **Seleccionar y escalar**.
-  **Seleccionar y manipular**.

Para poder controlar los parámetros de la transformación, tenemos que acceder al cuadro de diálogo de cada herramienta: **Mover**, **Rotar** o **Escalar**.

Existen varias formas de abrir estos cuadros de diálogo, pero la más fácil es haciendo clic con el botón derecho sobre el icono de transformación deseado cuando éste se encuentre activado.

Estos cuadros de transformación son muy cómodos ya que, a medida que modificamos los contadores que poseen, se va apreciando la modificación en el visor.

Otra novedad de esta versión es la posibilidad de introducir las transformaciones desde la barra de estado. Esta opción también la comentaremos en este capítulo.

La única herramienta de las cuatro que no es controlable desde un cuadro de transformación es **Manipular**.

Nuevos gizmos de transformación

En la versión 5, surge una nueva forma de representar los gizmos de transformación. Han mejorado bastante, ya que resaltan más en la pantalla, nos dan más información, son más intuitivos y se parecen a los de *Maya* (una aplicación de diseño 3D).

Para comentarlos detenidamente, vamos a ir repasando las características de cada uno de los tres gizmos.

Gizmo mover

Cuando seleccionamos un objeto con la herramienta Seleccionar y mover, se activa su gizmo de transformación, que nos representa la riada de ejes y unos planos de uniones. Dependiendo de la zona en la que situemos el cursor para realizar el arrastre de la transformación, vamos a obtener una restricción, o no.

Los ejes van representados con los colores característicos: rojo para la X, verde para la Y y azul para la Z. Si situamos el puntero del ratón en una de las flechas de estos ejes, pasa a color amarillo. En ese momento, si efectuamos la transformación haciendo clic y arrastrando, estaremos trasladando el objeto en la dirección, positiva o negativa, del eje seleccionado, no pudiendo desplazarnos en otro eje.

Entre los ejes se encuentran dibujados unos planos con forma cuadrada con los colores de los ejes. Si realizamos la transformación, marcando en esa zona, pasa a colocarse en fondo amarillo (el plano) y nos desplazaremos exclusivamente por el plano seleccionado.

Si seleccionamos en otra parte del objeto que no sea la zona del gizmo, la restricción que tendremos será la que tengamos establecida en los botones de restricción a ejes, que comentaremos en este capítulo.

Gizmo rotar

Los colores utilizados para este gizmo y el de escalar son los mismos que los comentados en la opción mover. En este caso, al seleccionar un objeto con la herramienta Rotar y mover, se presentan unas esferas alrededor del centro con las que podemos efectuar las acciones.

Tenemos tres zonas posibles para trabajar:

- Un círculo más exterior en color gris: Al situar el ratón en esa zona, pasa a color amarillo, para indicarnos que es la opción que vamos a elegir. Desde esta zona, efectuaremos una rotación del objeto con respecto al visor que tengamos activo. De esta forma, en principio rotará sobre un eje perpendicular a la pantalla del ordenador. En el punto en el que nosotros marquemos, aparecerá una línea tangente al círculo, que marcará con color amarillo la dirección que sigamos en el desplazamiento de la rotación.
- Otro círculo de menor tamaño y concéntrico al anterior: Presenta también un color gris y, al efectuar la rotación desde él, tendremos una rotación libre, sin restricciones a ninguno de los ejes.
- Tres arcos (rojo, verde y azul): Simbolizan restricciones en rotación en cada uno de los ejes. Al seleccionar alguno de los tres, ocurren varias cosas: primero, se resalta el arco en color amarillo, aparece la línea tangente que establece en color amarillo la dirección de giro, se rellena de color rojo el sector circular correspondiente al giro que vamos a ademásefectuar y, además, aparece un contador, indicándonos en el visor la cantidad en grados que estamos girando. Además, en el centro de la circunferencia, aparece una triada de ejes que se activará en el color del eje correspondiente con la rotación que realicemos.

Gizmo escalar

La herramienta Seleccionar y escalar despliega un gizmo con el aspecto de triángulos concéntricos, en los que tenemos tres zonas de actuación, cada una de ellas con un comportamiento distinto:

- Los ejes del gizmo, cada uno de su color, sirven como herramienta de restricción, para aplicar un escalado en la geometría en el eje seleccionado, quedando el resto de los ejes en su tamaño inicial. Al seleccionar esta opción, el eje establecido pasa a color amarillo.
- El triángulo interior con forma de pirámide se utiliza para realizar un escalado uniforme en los tres ejes a la vez. Al marcarlo, pasa a color amarillo. El puntero del ratón representa en este modo un triángulo.
- El triángulo mayor realmente está formado por tres trapecios en las uniones de los diferentes ejes, de esta forma, al marcarlo, podremos establecer un escalado en dos ejes a la vez, manteniendo el otro sin modificación. El escalado por defecto que está activado, no es uniforme en los dos ejes, de esa forma crecerá o disminuirá según la posición del ratón. En este caso, el puntero del ratón representa un triángulo

con los vértices abiertos. Es lo mismo que en el caso de efectuar una restricción en un solo eje (nos informa que el escalado no es uniforme).

Opciones de Gizmos en el cuadro Preferencias

En el cuadro de diálogo Preferencias, al que accedemos desde el menú Personalizar, encontramos una pestaña dedicada expresamente a los gizmos de transformación (figura 6.1). Vamos a ver las opciones más importantes de este cuadro.

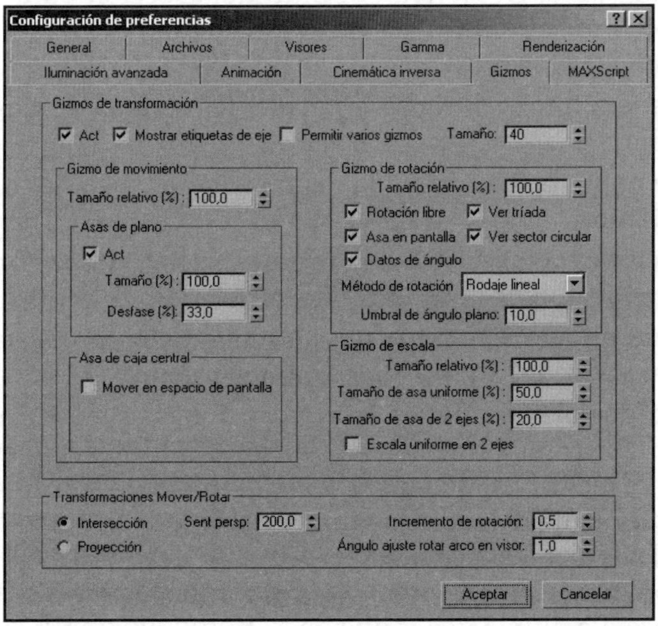

Figura 6.1. Opciones Gizmos en el cuadro de diálogo Preferencias

- Act: Activa, o desactiva, el uso de los gizmos de transformación.
- Mostrar etiquetas de ejes: Activa la visualización, o no, de los nombres de los ejes.
- Tamaño: Es el tamaño del gizmo. Los demás tamaños de cada uno de los diferentes gizmos están referidos a éste, en porcentaje.
- Área Gizmo de movimiento: Esta zona controla las opciones que afectan al gizmo, que resulta al activar la herramienta mover. Además de las opciones típicas de tamaño, podemos tener dos opciones activadas:

1. **Asas de plano**: Son los recuadros que surgen en el gizmo de movimiento para desplazar el objeto por un plano. Podremos controlar el que aparezcan, o no.
2. **Asa de caja central**: Coloca un cuadrado en el centro de la triada de ejes que, al seleccionarlo por ese punto, podremos desplazar el objeto sin ningún tipo de restricción. Esta opción, por defecto, aparece desactivada.

- Área **Gizmo de rotación**: Son las opciones que podemos controlar en la representación del gizmo de la herramienta rotar. Destacamos las siguientes:
  1. **Rotación libre**: Desactiva el punto de selección para efectuar una rotación libre, que equivale al círculo menor del gizmo, como habíamos comentado antes.
  2. **Ver triada**: Elimina la representación de la triada de ejes en el centro del gizmo.
  3. **Asa en pantalla**: Desactiva la visualización y uso del círculo mayor en el gizmo.
  4. **Ver sector circular**: Elimina la representación del sector circular, indicando la zona de rotación.
  5. **Datos de ángulo**: Cuando está desactivada, no presenta la información del valor del ángulo que estamos rotando.
  6. **Método de rotación**: Presenta tres opciones, que afectan a cómo se comporta la transformación en función del desplazamiento del ratón y de la forma de visualización. Las tres opciones son: **Rodaje lineal**, el desplazamiento del ratón siempre establece la cantidad del ángulo, la segunda es **Manivela circular**, en este caso debemos establecer la rotación con movimientos circulares del ratón, como si de una manivela se tratase. La última de las opciones, **Heredado de R4**, coloca la configuración como se encontraba en la versión 4 del programa.
- Área **Gizmo de escala**: Entre las opciones de tamaño de la representación, destacamos una casilla de verificación con la que podemos establecer que el escalado, cuando seleccionemos dos ejes a la vez, se realice de forma uniforme en ambos (**Escala uniforme en 2 ejes**).

Mover

Una de las cuatro transformaciones señaladas es el desplazamiento de objetos por el espacio 3D. Esta herramienta se utiliza según hemos comentado en el apartado anterior, pero es necesario que indiquemos con más profundidad los parámetros de modificación.

En la figura 6.2 aparece el cuadro de diálogo Transformación de movimiento, que obtenemos haciendo clic con el botón derecho del ratón sobre el icono **Seleccionar y mover**.

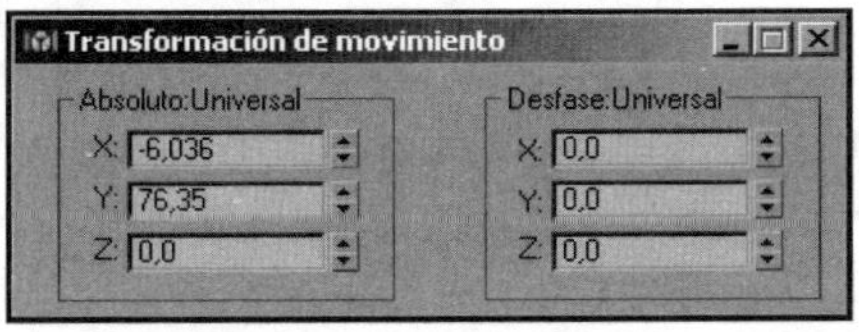

Figura 6.2. Cuadro de diálogo Transformación de movimiento

Los parámetros de los controles del cuadro de diálogo Transformación de movimiento son los siguientes:

- Absoluto universal: Controla los valores X, Y y Z de la posición del objeto respecto al centro universal de coordenadas (0, 0, 0).
- Desfase universal: Aplica un desplazamiento al objeto en la cantidad establecida en el marcador, pero siempre referida a la posición que ocupa el objeto en el espacio. Cuando aplicamos este desfase, el valor de los contadores del Absoluto universal cambia para indicarnos la posición que el objeto ocupa con respecto al punto (0, 0, 0).

Nota

Si realizamos una transformación con el arrastre del ratón, mientras tenemos abierto el cuadro de diálogo de la transformación, los valores del desplazamiento, rotación o escalado se van reflejando en los contadores del cuadro de diálogo correspondiente.

Rotar

La transformación de rotación de un objeto se gestiona de la misma forma que el desplazamiento. Con el botón derecho del ratón sobre el icono **Seleccionar y rotar**, desplegamos el cuadro de diálogo Transformación de rotación que vemos en la figura 6.3.

Los parámetros de este cuadro son los siguientes:

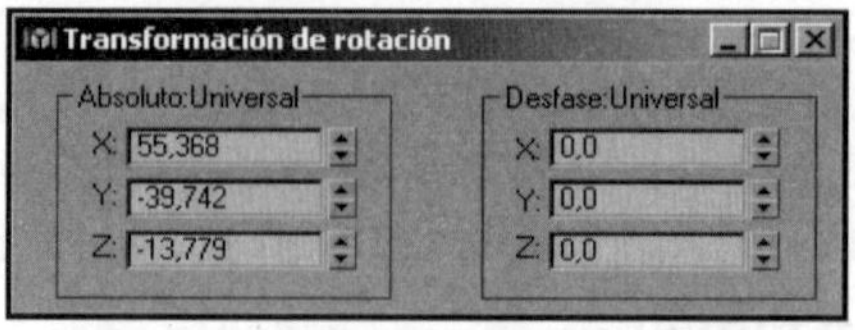

Figura 6.3. Cuadro de diálogo Transformación de rotación

- Absoluto universal: Cuando seleccionamos un objeto que no ha sido modificado, este valor es 0. El universal es considerado en esta ocasión como el centro del objeto.
- Desfase universal: Esta opción se gestiona igual que en la herramienta de movimiento.

Nota

Si tenemos abierto algún cuadro de diálogo de transformación (mover, rotar o escalar), cambiando de herramienta de transformación en la Barra principal, *el cuadro actualiza su presentación a esa transformación seleccionada.*

Escalar

El botón que nos permite escalar los objetos es un icono desplegable que controla tres tipos de escala: **Seleccionar y escalar uniformemente**, **Seleccionar y escalar no uniformemente**, y **Seleccionar y encoger**.

Si hacemos clic con el botón derecho del ratón sobre la herramienta **Seleccionar y escalar**, aparece el cuadro de diálogo con el que podemos definir las transformaciones, y que observamos en la figura 6.4.

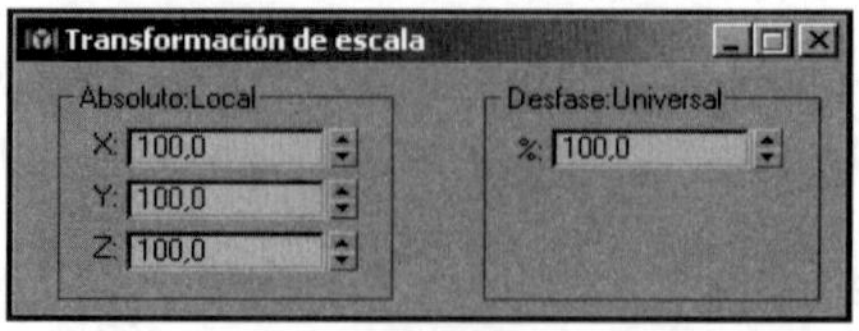

Figura 6.4. Cuadro de diálogo Transformación de escalada

Las tres posibilidades de escalados son:

- **Seleccionar y escalar uniformemente**: Esta opción se utiliza para aumentar o disminuir por igual el tamaño del objeto en los tres ejes. Para escalar uniformemente un objeto, debemos seleccionarlo y con el arrastre del ratón sobre el objeto, éste aumenta de tamaño en los tres ejes.
- **Seleccionar y escalar no uniformemente**: Lo utilizaremos para realizar un escalado de los objetos de forma diferente en los tres ejes.
- **Seleccionar y encoger**: Es un método distinto de escalado, que se realiza a lo largo de la dirección de un eje y en dirección opuesta a lo largo de los demás ejes. La transformación se realiza de la misma forma que en las otras herramientas, como hemos comentado en el apartado **Seleccionar y escalar uniformemente**.

Elementos que intervienen en la transformación

Observando la ventana de *3ds max*, podemos apreciar que a la derecha de los botones de selección y transformación, comentados anteriormente, aparece un conjunto de controles que modifican las acciones de los iconos de transformación.

En la figura 6.5 vemos los elementos de los que estamos hablando.

Figura 6.5. Elementos de transformación de la Barra principal

Como podemos apreciar, dentro de los elementos de transformación hay tres bloques de iconos bien distintos. A lo largo de este tema los trataremos en profundidad, pero antes vamos a detallarlos:

- Vista El sistema de coordenadas de transformación, que determina la orientación de los ejes X, Y y Z utilizados en una transformación. Cada objeto tiene su propio eje de coordenadas locales, pero si un objeto sufre una rotación, su sistema de coordenadas local también rota y será distinto del universal.
- El centro de transformación, respecto al cual vamos a aplicar dicha transformación, y que constituye el origen o destino de un escalado. También lo podemos definir como punto pivote.

- 

Las restricciones a ejes, que nos permiten aplicar la transformación a uno o dos ejes. Estas restricciones a ejes se encuadran dentro de la barra de herramientas Restricciones a ejes.

Cada vez que se selecciona un objeto, aparece la triada de ejes que nos proporcionan información de:

- La orientación del sistema de coordenadas.
- La ubicación del centro de transformación o punto pivote.
- La restricción de la transformación de uno de los ejes o planos, al estar resaltado.
- También poseen unas marcas, como ya hemos comentado en la forma y uso de los gizmos de transformación.

Nota

La triada de ejes puede ocultarse o mostrarse en el visor. Para mostrar, o no, el icono, debemos acceder al menú Vistas *y seleccionar* Mostrar gizmo de transformación.

Sistema de coordenadas

El sistema de coordenadas determina la orientación de los ejes que utilizaremos en la transformación. Los distintos sistemas de coordenadas se pueden ver desplegando la lista Sistemas de coordenadas de transformación, que aparece en la figura 6.6.

Figura 6.6. Lista de Sistemas de coordenadas de transformación

Tenemos la posibilidad de seleccionar los siguientes sistemas de coordenadas:

- Pantalla: Con esta opción, seleccionamos como sistema de coordenadas la pantalla de nuestro ordenador, quedando los ejes situados de la siguiente forma: X, como eje horizontal, Y, como eje vertical y Z, como profundidad.

Advertencia

Como la orientación en modo Pantalla *depende del visor activo, en los demás visores aparecerá la representación de los ejes del visor que esté activado.*

- Universal: Emplea el sistema universal de coordenadas.
- Vista: Es una mezcla entre el sistema de coordenadas de pantalla y el universal. Las vistas ortográficas toman el sistema Pantalla, mientras que los visores cámara y perspectiva adoptan el sistema de representación Universal.
- Ascendiente: Cuando un objeto se encuentra vinculado a otro por esta opción, se emplea el sistema de coordenadas del objeto con el que se encuentre vinculado. Si el objeto no tiene ningún ascendiente, adopta el ascendiente universal, es decir, el sistema de coordenadas Universal.
- Local: Trabajamos con el sistema de coordenadas del objeto que tengamos seleccionado, que se denomina Punto de pivote y que puede ser modificado desde el panel Jerarquía.
- Gimbal: Es nueva en la versión 5 y se suele utilizar con un controlador de rotación (*XYZ Euler*), en el que los ejes no tienen que ser forzosamente ortogonales.
- Cuadrícula: Utiliza el sistema de coordenadas de la cuadrícula activa, ya sea la principal u otra que tengamos creada.
- Designar: Elegimos como sistema de coordenadas el sistema local de un objeto que tendremos que seleccionar. Cuando establecemos un sistema de coordenadas por designación, aparece el nombre del objeto en la lista Sistema de coordenadas de transformación.

Centros para la transformación

El hecho de establecer el centro de transformación sólo afecta a las transformaciones de rotación y escala. El punto de intersección en el que se encuentra la triada de ejes se coloca en la ubicación que nosotros determinamos. El icono desplegable centro de transformación presenta los siguientes puntos:

- **Usar centro de punto pivote**: Establecemos el punto pivote del objeto como centro de la transformación.
- **Usar centro de selección**: Las transformaciones se producirán alrededor del centro del área de trabajo de los objetos que estén seleccionados.

Advertencia

El centro de selección de un objeto no suele coincidir con su punto pivote, ya que éste es configurable.

- **Usar centro de coordenadas de transformación**: Establecemos que las transformaciones tengan lugar respecto al centro del sistema de coordenadas que esté establecido.

Restricciones a ejes

El otro conjunto de botones enunciado anteriormente se refería a las restricciones a ejes. Estos iconos permiten determinar el eje o los ejes donde se van a realizar la transformación.

Recordamos que para obtener estos iconos debemos activar la barra de herramientas Restricciones a ejes.

Tenemos tres opciones que nos permiten limitar el trabajo con un solo eje, los iconos X, Y y Z. Existe también la posibilidad de combinaciones de restricción a dos ejes, formando así los iconos XY, YZ y ZX. Estas opciones se encuentran dentro del icono desplegable.

Sólo podemos tener activado a la vez uno de los cuatro botones de restricción a ejes. Para cambiar a otro icono, sólo hay que hacer clic sobre el icono deseado.

Advertencia

Las diferentes configuraciones que efectuemos de sistema de coordenadas, restricción a ejes y uso del centro de transformación se almacenarán para la herramienta de trasformación que tengamos seleccionada. Si la configuración se especifica para mover, cuando cambiemos a rotar, tendremos otras opciones, pero al volver a mover, tendremos las últimas configuraciones establecidas.

Transformaciones usando la barra de estado

En este capítulo ya hemos anunciado que desde la Barra de estado (figura 6.7) podemos efectuar transformaciones con precisión.

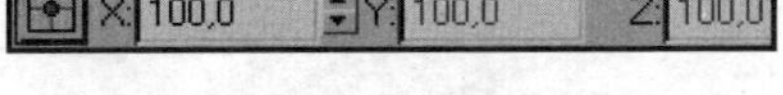

Figura 6.7. Barra de estado

Debemos seleccionar la herramienta de transformación que vamos a utilizar y en la barra encontramos tres contadores X, Y y Z, que nos permiten introducir la cantidad de transformación que deseamos efectuar. A la izquierda de los contadores aparece un botón que establece dos modos de trabajo:

- **Definir transformación en modo absoluto**: Cuando el botón no está pulsado, las cantidades que establezcamos en los contadores de la transformación de la derecha se considerarán coordenadas absolutas, ángulos absolutos o porcentajes de escala absolutos, según la herramienta seleccionada.
- **Definir transformación en modo de desfase**: Las cantidades introducidas se sumarán, si son positivas, o se restarán, si son negativas, a las cantidades absolutas en ese valor.

Manipular

Esta herramienta permite editar los parámetros de objetos, modificadores, etc. en el visor y por medio del arrastre con el ratón.

Esta herramienta debe ir seleccionada con otro modo de selección, ya sea mover, rotar o escalar. Para activarla, sólo debemos hacer clic en su icono y, para desactivarla, repetiremos la misma operación.

En la figura 6.8 tenemos la herramienta *Manipular* activada y podemos apreciar la siguiente información:

- Aparece en el objeto una representación en color verde de aquellos parámetros que podemos editar con manipular.
- Al hacer clic en la zona editable y arrastrar, surge un rótulo con el nombre del campo a editar y su valor, que varía a medida que realizamos el arrastre.

- En algunos casos, además de encontrar zonas circulares o rectangulares de selección, encontraremos marcas de puntos que podremos desplazar para establecer el parámetro.

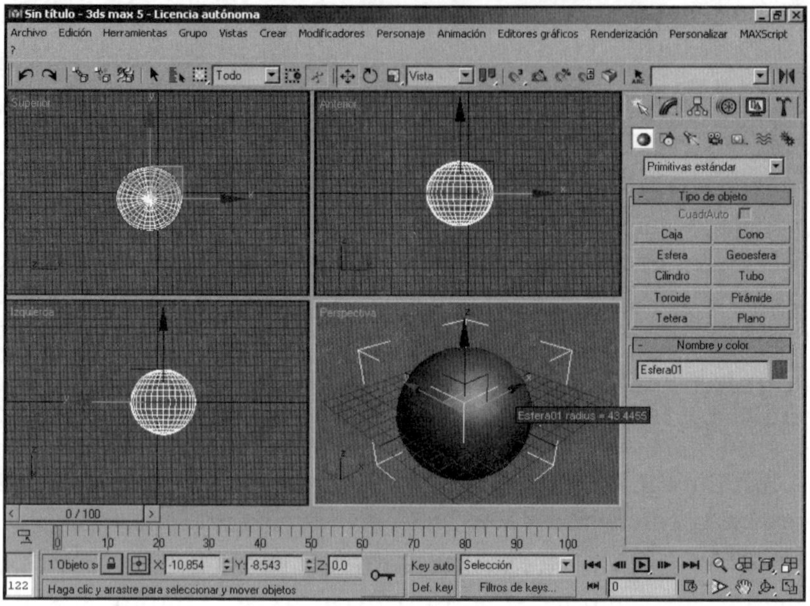

Figura 6.8. Uso de la herramienta Seleccionar y manipular

Resumen

Entendemos por transformación cualquier tipo de modificación, en la posición, rotación y tamaño de un objeto. Como hemos visto en el capítulo, cualquier objeto puede ser transformado, lo difícil es realizar la transformación deseada. Hemos analizado una de las principales novedades de *MAX 5* en lo que se refiere a su interfaz: los gizmos de transformación.

En el tema de las transformaciones, debemos tener en cuenta varios aspectos. Primero, el sistema de coordenadas que vamos a seguir en la transformación. En el programa hemos visto que podemos elegir entre una lista y, además, designar el sistema que posea un objeto.

El segundo elemento a tener en cuenta es el punto base para la transformación. En este caso disponemos de tres posibilidades: el punto pivote, el centro del objeto o el centro del sistema de coordenadas.

El tercer elemento que interviene son las restricciones a los ejes, es decir, el hecho de que nuestro desplazamiento se realice en una determinada dirección y no podamos desplazar el objeto fuera de esa restricción, evitando así, errores de movimiento.

En el capítulo también hemos analizado el uso de la herramienta: Manipular.

Capítulo 7

Creación de Primitivas

En este capítulo aprenderá:

- El uso del panel Crear.
- Las propiedades de un objeto: color y nombre.
- Las Primitivas estándar.
- Las Primitivas extendidas.

Introducción

Empezamos en este capítulo una serie de temas dedicados a la creación de objetos.

El primero, el que tenemos entre manos, lo vamos a dedicar a la creación de los objetos estándar en tres dimensiones, que posee el programa, y que denominamos Primitivas.

Crearemos esferas, cubos, toroides, planos, bidones, etc., veremos sus parámetros, sus opciones y su forma de creación.

Antes de comenzar con la creación de estos objetos, debemos señalar algunas generalidades, tanto del panel Crear como de la filosofía de creación de objetos.

Creación de objetos

Una de las partes principales del trabajo con *3ds max* es la creación de objetos.

La creación de objetos en el programa se hace casi sin esfuerzo, basta con hacer clic y arrastrar o establecer alguna combinación, según el objeto que queramos crear.

En el panel Crear, que podemos ver en la figura 7.1, tenemos los controles necesarios para crear los objetos y ajustar sus parámetros.

Los controles del panel Crear varían según el tipo de objeto, aunque podemos indicar algunos parámetros comunes.

- Categoría: En la parte superior del panel, aparecen siete botones que nos permiten acceder a las categorías de creación de objetos: Geometría, Formas, Luces, Cámaras, Ayudantes (de los que ya hemos creado algunos), Efectos especiales y Sistemas.
- Subcategoría: Dentro de cada una de las categorías, podemos encontrar una lista que nos da acceso a las distintas subcategorías. Por ejemplo, dentro de **Geometrías** encontramos Primitivas estándar, Primitivas extendidas, etc.
- Tipo de objeto: Dentro de todas las categorías, aparece una persiana, en la que se establecen los distintos tipos de objetos que podemos crear dentro de una subcategoría determinada.

Figura 7.1. Panel Crear

- **Nombre y color**: Otra de las persianas comunes es la referida al nombre y al color del objeto. El nombre del objeto es un campo de texto que muestra el nombre que se asigna al objeto de forma automática. Este nombre puede ser modificado. Para modificarlo, sólo tenemos que hacer clic en el campo y escribir el nombre que deseemos. El programa establece el color de creación de cada uno de los objetos, aunque podemos modificarlo haciendo clic sobre el cuadrado de color que aparece junto al nombre.
- **Método de creación**: Esta persiana permite definir el método que se va a seguir para la creación del objeto, usando el ratón. Siempre encontramos un método de creación predeterminado y, en caso de querer otro método de los existentes, debemos seleccionarlo antes de crear el objeto. No todos los tipos de objetos poseen esta persiana.
- **Parámetros**: Todo objeto contiene una persiana de parámetros en la que definimos los valores de la creación del objeto.
- **Entradas de teclado**: En esta persiana podemos introducir mediante el teclado los distintos parámetros de creación. Tampoco es una persiana común a todos los objetos, pero sí se repite en muchos de ellos.

- Casilla de verificación CuadrAuto: Se encuentra en todas las persianas Tipos de objetos. Se activa al hacer clic sobre cualquiera de los objetos que vamos a crear. Esta opción permite crear el objeto que deseemos en la superficie de otros de manera automática, mediante la construcción temporal de un plano de trabajo, basado en la normal de la cara de la superficie del objeto elegido. El método de creación del objeto, con esta casilla de verificación activada, es el mismo que sin activarla y se comentará en cada tipo de objeto.

Nota

El uso de la opción CuadrAuto *es un modo eficaz para aplicar alineaciones a objetos a medida que se crean.*

Color del objeto

El entorno de *3ds max* nos presenta los objetos en su color verdadero. El color de los objetos es una herramienta organizativa dentro del programa, ya que podemos seleccionar objetos por su color, como vimos en el capítulo 4.

Si hacemos clic sobre el cuadro de color de un objeto, accedemos a un cuadro que presenta dos opciones : Paleta de 3ds max y Paleta ACI de Autocad, que nos permiten definir el color de la estructura alámbrica del objeto y, en principio, sin aplicar materiales, también el color de su representación en el sombreado. En la figura 7.2 vemos estos dos cuadros de diálogo.

Para alternar entre las dos versiones del cuadro de diálogo Color, sólo hay que seleccionar en la parte superior el tipo de paleta que queremos mostrar.

La Paleta de 3ds max contiene 64 colores y 16 adicionales que podemos personalizar.

En la paleta de la versión compatible con *Autocad* aparecen los 256 colores del índice de colores de *Autocad*.

Nota

Trabajar con colores de Autocad *facilita la exportación e importación de objetos a* Autocad, *si deseamos mantener la organización por color del objeto.*

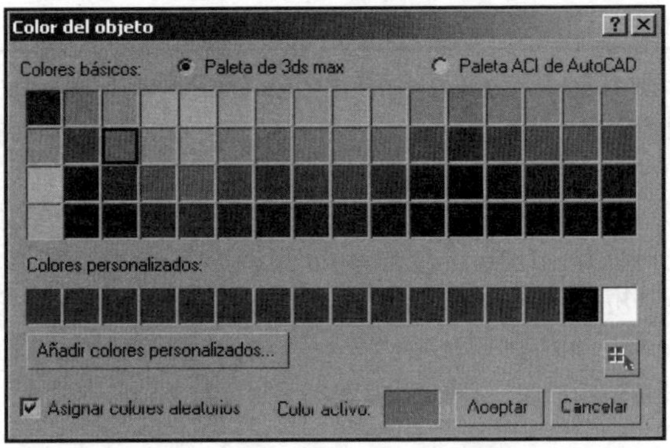

Figura 7.2. Color del objeto: Paleta de *3ds max*

Para seleccionar el color de un objeto, debemos seleccionar la casilla del color que deseemos y hacer clic en el botón **Aceptar**.

En el cuadro de diálogo de la figura 7.2, encontramos una casilla de verificación en la que establecemos que *3ds max* asigne de forma predeterminada y aleatoria el color de los objetos a la hora de crearlos (Asignar colores aleatorios).

Si está seleccionada la paleta dentro del cuadro Color de objeto, tenemos la posibilidad de personalizar 16 colores.

Para acceder a la personalización, debemos tener seleccionado uno de los colores personalizados hacer clic sobre el botón **Añadir colores personalizados**.

De esta forma, aparece en nuestra pantalla el cuadro de diálogo Selector de colores, en el que seleccionaremos el color que queramos definir.

También encontramos un icono (**Seleccionar por color**) a la derecha del botón **Añadir colores personalizados** que permite efectuar desde este cuadro la selección de los objetos por el color seleccionado. Se abre el cuadro de diálogo Seleccionar objetos con la lista de los objetos de la escena y aparecerán seleccionados aquellos que tengan el color marcado en el cuadro Color del objeto.

Selector de colores

El selector de colores nos permite establecer los colores personalizados en *3ds max*, y es un cuadro que aparecerá en multitud de ocasiones, al realizar distintas operaciones.

Nota

Cuando accedemos al cuadro de diálogo Selector de colores: Añadir color*, éste se presenta justamente encima del cuadro* Color de objeto. *Si tenemos una pantalla de trabajo con una resolución de 800x600, o inferior, el cuadro se sale de la pantalla, de tal forma que no tendremos acceso a la barra de título para moverlo. Es aconsejable mover el cuadro* Color del objeto *un poco hacia abajo antes de hacer clic en la selección del color, si trabajamos con esas resoluciones.*

En la figura 7.3 vemos el cuadro de diálogo Selector de colores. Tenemos tres modos distintos de seleccionar el color:

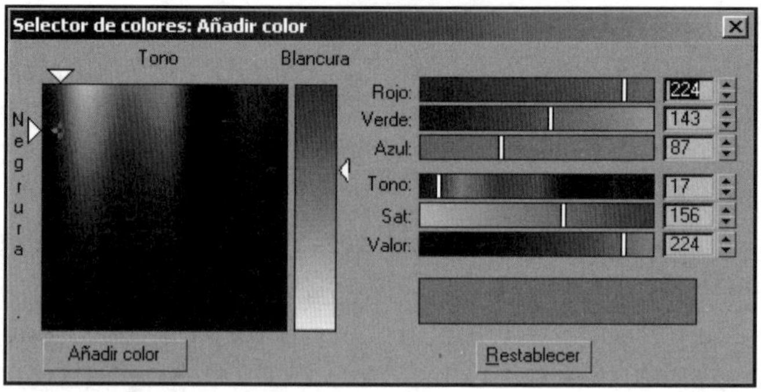

Figura 7.3. Cuadro de diálogo Selector de colores

- *Tono/Negrura/Blancura* (HBW): Es el modelo de color más llamativo y usado en aplicaciones, ya que nos permite plasmar la mezcla de colores basándonos en esos tres parámetros.
- *Rojo/Verde/Azul* (RGB): Este modelo nos permite ajustar la mezcla de los colores rojo, azul y verde. Estos colores se modifican en tres barras de color, situadas en la parte derecha del cuadro de diálogo, que van asignadas a unos contadores, cuyos valores oscilan entre 0 y 255. El color se establece por la mezcla de los tres colores. Si el valor de alguno de los tres es 0, este color no se utilizará, y, si tiene un valor de 255, utilizamos la máxima cantidad de ese color.
- *Tono/Saturación/Valor* (HSV): Representa el modelo de color tradicional y los parámetros pueden tener un valor que oscile entre 0 y 255.

Geometrías: Primitivas estándar

En la imagen que se incluye, figura 7.4, podemos observar las Primitivas estándar que vamos a realizar desde el panel Crear dentro de la categoría Geometría.

Tenemos una estantería denominada Objetos, en la que podemos encontrar todos los que comentamos a continuación.

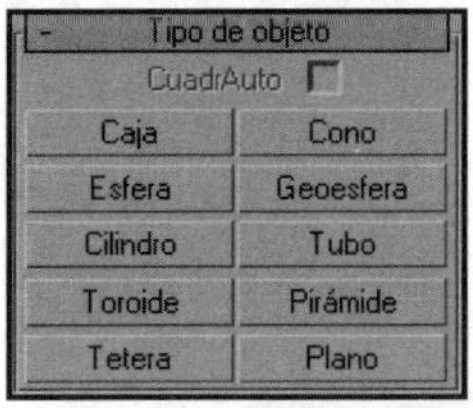

Figura 7.4. Primitivas estándar

Caja

La primera de las geometrías es **Caja**, que nos permite crear la primitiva más sencilla, en la que podemos elegir, dentro de Método de creación, entre Cubo o Caja. En la figura 7.5 vemos los parámetros de Caja.

Los parámetros de Caja son:

- Persiana Método de creación: En esta primera persiana, establecemos si el objeto que se va a crear es un Cubo o una Caja.
- Persiana Entradas de teclado: Esta persiana permite establecer todos los parámetros para la creación del objeto:
  1. X, Y, Z: Establecen las coordenadas del centro de la base de la caja.
  2. Longitud, Anchura y Altura: Definen las dimensiones del objeto Caja.
  3. **Crear**: Es el botón que activa la creación del objeto.
- Persiana Parámetros:
  1. Longitud, Anchura y Altura: Definen las dimensiones del objeto Caja.
  2. Segmentos longitud, anchura y altura: Con estos contadores especificamos el número de caras en las que se va a dividir la geometría del objeto en sus tres dimensiones. A mayor número de caras, más precisión de trabajo posterior, pero la escena ocupará más memoria e irá más lenta. Tenemos que encontrar el equilibrio entre calidad y rapidez. Los valores predeterminados son 1, 1, 1.

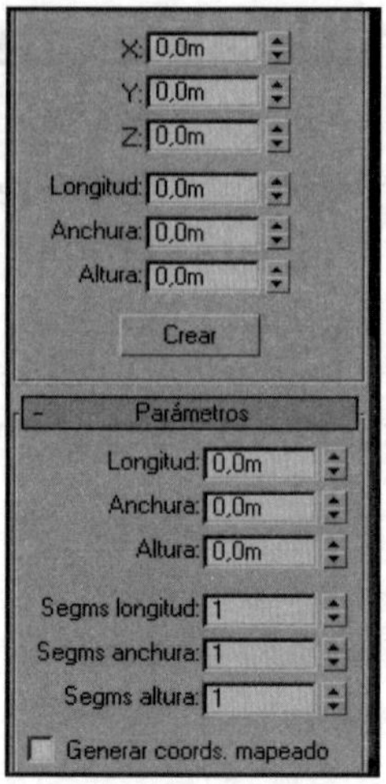

Figura 7.5. Parámetros del objeto Caja

Existen dos métodos de creación de un objeto Caja: por arrastre del ratón y por teclado. Para crear una Caja mediante el ratón, marcaremos en el visor activo con el ratón y por el arrastre definiremos la base de la caja. Al soltar, y con el desplazamiento del ratón, establecemos la altura haciendo clic con el botón izquierdo del ratón en la posición deseada.

Truco

Si mantenemos pulsada la tecla ***Control*** *mientras arrastramos la base de la caja, obtenemos una caja de base cuadrada.*

Para crear un objeto Caja por medio del teclado, debemos rellenar los datos de la persiana **Entrada de teclado** y luego hacer clic sobre el botón **Crear**.

El objeto Caja, pese a su sencillez, nos permite crear muchos tipos de objetos rectangulares: paneles, placas, columnas, bloques, etc.

Primitivas circulares

Un gran grupo dentro de las primitivas estándar lo constituyen los objetos que poseen una base circular, como: Cono, Esfera, Cilindro, Toroide y Tubo. Todos estos objetos tienen dos métodos de creación:

- **Arista**: Designa el diámetro del círculo de la base. Se usa para crear circunferencias que no necesiten precisión en la ubicación exacta del centro.
- **Centro**: Si seleccionamos esta opción para la creación de una base circular, designaremos en primer lugar el centro del círculo.

Los parámetros comunes en este grupo de primitivas son:

- **Radio**: En todas las primitivas circulares disponemos de parámetros para introducir uno o dos radios.
- **Lados**: Este parámetro determina el número de lados alrededor de la primitiva circular. El número de lados indica las caras que existirán alrededor de ella. A mayor número de lados, mayor número de caras y mayor suavidad de las uniones de las caras.
- **Suavizar**: Con este parámetro activado, suavizamos las aristas entre las caras para el sombreado y la representación. En la figura 7.6 vemos el efecto de la opción **Suavizar**.

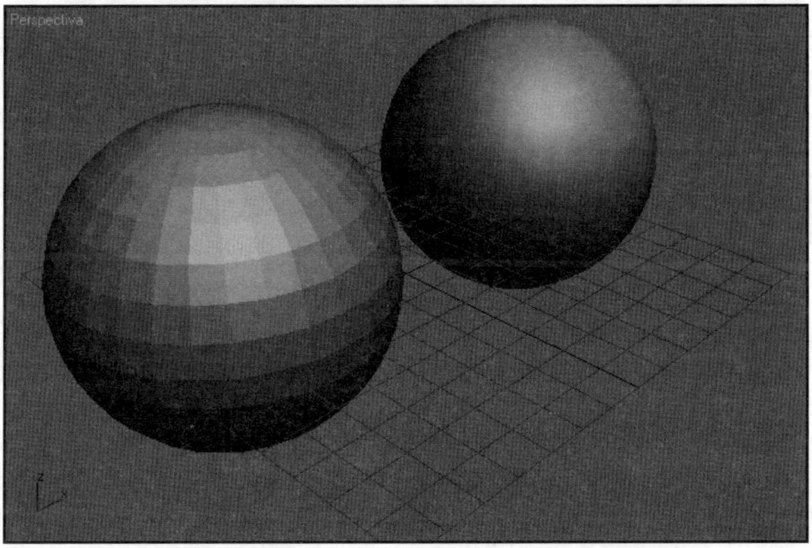

Figura 7.6. Efecto de suavizado sobre un objeto

- **Segmentos de altura**: Establece el número de divisiones a lo largo de la altura del objeto.
- **Segmentos de tapa**: Determina el número de divisiones concéntricas de las partes superior e inferior del objeto.

La forma de creación con el arrastre del ratón de estas primitivas es igual que la del objeto Caja.

Todos estos objetos tienen la posibilidad de ser segmentados (figura 7.7), presentando sólo una sección del objeto alrededor del eje Z. Estos parámetros se pueden controlar desde la persiana **Parámetros**, en la que encontramos los siguientes controles:

- **Segmentar**: Es una casilla de verificación que activa o desactiva la función Segmentar. Como valor predeterminado está desactivada.
- **Segmentar desde** y **Segmentar hasta**: Son dos contadores que establecen los grados alrededor del eje Z. Valores positivos desplazan el extremo del sector a la izquierda y los negativos a la derecha.

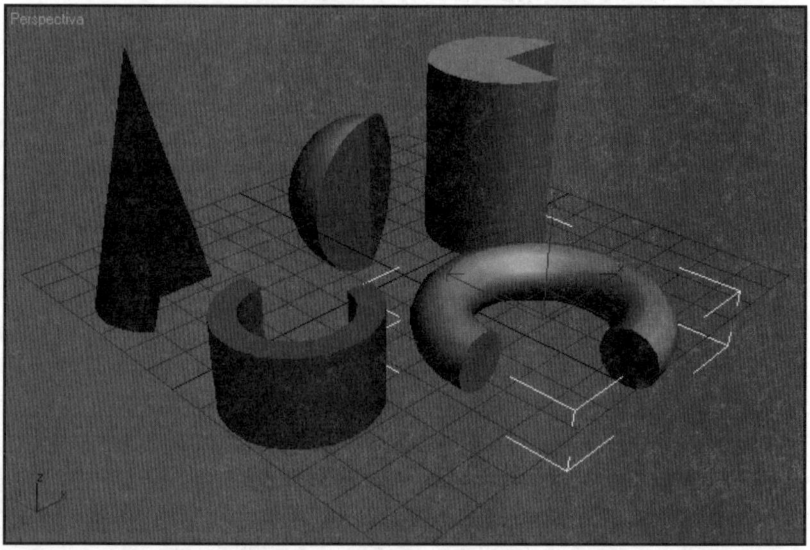

Figura 7.7. Primitivas estándar circulares segmentadas

Pirámide

Esta primitiva es un objeto piramidal con base cuadrada o rectangular y con los lados triangulares.

Tiene dos métodos de creación: por la **Base** o por el **Centro**. Sus parámetros son los siguientes:

- **Anchura**, **Fondo** y **Altura**: Los dos primeros definen la base, y el tercero, la altura desde el centro de la base.

- **Segms anchura, fondo** y **altura**: Definimos en estos campos el número de segmentos en cada lado de la pirámide.

Los pasos que debemos seguir para crear un objeto Pirámide son los mismos que para el caso de un objeto Caja.

Geoesfera

Esta opción del panel **Crear** sirve para construir esferas o semiesferas, a partir de tres tipos distintos de poliedros en su geometría básica: tetraedro, octaedro e icosaedro. Podemos crearla partiendo del centro o del diámetro de la esfera.

Los parámetros del objeto Geoesfera son:

- **Radio**: Determina el radio de la geoesfera.
- **Segmentos**: Establece el número total de caras de la geoesfera, que es el producto de los lados del poliedro base por el número de segmentos elevado al cuadrado.

Advertencia

Los valores de segmentos pequeños generan pocas caras y, por consiguiente, tenemos un mejor rendimiento del equipo. El valor máximo de Segmentos es de 200, que pueden crear hasta 800.000 caras.

- **Tipo de base geodésica**: En este apartado, elegimos el poliedro de la base geométrica de la geoesfera: Tetraedro, Octaedro e Icosaedro.
- **Suavizado**: Aplica el suavizado a las aristas de la superficie de la geoesfera.
- **Basar en pivote**: Establece la ubicación del punto de pivote. Si está seleccionada esta opción, el pivote se coloca en la parte inferior de la esfera y, por defecto, aparece en el centro.
- **Hemisferio**: Con esta casilla de verificación activada, creamos sólo el hemisferio superior de la geoesfera.

Tetera

La primitiva estándar más curiosa de todas es la que nos permite crear el objeto tetera. La tetera puede crearse de una sola vez o por partes.

La utilidad que presenta el objeto Tetera es mayor de lo que pueda parecer en principio. Es el objeto ideal para realizar comprobaciones de luces, sombras, mapeado, aplicación de materiales, etc. Podemos decir que es la herramienta indispensable del profesor a la hora de explicar el programa *3ds max*.

La forma de creación del objeto Tetera es la misma que usamos para crear cualquier geometría de base circular. Los parámetros del objeto son:

- **Radio**: Define el radio de la tetera.
- **Segmentos**: Señala el número de divisiones en la superficie de la tetera.
- **Suavizar**: Activa los valores de suavizado.
- **Componentes**: Permite seleccionar los componentes que deseemos crear del objeto Tetera. Los componentes en los que dividimos el objeto son: **Recipiente**, **Asa**, **Pitorro** y **Tapa**. Las opciones, por defecto, generan una tetera completa.

Plano

El objeto Plano es una malla poligonal plana, que, cuando se representa, puede hacerse de mayor tamaño o con un mayor número y longitud de los segmentos que lo forman.

Truco

Podemos utilizar este tipo de objetos para crear un plano horizontal de grandes dimensiones (el suelo del terreno), que en el visor no ocupe espacio y que no nos dificulte el trabajo en el visor.

Los parámetros (figura 7.8) que posibilitan crear este tipo de objetos son:

- **Longitud** y **Anchura**: Establecen la longitud y anchura del objeto en el visor. Estas cantidades se establecen por el arrastre del ratón, igual que con los objetos Caja.
- **Segms longitud, Segms anchura**: Definen el número de divisiones del objeto en el visor.
- **Multiplicadores de repres**: Esta zona permite especificar unos factores de conversión de las dimensiones y de los segmentos para la representación del objeto. Tenemos dos contadores:
  1. **Escala**: Establece el factor por el que se multiplican los valores de la longitud y la anchura en la representación. Las dimensiones del objeto aumentan desde el centro hacia la periferia.

2. **Densidad**: Este factor multiplica el número de segmentos de longitud y anchura durante la representación. En la parte inferior aparece información del número de caras del objeto en representación.

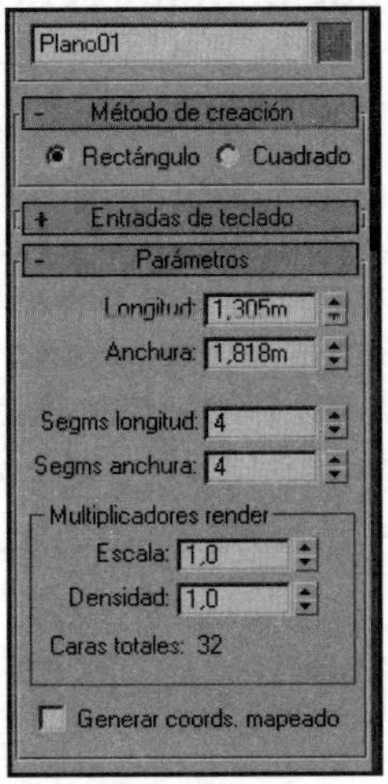

Figura 7.8. Parámetros objeto Plano

Geometrías: Primitivas extendidas

Las primitivas extendidas son un conjunto de primitivas complejas. Son muy parecidas en su forma de creación a las geometrías estándar y el proceso de entrada desde el teclado sigue las mismas pautas.

Describimos ahora los distintos tipos de objetos (figura 7.9) y sus parámetros, y definimos los más importantes y novedosos de cada primitiva.

Figura 7.9. Primitivas extendidas

Poliedro

Si hacemos clic sobre el botón **Poliedro**, generamos la familia de poliedros. Los tipos de poliedros que podemos encontrar son: Tetraedro, Cubo, Dodecaedro, Estrella 1 y Estrella 2. Cada familia exige la definición de los siguientes parámetros:

- Parámetros de familia P y Q: Los parámetros P y Q nos sirven para alternar la geometría entre los vértices y las facetas (caras). Un parámetro representa todos los vértices y el otro todas las facetas. Los valores pueden oscilar entre 0 y 1. La combinación de los dos parámetros será siempre igual o inferior a uno. Si queremos adoptar un punto medio, tenemos que situar los valores de P y Q en 0.
- Escala de ejes P, Q y R: Controlan la introducción o extracción de las facetas.
- Vértices: Determina la geometría interna de las facetas de un poliedro. Las opciones Centro y Centro y lados aumentan el número de vértices del objeto.
- Radio: Determina el radio del poliedro.

ChafCaja

Este botón permite crear una caja con las aristas achaflanadas. Los parámetros son parecidos a los de Caja, pero presentan algunos adicionales que pasamos a describir:

- Empalme: Establece el valor del biselado.
- Segms empalme: Señala el número de segmentos de las aristas empalmadas de la caja.
- Suavizado: Si se activa, el chaflán aparece redondeado ya que suaviza sus aristas.

Bidón

Esta opción permite crear un cilindro con las tapas convexas. Los parámetros que podemos destacar del objeto Bidón son:

- Altura tapa: Determina el valor de la altura de las tapas.
- Mezcla: Cuando posee un valor superior a 0, crea un biselado en las aristas de las tapas.

Huso

Un huso no es más que un cilindro con las tapas picudas. Los parámetros del objeto Huso son los mismos que los del objeto Bidón.

Gengón

Genera un polígono extruido con lados regulares y las aristas con empalmes. Con el arrastre del ratón creamos, primero, la base poligonal, luego, definimos la altura y, para terminar, definimos el empalme o chaflán de las aristas.

Los parámetros que se utilizan en este tipo de objeto tienen el mismo significado y uso que los comentados hasta ahora.

Nudo toroide

Creamos una primitiva de base toroide, pero que se encuentra anudada formando un nudo complejo. La curva de creación de la primitiva puede ser un círculo o un nudo toroide. Sus parámetros más significativos son:

- **Total alabeo** y **Altura alabeo**: Cuando tenemos definido un nudo toroide con el parámetro **Círculo**, estos contadores están activos. Definen el número de puntas que tendrá el toroide de forma de estrella alrededor de la curva y el tamaño de esas puntas en el parámetro **Altura**.
- **Excentricidad**: Define la relación que existe entre los ejes mayor y menor de la sección transversal. Si tiene por valor 1, la sección es circular. Otros valores generan una sección elíptica.
- **Torsión**: Establece las veces que la sección transversal se tuerce.
- **Bultos**, **Altura del bulto** y **Desfase del bulto**: Definen parámetros relacionados con generar protuberancias o bultos a lo largo de la primitiva. El primero establece el número de ellos, el segundo marca el tamaño y el tercero desplaza los bultos creados desde su posición inicial.

ChafCil

Crea un cilindro con las aristas de las tapas redondeadas. El método y los parámetros de creación son iguales a los descritos en la primitiva ChafCaja, pero basándonos en un cilindro, es decir, crearemos un cilindro con sus uniones con la tapa y base achaflanadas.

Cápsula

Es también una primitiva con base cilíndrica, pero en este caso las tapas son hemisféricas. El objeto creado tiene forma de cápsula, como indica su nombre.

Debemos destacar algunas notas sobre sus parámetros:

- Tiene posibilidad de ser segmentado, igual que toda figura de forma cilíndrica.
- Posee dos casillas de selección Global y Centros. La primera establece que la Altura se mide en toda la extensión del objeto, mientras que la opción Centros marca que la altura se debe medir desde los centros de las tapas del cilindro.

Ext-L y Ext-C

Estas primitivas crean un objeto extruido con forma de L o C. Son útiles para definir muros. Sus parámetros sólo definen alturas, dimensiones y número de segmentos de cada uno de los laterales que establecen la forma seleccionada.

El método de creación por el arrastre del ratón vendrá definido por el método de creación establecido en el objeto.

Prisma

El objeto Prisma es un prisma de base triangular. En su método de creación, se puede partir de la base definida por sus tres lados o de una base isósceles (sólo necesitamos definir el valor de dos lados).

La forma de creación consiste en definir primero la base triangular con dos arrastres del ratón, en primer lugar, para marcar la base del triángulo y, luego, para definir el vértice opuesto. Una vez señalada la base del prisma, definimos la altura con el arrastre del ratón. Los parámetros son:

- Longitud lado 1, 2 y 3: Establece la longitud de los lados de la base y de esta forma se establecen los ángulos.
- Altura: Define la altura a lo largo del eje principal.
- Segms lado 1, 2, 3 y altura: Especifica el número de segmentos de cada lado.

Truco

*Pulsando la tecla **Control** durante la creación de la base del prisma, se consigue una base equilátera.*

Si utilizamos el método **Entrada de teclado**, con las coordenadas X, Y, Z definimos la situación de uno de los vértices de la base.

OndAnill

El objeto OndAnill se utiliza para crear anillos, que pueden tener bordes internos y externos irregulares.

Los parámetros son:

- Radio: Es la cantidad del radio exterior.
- Segms radiales: Marca el número de segmentos en sentido radial.
- Ancho anillo: Establece la anchura media del anillo.
- Lados: Es la cantidad de segmentos en sentido tangencial, es decir, en las tapas.
- Altura: Establece la altura.
- Segms altura: Número de segmentos en la altura.
- Sincr OndAnill: Permite animar la creación del objeto. Esta zona posee los parámetros:
    1. Sin crecer: Establece una animación de los vértices, manteniendo el tamaño del objeto.
    2. Crecer y parar: Crea el objeto OndAnill desde un radio de 0 hasta el marcado en el parámetro Radio y, luego, lo mantiene animando los vértices.
    3. Crecimiento cíclico: El objeto OndAnill crece de forma interrumpida hasta terminar el tiempo de animación.
    4. Inicio: Establece el cuadro en el que va a empezar la animación del objeto por alguno de los métodos anteriores.
    5. Tiempo de crecimiento: Señala el número de cuadros que tarda en crecer.
    6. Fin: Marca el cuadro final de la animación.
- División de borde exterior y División de borde interior: Por medio de los contadores de estas dos áreas, podemos modelar el borde exterior e interior del objeto. Los parámetros que podemos controlar son:

1. Act: Activa la división de los bordes.
2. Ciclos principales: Marca el número de ondas principales en torno al borde.
3. Flujo transversal: Controla el tamaño, en tanto por ciento, de las ondas principales.
4. Tiempo de trayecto: Es el número de cuadros de animación que tarda cada onda principal en moverse alrededor de la circunferencia.
5. Ciclos secundarios: Establece el número de ondas secundarias que se incluyen en cada una de las principales.
6. Flujo transversal: Marca el tamaño medio de las ondas secundarias.
7. Tiempo de trayecto: Igual que la anterior, pero para las secundarias.

Nota

Si establecemos valores negativos en Tiempo de trayecto*, se cambia la dirección de la onda.*

Manguera

Este tipo de objeto es flexible y puede interconectarse con varios objetos de tal forma que, al mover alguno de los objetos que conecta, éste se estira.

El método de creación de este tipo de objetos es igual a la creación del objeto Caja.

Los parámetros de construcción son:

- Método de punto final: Esta área determina el tipo de objeto Manguera que vamos a crear. Existen dos posibilidades:
  1. Manguera libre: El objeto manguera no tiene ninguna interrelación con ningún otro objeto.
  2. Enlazado a pivotes objeto: Al activar esta opción, se activan las opciones del área Objetos de enlace. En este caso, el objeto manguera estará enlazado a dos objetos.
- Objetos de enlace: Es la zona en la que seleccionamos qué objetos de la escena van a estar enlazados con la manguera en su parte superior o inferior. Los parámetros de esta área son:
  1. **Designar objeto**: Son dos botones que permiten seleccionar el objeto que se va a enlazar a la parte superior o a la inferior. Al designar

los dos objetos, la manguera se curvará hasta colocar la parte superior en el objeto superior y la inferior en el inferior.

2. **Tensión**: Determina la tensión de la curvatura de la manguera. A medida que aumentemos la curva, se producirá más lejos y, si disminuimos, será más cerca.

- **Parámetros de manguera libre**: Aquí se establece la altura del objeto manguera si no está enlazado con objetos, es decir, si seleccionamos la opción **Manguera libre** en el área **Método de punto final**.
- **Parámetros de manguera común**: Las opciones comunes son:
  1. **Segmentos**: Es el número de segmentos en la longitud de la manguera.
  2. **Activar sección flexible**: Si está desactivada, tendremos una manguera uniforme, mientras que si la activamos, podremos controlar los cuatro parámetros que le siguen.
  3. **Inicios**: Es el porcentaje de altura de la manguera a partir del que comienza la zona flexible.
  4. **Fines**: Es el porcentaje de la zona final. En estos dos últimos parámetros consideramos que toda la longitud es de 100 por 100, y siempre comenzamos a contar desde la base.
  5. **Ciclos**: Es el número de bultos que tendrá la manguera.
  6. **Diámetro**: Es el diámetro de los ciclos. También se mide en porcentaje.
- **Suavizado**: Es la zona en la que marcamos qué zonas del objeto queremos suavizar. Las posibilidades son: **Todo**, **Lados**, **Ninguno** y **Segmentos**.
- **Representable**: Si esta opción está desactivada, el objeto no aparecerá en el visor.
- **Forma de la manguera**: Es una zona en la que podemos definir la forma de la sección transversal de la manguera. Tenemos tres opciones: **Circular**, **Rectangular** o **Con sección en D**. Cada una de estas opciones posee parámetros para definir los tamaños de esa sección, así como el número de segmentos que lo formarán.

Nota

Si desplazamos algunos de los objetos que están enlazados con el objeto Manguera, éste se desplazará adaptando su forma para que sigan enlazados. Si, por el contrario, desplazamos el objeto Manguera, los objetos enlazados permanecerán en su posición hasta que volvamos a moverlos y el objeto Manguera inmediatamente desplazará la zona inferior hasta la inferior y la superior hasta la superior para no perder los enlaces.

Resumen

Por fin hemos empezado a crear los objetos.

Comenzamos comentando las características generales de cualquier objeto, la necesidad de adjudicar un nombre y un color a los elementos que creemos y, sobre todo, que ese nombre y ese color son herramientas de selección.

Dentro de la amplia oferta de objetos que hay en el panel Crear, hemos comenzado por la categoría Geometría.

En este capítulo hemos visto las Primitivas estándar y las Primitivas extendidas.

Todos son objetos muy genéricos que nos irán dando movilidad y facilidad de trabajo con el programa. En los siguientes capítulos, seguiremos comentando el resto de las opciones del panel Crear.

Capítulo 8

Creación de Spline

En este capítulo aprenderá:

- A crear objetos en 2D: Formas.
- El dibujo de líneas, arcos, rectángulos, etc.
- A introducir líneas con forma de texto.
- A crear secciones a partir de objetos en tres dimensiones.

Introducción

Aunque el programa sea de tres dimensiones, encontramos también objetos en dos dimensiones.

Estos objetos se denominan Formas y su función no es las de representar, sino la de servir de herramientas de trabajo para la creación de objetos más complejos en tres dimensiones.

En este capítulo, veremos las diferentes Formas y su gestión. Crearemos líneas, arcos, polígonos, textos, etc.

Splines

Las formas son objetos 2D y 3D que utilizaremos para crear otros objetos. Existen dos tipos de formas dentro de *3ds max*, las que están realizadas con Spline y las hechas con NURBS.

El tema de las curvas NURBS, iniciales del término inglés *Non-Uniform Rational B-Spline* (B-splines racionales no uniformes), será motivo de estudio en el capítulo 12, en el que también trataremos las superficies NURBS.

Las formas que vamos a ver en este capítulo son las que denominamos de tipo spline. La creación de formas splines se realiza desde el panel **Crear** en la categoría **Formas**. Los distintos tipos de formas splines los podemos apreciar en la figura 8.1.

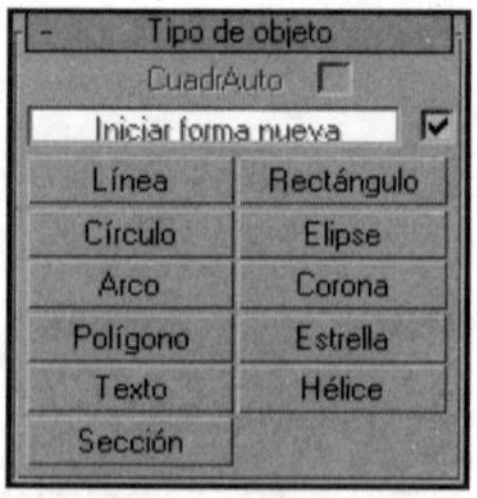

Figura 8.1. Tipos de Formas Splines

Este tipo de objetos los utilizaremos para:

- Generar extrusiones, tras aplicarles un modificador.
- Establecer caminos de recorrido de movimiento

- Crear componentes de los objetos solevados, tanto en el recorrido como en el ajuste.
- Construir superficies de revolución.

La creación de las curvas splines se puede realizar con el arrastre del ratón o con entrada desde teclado.

Para realizar una curva spline con el arrastre del ratón, seguiremos la secuencia de pasos que señalamos a continuación.

Advertencia

Si queremos cerrar la curva que estamos creando con el arrastre del ratón, debemos acercar el cursor durante la creación al vértice inicial y allí introducir el siguiente vértice. Al pulsar sobre esa posición, aparece un mensaje en la pantalla preguntando si queremos cerrar la spline.

En la parte superior de los tipos de splines, existe una casilla de verificación con el texto Iniciar forma nueva. Esta opción, por defecto, está activada, pero si la desactivamos, cada nuevo objeto spline que creemos se irá creando dentro del último objeto spline o del seleccionado, poseyendo el mismo nombre y color y formando parte interna del objeto. Esta opción puede resultarnos útil en algunas ocasiones. Para modificar estas nuevas curvas dentro de otras, tendremos que trabajar en edición a nivel de subobjeto.

Activada de nuevo la casilla de verificación, cada nuevo objeto tendrá un nombre y será independiente del resto.

Los objetos Splines poseen una persiana Entradas de teclado. La creación de los objetos desde esta persiana variará dependiendo del tipo de objeto que queramos crear, aunque sigue la misma filosofía de trabajo que habíamos comentado en el tema anterior.

En la figura 8.2 podemos ver un claro ejemplo de la persiana Entradas de teclado.

Figura 8.2. Entradas de teclado de un objeto Spline

Tipos de splines

Línea

Con este tipo podremos obtener formas splines creadas libremente y con muchos segmentos.

Para crear una spline tipo **Línea** seleccionaremos la opción en el panel Crear y, si vamos haciendo clic en el visor, estableceremos tramos rectos entre los vértices. Si deseamos introducir tramos curvos en el siguiente vértice, haremos clic y mantendremos pulsado, y con el arrastre estableceremos la curva.

Finalizaremos la curva al hacer clic con el botón derecho del ratón o al hacer clic en el vértice inicial y aceptar cerrar la spline.

En todos los objetos tenemos que usar distintos paneles para su creación.

Comentamos seguidamente cada uno de ellos.

Persiana Método de creación

En este panel (figura 8.3), encontramos dos áreas con distintos parámetros:

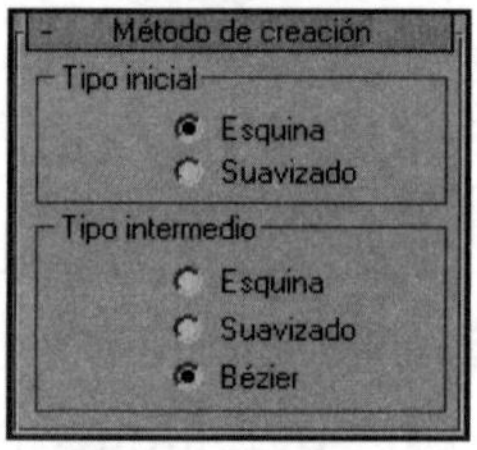

Figura 8.3. Persiana Método de creación de un objeto Línea

- Tipo inicial: Definimos el tipo de vértice para el punto inicial de la curva. Existen dos tipos:
  1. Esquina: Con esta opción, los dos tramos de línea que tengan en común el vértice inicial (el primero y el último) serán tramos rectos.
  2. Suavizado: Sirve para lo mismo que la opción anterior, pero con la diferencia de que en este caso definimos a partir de ese vértice una curva suave.
- Tipo intermedio: Establece el tipo de vértice que existirá en los puntos intermedios del recorrido de la curva. Tenemos tres posibilidades:

1. **Esquina**: Marcamos un punto con un ángulo en pico. Los tramos que llegan o salen de estos puntos son siempre lineales.
2. **Suavizado**: Con este tipo, establecemos, en los vértices que exista, una curva suave no ajustable. La amplitud de la curvatura se define con el arrastre del ratón, según la distancia que establezcamos con el siguiente vértice.
3. **Bézier**: Es el otro tipo de curvatura que podemos dar al vértice. Es de carácter suave y ajustable al vértice. La curva la definimos con el arrastre del ratón.

Persianas Interpolación y Representación

Estas persianas son comunes a todas las formas splines. Las podemos ver en la figura 8.4.

Los distintos parámetros que encontramos en cada una de ellas son:

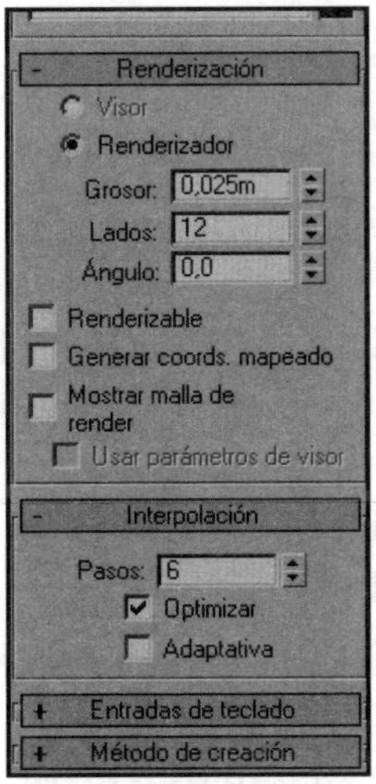

Figura 8.4. Parámetros Interpolación y Representación de un objeto Línea

- **Interpolación**: Esta persiana va relacionada con la forma de actuación *3ds max* para la creación de curvas. Una curva spline es la unión de pequeñas líneas rectas. Cada tramo de curva, que se establece entre dos vértices, tiene un número de divisiones que se denominan pasos. A mayor cantidad de pasos, mayor suavidad de la curva. El control de estos pasos se hace desde los tres parámetros siguientes:

1. Adaptador: Cuando se encuentra activada esta casilla de verificación, el método empleado para establecer los pasos es automático. El programa coloca los pasos necesarios para conseguir una curva suavizada. A los tramos rectos les asigna 0 pasos.
2. Pasos: Este contador nos permite establecer el número de pasos de cada tramo de la curva. Los valores pueden oscilar entre 0, para tramos rectos, y 100.
3. Optimizar: Con el contador Pasos establecemos los mismos pasos para cualquier tramo de la curva, incluso para los tramos rectos. La opción Optimizar activada elimina esos pasos innecesarios para los tramos rectos, asignándoles un valor 0.

- Representación: Aquí controlamos los parámetros de representación de la curva, tanto para el visor como para la representación de la escena. Los parámetros a controlar son:

1. Visor: Es una casilla para que los parámetros de representación se establezcan en el visor.
2. Representación : Con esta opción, se activan los parámetros para la representación.
3. Lados: Establece el número de lados de la malla de representación de la spline.
4. Grosor: Este grosor no es apreciable en los visores, pero es el diámetro del cilindro de representación, o en el visor o en la representación.
5. Ángulo: Ajusta la posición de rotación de la sección transversal en los visores o en la representación.
6. Generar coords Mapeado: Si activamos esta opción, podemos aplicar mapeado.
7. Representable: Es una casilla de verificación que activa la representación, o no.
8. Mostrar malla de representación: Muestra la malla de la spline en el visor.
9. Usar parámetros de visor: Muestra la malla con los parámetros del visor. Si este parámetro está desactivado, cogerá los valores de la representación.

Persiana Entradas de teclado

Esta persiana es común a la mayor parte de las splines.

Podemos establecer las coordenadas de cada vértice con los parámetros X, Y, Z. Posteriormente, hacemos clic en el botón **Añadir vértice** para insertar el vértice. Si hacemos clic sobre el botón **Terminar,** finalizamos la inserción de vértices. Cuando deseemos cerrar la curva, es decir, unir el último vértice añadido con el primero del objeto, seleccionaremos la opción **Cerrar**.

Rectángulo

Creamos una spline de forma rectangular. Podemos controlar que aparezcan las esquinas redondeadas.

La mayoría de las persianas son las mismas, pero nos detendremos en algunas de ellas, que son distintas.

Persiana Método de creación

Tenemos la posibilidad de elegir entre dos métodos de creación: Centro o Arista.

- Centro: El primer punto que establecemos, al hacer clic con el ratón sobre el visor, será el centro del rectángulo que deseamos crear.
- Arista: El primer punto de creación, en este caso, es una esquina del rectángulo.

Esta persiana es común a bastantes splines.

Persiana Entradas de teclado

Sirve para la misma función que en el objeto Línea. Los parámetros son:

- X, Y, Z: Son las coordenadas del punto de creación.
- Longitud: Define la longitud del rectángulo.
- Anchura: Establece el ancho del rectángulo.
- Radio de esquina: Tenemos la posibilidad de curvar las esquinas del rectángulo. En esta casilla contador, establecemos el radio de curvatura para las esquinas redondeadas.
- Crear: Este botón permite crear el rectángulo que hemos definido con los parámetros.

Círculo

Creamos splines circulares que poseen cuatro vértices, uno en cada cuadrante.

El único parámetro nuevo que encontramos en el círculo es la existencia de un contador para definir su radio.

Persiana Parámetros

La persiana Parámetros nos facilita información y permite establecer los parámetros de cada objeto spline que queramos crear. En el caso del objeto Círculo, el único parámetro que tenemos es el Radio.

Elipse

Podemos crear splines elípticas o circulares. Los parámetros del objeto Elipse son:

- Longitud: Es el tamaño de la elipse a lo largo del eje Y del sistema de coordenadas local del objeto.
- Anchura: Es el tamaño a lo largo del otro eje, el X.

El resto de las persianas y parámetros se han comentado en los objetos Línea, Rectángulo y Círculo, ya que son comunes a la mayoría de las curvas splines.

Arco

Con esta opción podemos crear arcos circulares con cuatro vértices. En la figura 8.5 tenemos las distintas persianas del objeto Arco.

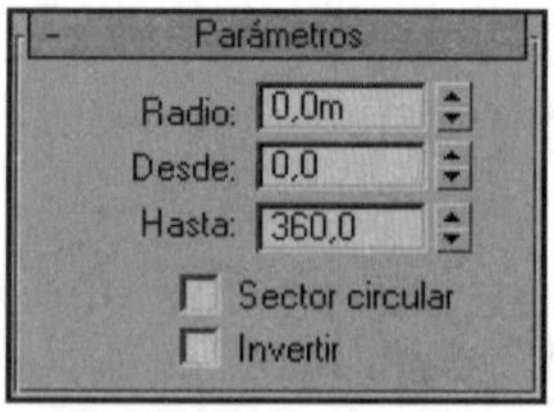

Figura 8.5. Parámetros del objeto Arco

Persiana Método de creación

En esta persiana encontramos parámetros distintos a los que estamos acostumbrados en la categoría spline. Existen dos métodos que nos permiten establecer el orden de la secuencia de creación:

- **Fin-Fin-Medio**: El primer clic del ratón establece el primer punto final del arco, el segundo marca el otro punto final y el tercero marca un punto entre los dos anteriores.
- **Centro-Fin-Fin**: Es el mismo proceso para distinto orden de entrada de datos.

Persiana Parámetros

En esta persiana encontramos los siguientes parámetros:

- **Radio**: Marca el radio del arco.
- **Desde** y **Hasta**: Son dos contadores que nos permiten establecer el ángulo inicial respecto del eje local X, desde el que va a partir el arco, hasta el ángulo final que va a trazar. Si indicamos en Desde el valor 0 y en Hasta el 360, creamos una circunferencia.
- **Sector circular**: Es una casilla de verificación que, al activarse, crea una spline cerrada en forma de sector circular, uniendo los dos puntos finales del arco con el centro.
- **Invertir**: Sirve para invertir la posición de los vértices. De esta manera, el primero pasará a ser el último y viceversa.

El proceso de creación de un objeto Arco es igual al comentado para cualquier spline.

Corona

Una corona circular es una forma cerrada creada por dos círculos concéntricos. Para crear una corona, debemos definir dos radios, uno para cada círculo de la corona.

Polígono

Con el objeto Polígono, se crean curvas splines cerradas con el número de lados que se desee. Los lados del polígono pueden ser lineales o circulares. Los métodos de creación son Arista y Centro.

Persiana Parámetros

Los parámetros de esta persiana son:

- **Radio**: Marca el radio del polígono.

- **Inscrito**: Si seleccionamos esta opción, el radio del polígono se define desde el centro hasta un vértice del polígono regular.
- **Circunscrito**: En esta opción, establecemos que el radio sea la apotema del polígono, es decir, que se mida desde el centro hasta el punto medio de uno de los lados.
- **Lados**: Este contador marca el número de lados del polígono, que está entre 3 y 100.
- **Radio de esquina**: Establecemos el radio de la redondez de las esquinas. Igual que ocurría con el objeto Rectángulo, si damos un valor elevado a este parámetro, lograremos deformar el polígono.
- **Circular**: Con esta casilla de verificación activada, crearemos una circunferencia, formada por el número de lados indicado en el contador **Lados**.

Estrella

Esta forma nos permite crear splines en forma de estrella. Como ocurría en las anteriores splines, destacaremos únicamente las opciones de la persiana **Parámetros**.

Persiana Parámetros

Para crear una estrella, empleamos dos radios, que nos permiten establecer la distancia entre las puntas interiores y las exteriores. En esta persiana controlaremos todos esos parámetros:

- **Radio 1**: Marca la longitud del radio interior de la estrella.
- **Radio 2**: Es la distancia desde el centro a las puntas de la estrella.
- **Puntos**: Es el número de puntas que posee la estrella. Su valor puede oscilar entre 3 y 100.
- **Distorsión**: El valor de la distorsión está entre -180 y 180 y es la rotación que sufren los vértices interiores de la estrella alrededor del centro, mientras los vértices exteriores se mantienen fijos.
- **Empalmar radio 1** y **Empalmar radio 2**: Con estos valores, marcamos la cantidad de redondeo de los vértices interiores y exteriores.

Texto

Mediante esta opción, tenemos la posibilidad de introducir curvas splines cerradas con la forma de cualquier tipo de letra que tengamos instalado en *Windows*.

Persiana Parámetros

Dentro de la persiana que podemos ver en la figura 8.6, están los distintos parámetros de creación del objeto Texto, que trataremos a continuación:

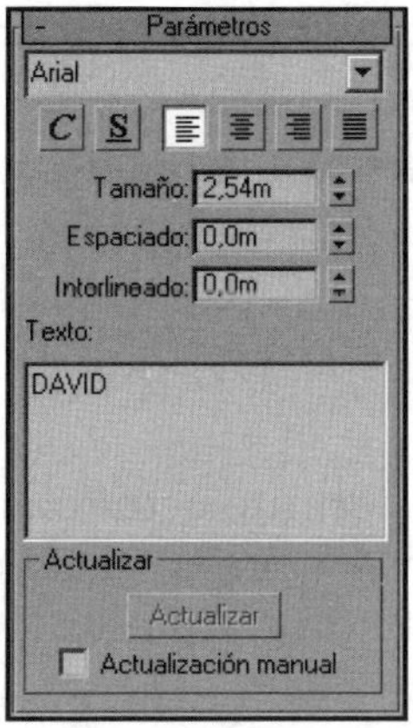

Figura 8.6. Parámetros de objeto Texto

- Lista de fuentes: La primera de las opciones es seleccionar el tipo de letra a utilizar. Es una lista desplegable que contiene todas las fuentes disponibles.
  - **Cursiva**: Con este botón activado, el texto aparecerá en cursiva.
  - **Subrayado**: Este botón se encarga de activar el subrayado del texto.
  - Botones de justificación: Estos cuatro botones corresponden a la justificación.
  - El primero, empezando desde la izquierda, justifica el texto a la izquierda.
  - El segundo realiza una alineación centrada.
  - El tercero alinea las frases del texto a la derecha.
  - El cuarto alinea el texto tanto a la derecha como a la izquierda, separando las letras para que todas las líneas del texto empiecen y terminen con la misma alineación.

Nota

El efecto de estos cuatro botones sólo se aprecia cuando tenemos dentro del objeto Texto más de una línea de escritura.

- Tamaño: Este contador establece la altura del texto. La cantidad que se encuentra por defecto es 100.
- Espaciado: Definimos en este parámetro la distancia entre las letras del texto.
- Interlineado: Es la distancia que existe entre dos líneas de texto dentro de un mismo objeto.
- Cuadro de edición de texto: Es el área designada para introducir el texto. Por defecto aparece «Texto de MAX».
- Área Actualizar: Esta área nos permite establecer el modo de actualización del texto en el visor. Los dos parámetros que la componen son:
  1. **Actualizar**: este botón permite actualizar la representación del texto en el visor. Esta opción se encuentra activa cuando se ha seleccionado la casilla de verificación **Actualización manual**.
  2. **Actualización manual**: Este botón permite la actualización del visor de forma manual, es decir, cuando activamos el botón **Actualizar**.

Para crear un objeto Texto, debemos, primero, teclear el texto y establecer los parámetros, posteriormente, haciendo clic con el ratón en el visor, emplazamos el texto en la posición que deseemos. Si al hacer clic arrastramos el ratón, desplazamos el texto por el visor hasta que lo soltemos y establezcamos de esta forma su ubicación.

Hélice

Con esta opción tenemos la posibilidad de crear espirales abiertas.

En este tipo de objetos no tenemos acceso a la persiana Interpolación.

Persiana Parámetros

Los parámetros que podemos controlar de un objeto Hélice son los siguientes:

- Radio 1: Es el radio de inicio de la hélice.
- Radio 2: Establece el radio del punto final de la hélice.
- Altura: Determina la altura de la hélice.
- Vueltas: Determina el número de vueltas que realiza la hélice desde su punto inicial a su punto final.

- Alteración: Este parámetro, cuyo valor puede oscilar entre –1 y 1, determina la posición de las vueltas dentro de la hélice. La Alteración sólo tiene efecto cuando la altura es distinta de 0. Las posibilidades más características son:
    1. Un valor de –1 coloca las vueltas en el principio de la hélice.
    2. Una alteración 0 reparte las vueltas de forma homogénea desde el inicio hasta el fin.
    3. Un valor +1 en el contador Alteración coloca las vueltas en la parte final de la hélice.
- Dcha o Izda: Determinan el sentido de giro de la hélice.

Sección

Mediante Sección se crean splines a partir de la sección de un objeto. Cuando creamos la sección, partimos siempre de un plano de corte con forma rectangular.

Comentamos en los próximos apartados cada una de las persianas de que disponemos.

Persiana Parámetros de sección

Las distintas opciones de la persiana las podemos ver en la figura 8.7, y son las siguientes:

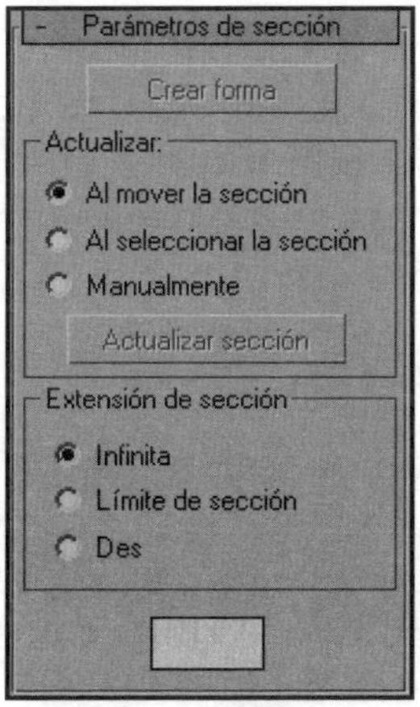

Figura 8.7. Parámetros de sección de un objeto Sección

- **Crear forma**: este botón nos permite crear una forma a partir de la intersección formada por el objeto Sección y el objeto del que queremos crearla. Cuando pulsamos el botón, aparece un cuadro de diálogo que nos pregunta el nombre del nuevo objeto, de la forma sección que vamos a crear.
- Área Actualizar: Aquí se encuentran las opciones que nos permiten controlar la actualización de la forma intersección. Las opciones que contiene son:
  1. Al mover la selección: Con esta opción activada, la intersección se actualiza al mover la selección.
  2. Al seleccionar la selección: Se actualiza al seleccionar la sección.
  3. Manualmente: Si elegimos esta opción, actualizamos la intersección cuando pulsemos sobre el botón **Actualizar sección**.
  4. **Actualizar sección**: Este botón está activo sólo cuando está seleccionada la opción Manualmente.
- Área Extensión de sección: Indicamos el tamaño del cálculo de la sección por medio de la definición del tamaño del objeto Sección. Los parámetros posibles son:
  1. Infinita: Esta opción indica que el plano de sección es infinito, calculando la sección de todos los objetos de la escena que intersecten con el objeto Sección.
  2. Límite de sección: Si seleccionamos este parámetro, la sección sólo se realiza en el tamaño que tenga el objeto Sección.
  3. Des: Con esta opción desactivamos el botón **Crear forma**.
- Justamente debajo del área Extensión de sección hay un recuadro con el color de presentación de la intersección. Si pulsamos sobre el cuadro, accedemos al Selector de colores en el que podemos seleccionar el color de representación.

Persiana Tamaño de sección

En esta persiana, especificamos la longitud y anchura del rectángulo de representación del objeto Sección. Los parámetros del tamaño de la sección no tienen nada más que un carácter representativo en el visor, salvo cuando seleccionemos en el área Extensión de sección la opción Límite de sección.

En la figura 8.8, que aparece a continuación, se muestra un ejemplo de objeto Sección.

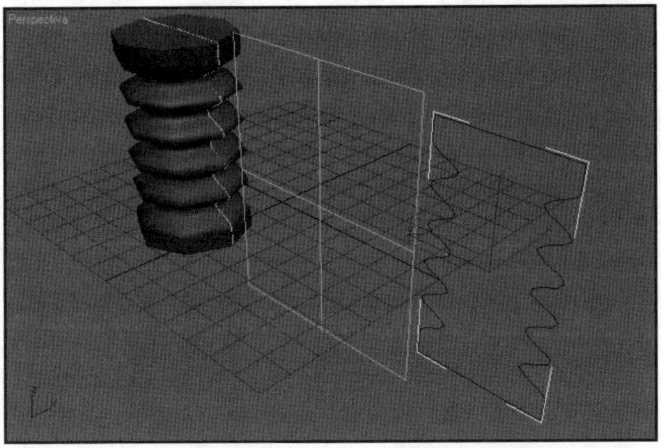

Figura 8.8. Objeto Sección

Resumen

3ds max denomina a los objetos en dos dimensiones: *Formas*. Estamos hablando de líneas, arcos, textos, en definitiva, el tema de estudio del capítulo.

Son elementos que tienen una representación tanto en el visor como en el renderizado, pero su fin no es ese, sino servir de base para la posterior elaboración de objetos más complejos.

Utilizaremos las splines para aplicarles modificadores que los conviertan en objetos en tres dimensiones. Serán la base de trabajo de algunos **Objetos de composición**, que analizaremos en el capítulo siguiente, y nos permitirán, entre otras muchas cosas, crear objetos solevados.

Capítulo 9

Objetos de composición

En este capítulo aprenderá:

- A crear nuevos objetos a partir de geometrías y formas básicas.
- A realizar operaciones booleanas: unión, intersección, etc.
- A crear solevados: extrusiones alrededor de un recorrido.
- A construir solevados a partir de varias formas.
- A aplicar deformaciones a los solevados.

Introducción

Como ya hemos visto, con este programa podemos crear de forma sencilla objetos en dos y tres dimensiones. En este capítulo, vamos a aprender a crear más objetos, a partir de los que ya conocemos, es decir, usaremos los conocidos como materia prima de otros objetos, que llamaremos Objetos de composición.

Veremos cómo crear objetos solevados, objetos originados por unión, intersección, diferencia o corte entre dos o más objetos.

Con estas herramientas ya no habrá figura que se nos resista.

Objetos de composición

Los objetos de composición resultan de combinar dos o más objetos en uno.

En la figura 9.1 tenemos una representación de los posibles objetos que podemos crear.

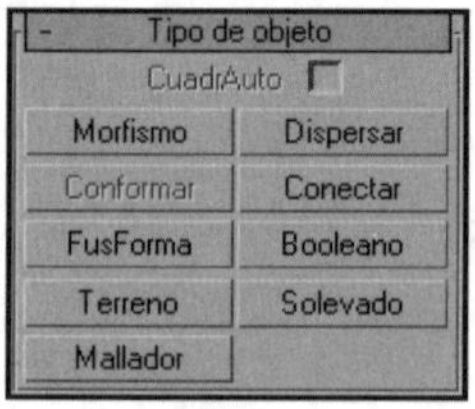

Figura 9.1. Objetos de composición

Podemos acceder a cada uno de ellos desde el panel Crear, en Geometrías, y dentro de la subcategoría Objetos de composición.

Pasamos a detallar los diferentes tipos de objetos que encontramos.

Morfismo

El objeto Morfismo combina dos o más objetos por la interpolación de los vértices del primer objeto, denominado núcleo, con los del objeto en el que se transforma, que se denomina destino. Es una técnica de animación que nos permite el morfismo de un objeto en uno o varios objetos destino.

Los objetos que formen parte de la transformación deben cumplir unas condiciones necesarias: tienen que ser objetos mallados y los dos deben tener el mismo número de vértices.

Para crear un objeto morfismo, necesitamos conocer más conceptos de los que hasta este momento hemos comentado, por lo que explicaremos un procedimiento al que siempre podremos recurrir una vez que adquiramos estos conocimientos.

Partimos de dos objetos cualesquiera que cumplan las condiciones anteriores, como por ejemplo, dos objetos Tetera.

Por medio del Menú Transformación, que surge al hacer clic con el botón derecho del ratón sobre el objeto, y de la opción Convertir en, transformamos los objetos en Malla editable.

Modificamos el objeto destino, por ejemplo, en cuanto a su tamaño.

Como el objeto Morfismo es una técnica de animación, establecemos una clave de animación en una posición distinta al cuadro 1 y con el botón Key auto en rojo creamos el objeto Transformar.

Seleccionamos la primera tetera, activamos Morfismo y hacemos clic sobre el botón **Designar objeto** de las propiedades de Morfismo. Seleccionamos, después, la segunda tetera y ésta pasará a obtener la misma forma que la primera.

Si este proceso lo realizamos durante una animación, tendremos un vídeo en el que una tetera se transforma en otra.

Podemos seleccionar más objetos, de tal forma que se vayan transformando unos en otros.

Nota

No tiene mucho sentido realizar un morfismo de un objeto tetera en otro más grande, pero, si aplicamos este mismo proceso a dos objetos distintos con formas distintas, conseguiremos un efecto de morfismo.

Los parámetros de creación del objeto Morfismo son:

- Copiar: Al seleccionar esta opción, el objeto morfismo utiliza una copia del objeto destino que no se modifica.
- Mover: Con esta opción, movemos el objeto destino, trasladándolo a la posición de la transformación y desapareciendo el objeto destino original.

- Calcar: El objeto morfismo utiliza un calco del objeto destino. Cuando usamos un calco, si modificamos el objeto original, también se modifica el calco.
- Referencia: Al activar este parámetro, el objeto morfismo utiliza una referencia del objeto destino. Si modificamos el objeto destino original, el morfismo también cambia, pero, si cambiamos el de morfismo, el original no se altera.

Dispersar

El objeto de composición Dispersar coloca de forma aleatoria el objeto origen seleccionado sobre el objeto destino u objeto de distribución.

Existen estas dos formas posibles de dispersar aleatoriamente el objeto:

- Por la superficie del segundo objeto.
- Por el espacio como una matriz aleatoria. Esta opción sólo precisa del objeto origen, ya que no hay objeto de distribución.

Para dispersar un objeto por un objeto de distribución, debemos seleccionar el objeto que vamos a dispersar y, luego, seleccionar la opción Dispersar en el panel Crear. Activando el botón **Designar objeto de distribución**, seleccionaremos en el visor el objeto sobre el que vamos a dispersar el primero. Establecemos los diferentes parámetros y finalizamos la creación del objeto.

Para dispersar un objeto en una matriz, debemos seleccionar en la persiana Dispersar objeto la opción Usar sólo transformaciones y definir en la persiana Transformar los valores de la traslación del objeto para crear los duplicados.

Los parámetros de este tipo de objeto son:

- Parámetros objeto de origen: Son opciones que afectan al objeto seleccionado como origen. Entre ellos destacamos:
  1. Duplicados: Especifica el número de duplicados que se van a originar del objeto origen.
  2. Escala base: Es la escala de los objetos origen. Con este parámetro, podemos alterar el tamaño de los duplicados.
- Parámetros objetos de distribución: Estas propiedades afectan a la distribución del objeto, es decir, al modo de repetición del objeto origen. Dentro de los parámetros, podemos establecer si el objeto se va a situar perpendicular a la cara del objeto de distribución, o si la distribución se

efectuará a las caras que tengamos seleccionadas. En una segunda parte, podemos definir dónde y de qué modo se va a distribuir el objeto (estas opciones estarán desactivadas si no usamos objeto de distribución).

- Persiana Transformaciones: Permite establecer desfases de transformación en los objetos duplicados. Podremos variar la rotación, la traslación a lo largo de los ejes locales del objeto o a lo largo de la cara de distribución, o el escalado de los objetos. Estas variaciones darán en algunos casos sensación de realidad, al no repetir de la misma forma y posición el objeto origen.
- Persiana Presentación: Especifica la presentación del objeto en el visor. También posee un botón **Núcleo**, que origina un número aleatorio que aparece a su derecha. El valor de este campo alterará la distribución aleatoria de los objetos. Utilizando este campo, nos aseguramos que no todas las distribuciones con los mismos parámetros sean iguales.
- Persiana Cargar/Guardar predefinidos: Permite almacenar o recuperar los parámetros que tengamos establecidos. En muchos objetos de *3D MAX* veremos esta persiana.

Observamos, en la figura 9.2, un objeto de composición Dispersar.

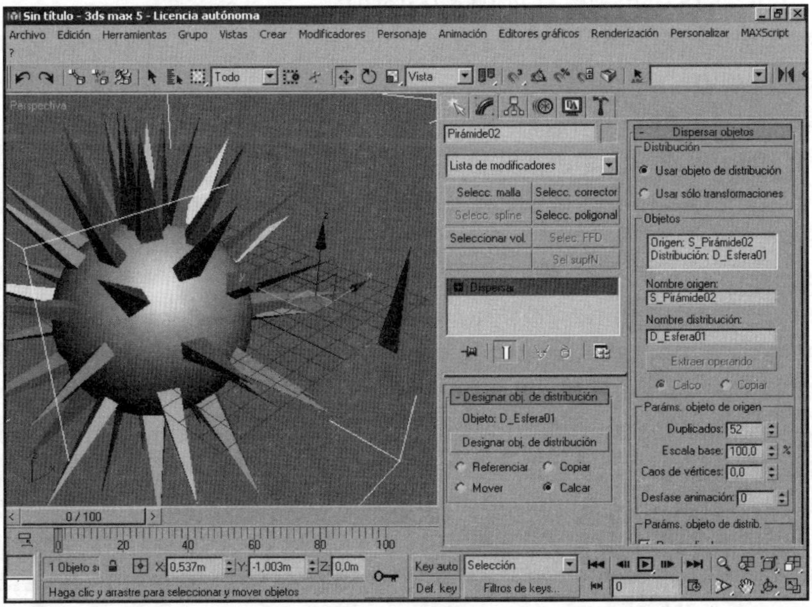

Figura 9.2. Ejemplo de objeto Dispersar

Conformar

El objeto Conformar deforma la geometría de un objeto, proyectando sus vértices sobre otro. El primer objeto seleccionado se llama ajustador y sus vértices se proyectan sobre un segundo objeto, denominado objeto de ajuste.

Como sucedía en los objetos Transformación, también en este caso debemos tener los objetos convertidos en malla. Seleccionamos el objeto ajustador y hacemos clic sobre el tipo de objeto Conformar. Hacemos clic en el botón **Designar objeto de ajuste** y lo seleccionamos en el visor.

Dentro de la variedad de parámetros que ofrece este tipo de objeto, destacamos la opción Dirección proyección vértice, en la que elegimos el tipo de proyección que queremos establecer. Tenemos las siguientes opciones:

- Usar visor activo: Los vértices se proyectan hacia dentro desde el visor activo.
- Usar eje Z de un objeto: Establece el eje Z de un objeto de la escena a designar como el eje de proyección de los vértices del objeto a ajustar. Si rotamos el objeto designado como eje Z, se desplazará el ajuste.
- En normales a vértices: Hacia dentro en la dirección opuesta a la normal de los vértices del objeto ajustador.
- Hacia dentro del ajustador.
- Hacia pivote del ajustador.
- Hacia centro de ajuste.
- Hacia pivote de ajuste.

En la figura 9.3 vemos el resultado de la creación de un objeto conformado.

Conectar

Estamos ante el objeto de composición Conectar, que nos permite unir dos o más objetos por los huecos que aparezcan en su superficie.

Los objetos a conectar deben ser mallados y tienen que tener eliminada alguna cara de su superficie. Los objetos a conectar deben estar enfrentados por las caras que tienen eliminadas. La acción de conectarlos unirá por una malla tipo puente las geometrías por las zonas que tengan rotas.

Esta unión es independiente de la distancia. Si los objetos no están enfrentados, no podrán unirse.

La figura 9.4 muestra un ejemplo de creación de objetos conectados.

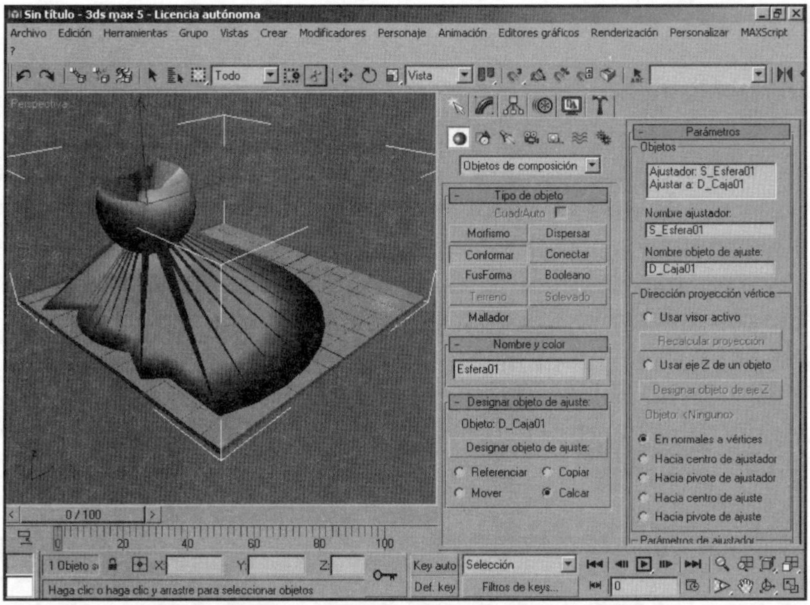

Figura 9.3. Ejemplo de objeto Conformar

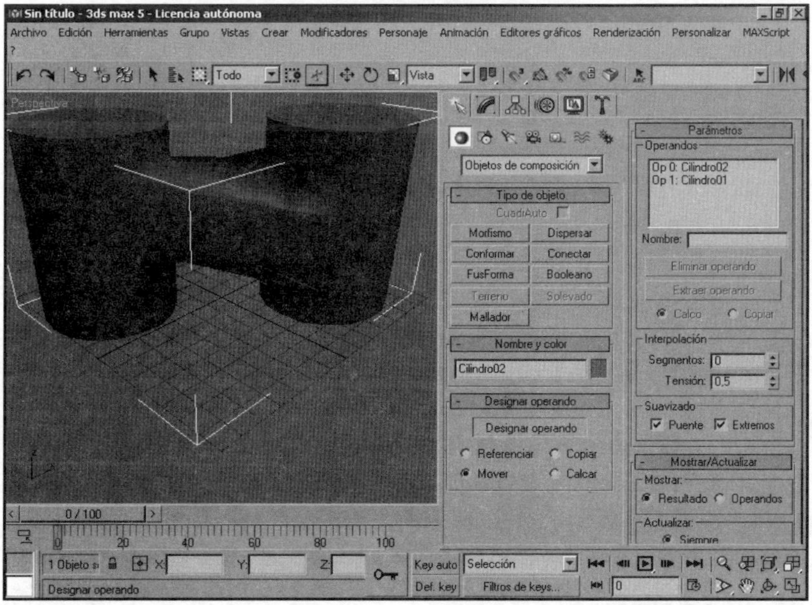

Figura 9.4. Ejemplo de objeto Conectar

FusForma

El objeto FusForma proyecta una forma sobre un objeto mallado. La forma se incrusta en la malla del objeto.

La forma se proyecta en el valor negativo de su eje Z, por lo que éste debe apuntar, para realizar la fusión, hacia la superficie elegida del objeto con el que queremos fusionarlo.

La forma de creación es similar a la que hemos estado viendo en todos los objetos de composición.

Un objeto puede tener el número de formas fusionadas que nosotros queramos. Cada forma que vayamos añadiendo, se irá indicando en la lista de operandos. En la figura 9.5, observamos un objeto al que se le ha aplicado un objeto FusForma.

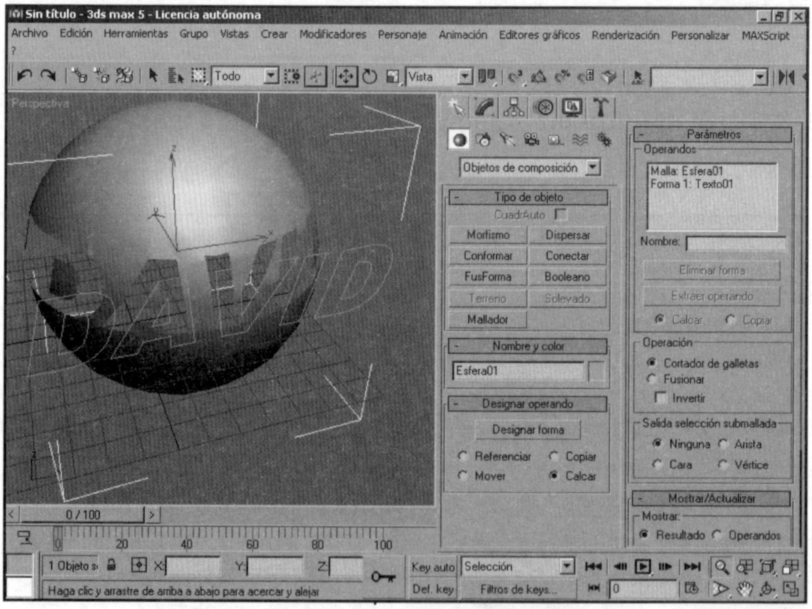

Figura 9.5. Ejemplo de objeto FusForma

Los principales parámetros de este tipo de objeto que vamos a comentar son los del área Operación:

- **Cortador de galletas**: Al fusionar una forma con un objeto mallado, lo que hacemos es añadir los vértices de la forma al objeto. Con la opción

Cortador de galletas, recortamos el objeto por los vértices de la forma fusionada.

- Fusionar: Es la opción por defecto y fusiona, como hemos comentado, los vértices de la forma en la geometría del objeto.
- Invertir: Es una casilla de verificación que invierte las dos operaciones anteriores. En la primera, elimina la geometría inversa y, en la segunda, establece los vértices de selección de forma inversa.

Booleano

Un objeto booleano es la combinación de dos objetos que han sufrido una operación booleana (unión, diferencia, intersección o cortar).

Los objetos booleanos se crean de forma muy sencilla: seleccionamos primero el operando A, luego hacemos clic en el botón **Designar operando B** y lo seleccionamos en el visor y, posteriormente, establecemos los parámetros de la operación.

Las operaciones a las que nos referimos son las siguientes:

- Unión: El objeto resultante de la operación contiene la unión de los dos objetos originales.
- Intersección: Como resultado de la operación intersección, obtenemos el volumen de objeto común a los dos operandos iniciales.
- Sustracción: Esta operación booleana nos permite restar a un objeto (operando A) otro (operando B). Se establecen dos tipos de sustracciones: A-B y B-A. Al establecer el operando B, tenemos la posibilidad de elegir el método de copia que va a sufrir dicho operando. Los métodos de copia son los mismos que comentamos en el objeto Transformar: Copiar, Mover, Calcar y Referenciar.
- Cortar: Esta opción utiliza la forma del operando B como plano de corte. El objeto creado con esta opción no posee geometría del operando B. Existen cuatro tipos de acciones de Cortar:

Nota

La operación Cortar *considera la geometría del objeto booleano como volúmenes y no como sólidos cerrados.*

1. Refinar: Esta opción añade vértices y aristas nuevos al operando A en las zonas donde sus caras intersectan con el operando B.

Nota

Las caras que resulten cortadas por la intersección se subdividen en otras nuevas.

2. **Dividir**: Funciona igual que **Refinar**, pero añade un segundo conjunto de vértices y aristas.

Truco

Podemos utilizar la opción **Dividir** *para partir un objeto en dos secciones a lo largo de los límites de otro objeto.*

3. **Suprimir interior**: Borra todas las caras del operando A que estén dentro del operando B.
4. **Suprimir exterior**: Elimina todas las caras del operando A que se hallen fuera del operando B.

En la figura 9.6 tenemos ejemplos de operaciones booleanas entre dos objetos.

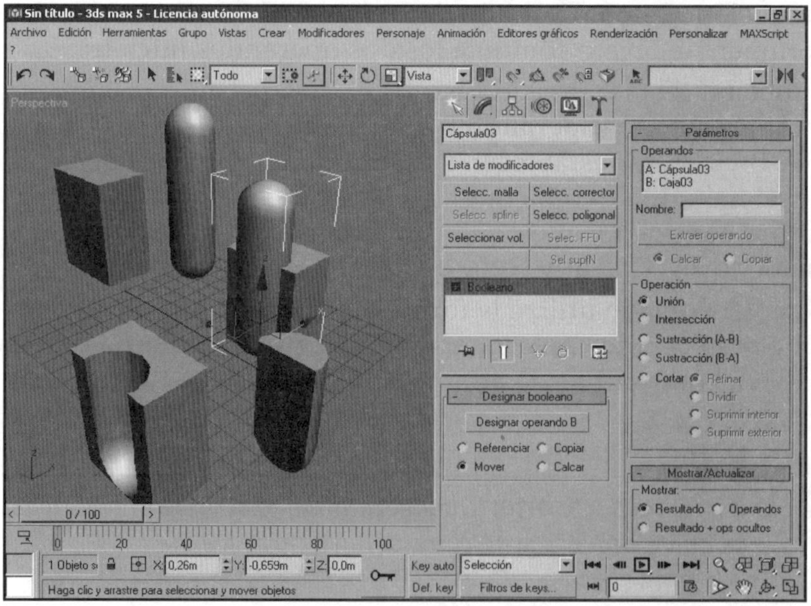

Figura 9.6. Ejemplos de objetos Booleanos

Terreno

Este objeto de composición sólo se encuentra operativo cuando tengamos seleccionada una spline. Permite crear objetos de terreno a partir de diferentes splines situadas a distintos niveles, estableciendo, de esta forma, relieves de terreno.

El proceso de trabajo será:

- Crear las diferentes curvas de nivel del terreno.
- Seleccionar todas las curvas de nivel creadas y elegir la opción Terreno.

En la figura 9.7 tenemos un ejemplo de este objeto de composición.

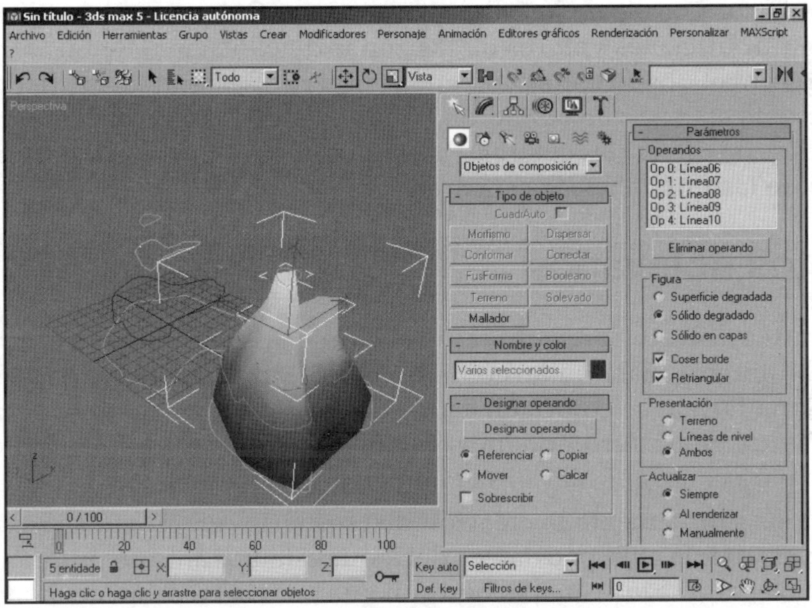

Figura 9.7. Ejemplo de objeto Terreno

Dentro del cuadro de opciones del objeto podemos destacar los siguientes conceptos:

- Área Designar operando: Igual que en las operaciones booleanas, esta zona nos va a permitir seguir añadiendo curvas de nivel.
- Área Operandos: Nos permite gestionar los diferentes operandos del objeto. Podemos desde esta zona seleccionar cada uno de ellos y eliminarlos.

- Área Figura: Esta zona establece el tipo de superficie que se va a crear. Tenemos tres posibilidades: Superficie degradada, Sólido degradado o Sólido en capas.
- Área Presentación: Establece lo que se va a presentar en el visor. En esta zona también hay tres opciones: sólo el resultado del objeto (*Terreno*), los operandos (líneas de nivel) o ambas cosas.
- Área Actualizar: Establece cómo y cuándo se actualizará el objeto para representar de nuevo su forma, de acuerdo con los posibles cambios surgidos en su diseño.
- Área Simplificación: Marca la calidad de la superficie a crear, degradándola tanto en la dirección vertical como en la horizontal.
- Área Color por elevación: En esta persiana Color por elevación podemos introducir los valores de las zonas de elevación, de tal forma que aparecerá el objeto coloreado en su superficie según la altura del punto. Existe en esta zona el botón **Crear predets.**, que crea los diferentes niveles con diferentes colores. Pulsando sobre él, nos hacemos una mejor idea de las funciones de esta área.

Objetos solevados

Definimos un objeto Solevado como el que se origina al hacer recorrer una forma bidimensional a lo largo de un eje. Si durante el recorrido sólo se asigna una forma, se coloca en cada extremo esa forma y la superficie se genera entre ellas, pero podemos establecer varias formas durante el recorrido para conseguir variar la geometría del objeto a crear.

Si basamos simplemente la creación de escenarios en 3D en la creación de primitivas y booleanos, podríamos decir que estamos ante un programa muy pobre. Solevado es la principal herramienta para la creación de modelados.

El proceso básico para crear un objeto Solevado parte de una sección transversal que recorre una serie de pasos. Lo principal es generar un objeto forma que será el recorrido del solevado y realizar una forma que sea la sección transversal del objeto que queremos crear.

Podemos realizar el solevado por dos medios distintos: uno, seleccionando primero la forma y luego el recorrido y otro, al revés.

Objeto solevado con Asignar recorrido

Crearemos un objeto solevado seleccionando una forma y, haciendo clic sobre el botón **Asignar recorrido**, asignaremos un recorrido a dicha forma.

Existen tres opciones para controlar lo que le sucede al objeto forma del recorrido asignado, que son:

- Mover: Traslada la forma original a la solevación.
- Copiar: Añade una copia de la forma en la solevación.
- Calcar: Incluye un calco de la forma en la solevación.

Este tipo de solevaciones se emplea cuando la base de la solevación está alineada con la forma de la sección transversal. En la figura 9.8 vemos el efecto de solevación de un objeto circular alrededor de un eje.

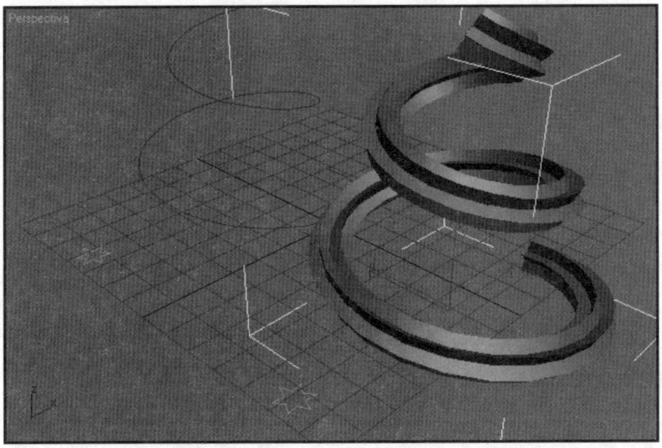

Figura 9.8. Objeto solevado

Objeto solevado con Asignar forma

Es posible crear una solevación seleccionando primero el recorrido, para añadir, más tarde, una sección transversal en el recorrido.

Cuando seleccionamos Asignar forma, debemos elegir la forma que será la primera sección transversal para el recorrido.

Persiana Parámetros de superficie

Dentro de esta persiana, hallamos dos opciones de suavizado: Longitud de suavizado, que establece un suavizado a lo largo del objeto, y Anchura de suavizado, que lo genera a lo ancho.

Existen también opciones de mapeado, que nos permiten aplicarlo y establecer el número de veces que éste se aplica a lo largo y ancho de la solevación.

En la imagen de la figura 9.9 podemos observar la persiana a la que nos hemos referido.

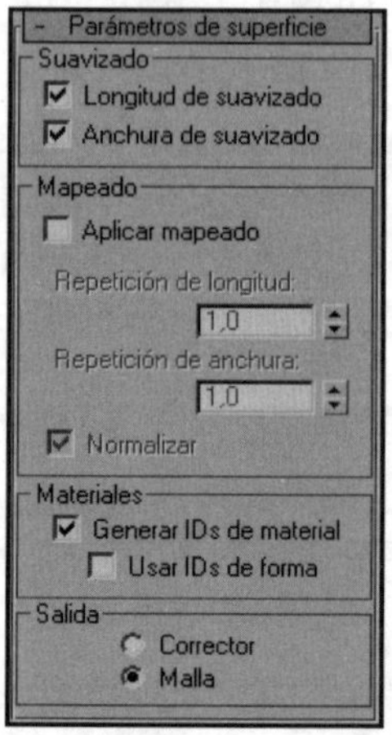

Figura 9.9. Parámetros de superficie de un objeto Solevado

Persiana Parámetros de forro

En esta persiana, establecemos la densidad de las caras, la orientación de la forma y la presentación en el visor de la solevación.

Los dos parámetros que definen la densidad de forma son: Pasos de la forma y Optimizar formas.

- Pasos de la forma: Establece el número de lados solevados. De esta forma, optimizamos el suavizado en la anchura del solevado.
- Optimizar formas: Cuando se encuentra activada, se optimizan los segmentos rectos que coinciden con la sección transversal, ignorando en estos casos el parámetro Pasos de la forma.

La densidad del recorrido se establece en otros dos parámetros que se comportan de igual forma que los anteriormente descritos, con la única diferencia que afectan al recorrido. Estos dos parámetros son: Pasos del recorrido y Pasos del recorrido adaptador. Dentro de Parámetros de forro, encontramos una zona llamada Tapa que contiene las siguientes opciones:

- Inicio: Si la activamos, aparecerá una tapa en el extremo inicial del solevado.
- Fin: Surte el mismo efecto que Inicio, pero en la parte final del objeto solevado.

Persiana Parámetros de recorrido

La figura 9.10 muestra la persiana Parámetros de recorrido, que nos permitirá elegir más de una forma para un mismo recorrido en la solevación.

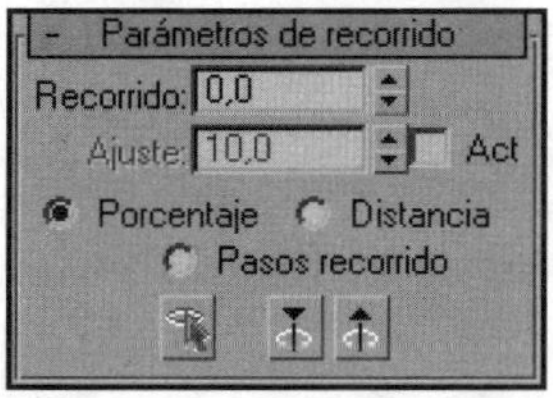

Figura 9.10. Persiana Parámetros de recorrido de un objeto Solevado

Dentro de un mismo objeto Solevado, y con el botón **Asignar forma activado**, iremos insertando distintas formas a lo largo del recorrido. El solevado que vamos a crear se formará por adaptaciones de una forma a otra a lo largo del recorrido. Así, por ejemplo, si colocamos una estrella en el inicio, un círculo en el medio y un rectángulo en el final, el solevado resultante será un objeto estrella que se va adaptando hasta convertirse en círculo en el medio y éste, luego, se adaptará hasta convertirse en el rectángulo final.

Podemos elegir tres métodos para establecer la posición de las formas a lo largo del recorrido: Porcentaje, Distancia y Pasos recorridos.

- Porcentaje: Consideramos el recorrido total como el 100 por 100, con lo que el punto inicial será 0 y el final 100. Si deseamos introducir una nueva forma en la mitad del recorrido, colocaremos el valor 50 en el contador Recorrido y seleccionaremos la forma que adoptará la solevación desde la mitad hasta el final del recorrido.
- Distancia: En esta opción, expresamos el nivel del recorrido con relación a la distancia absoluta del recorrido.
- Pasos recorridos: Si elegimos esta opción, el recorrido se divide en pasos según sus vértices. El número total de pasos se indica entre paréntesis junto al contador Recorrido. Cada posición en la que queremos introducir una nueva forma se marca en el visor con una cruz de color amarillo.

Existen también dos iconos que nos permiten el desplazamiento por las distintas formas establecidas. Estos iconos se encuentran en la parte inferior de la persiana, y se denominan **Forma anterior** y **Forma siguiente**.

En la figura 9.11 vemos un objeto Solevado con varias formas asignadas al recorrido.

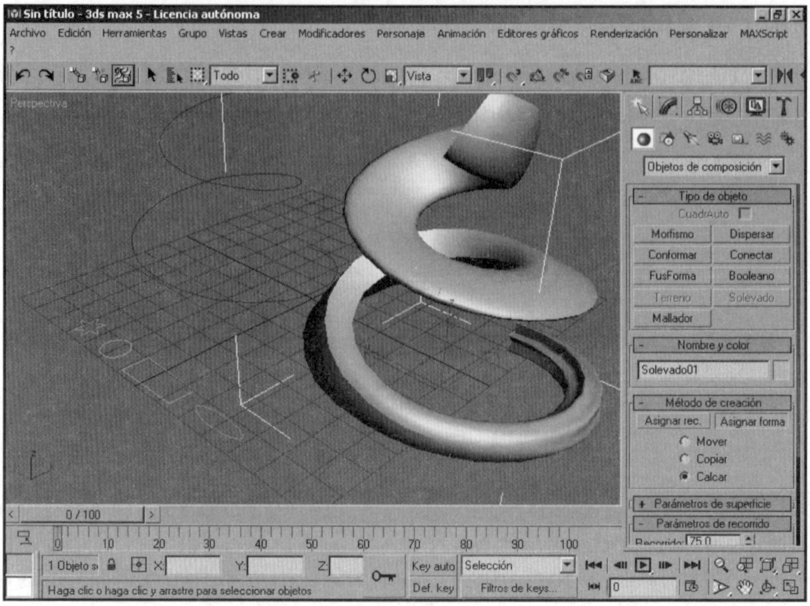

Figura 9.11. Ejemplo de objeto solevado con varias formas aplicadas

Deformaciones

Si seleccionamos un objeto Solevado y nos desplazamos al panel **Modificar**, veremos que, entre los parámetros del objeto que hemos usado para su creación, encontramos otra persiana denominada **Deformaciones** (figura 9.12).

Figura 9.12. Persiana Deformaciones

Los controles de deformación permiten **Escalar**, **Torcer**, **Oscilar**, **Biselar** o **Ajustar** formas a lo largo del recorrido. Estos botones despliegan una ventada de trabajo como la que podemos ver en la figura 9.13. A la derecha de cada botón, hay un icono que, cuando está pulsado, significa que se está aplicando la deformación correspondiente a ese botón.

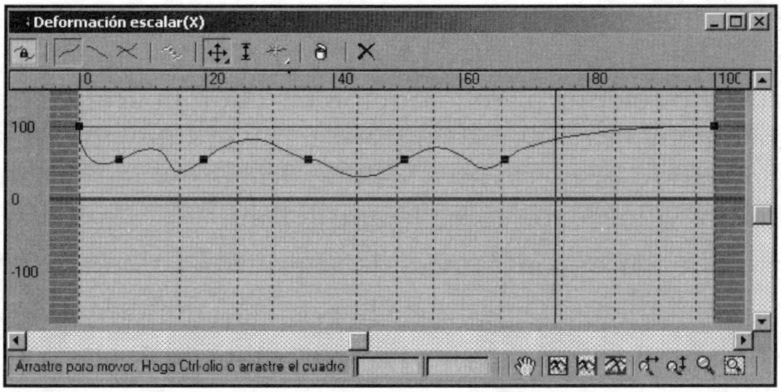

Figura 9.13. Cuadro Deformación escalar

Las principales opciones del cuadro son:

- En la parte superior aparece un conjunto de botones que pasamos a describir de izquierda a derecha. Estos botones suelen ser los mismos para todos los tipos de deformaciones, aunque en algunos se incorporan otras opciones que son fáciles de entender:
  1. **Convertir en simétricos**: Activa que las deformaciones que efectuemos en la curva se realicen a la vez para los dos ejes X e Y.
  2. **Mostrar eje X**: Muestra el eje X.
  3. **Mostrar eje Y**: Presenta en color rojo el eje Y.
  4. **Mostrar eje XY**: Muestra los dos ejes. El uso de estas opciones es interesante cuando no estemos trabajando en modo simétrico.
  5. **Mover punto de control**: Establecemos el modo de trabajo seleccionar y mover para los puntos de control. Tenemos tres opciones, ya que es un icono desplegable.
  6. **Escalar punto de control**: Modifica la altura del punto de control en la gráfica.
  7. **Insertar punto**: Es también un icono desplegable, que permite establecer el modo de insertar puntos de control. Una vez activado, haciendo clic en la gráfica, añade un punto de control. Los puntos de control pueden ser de esquina o bézier.
  8. **Eliminar punto de control**: Elimina el punto que tengamos seleccionado.
  9. **Restablecer curva**: Elimina las modificaciones y coloca la curva como estaba al abrir la ventana.

- La gráfica representa dos ejes. El eje horizontal está representado por el recorrido del solevado y el vertical por el valor de la curva durante el recorrido. Por ejemplo, en la opción **Escalar**, la gráfica presenta una línea recta en el valor 100. Eso significa que el solevado no varía su escala durante todo el recorrido. Valores menores reducirán la sección del escalado y valores mayores la ampliarán.
- En la parte inferior encontramos, de izquierda a derecha:
  1. El primer campo corresponde a la posición del punto de control con respecto a la posición con el eje horizontal, es decir, con respecto al recorrido.
  2. El segundo es el valor del eje vertical, es decir, la cantidad. Seleccionado un punto de control y rellenando estos campos, podremos introducir exactamente su posición y valor.
  3. Los siguientes botones son controles de visión, que nos permitirán realizar zoom, encuadrar, ajustar a extensión, etc. Su forma de uso es similar a la de los controles de visores ya comentados.

Con la aplicación de las deformaciones podemos conseguir objetos complejos de una forma sencilla. En la figura 9.14 hay un ejemplo de un solevado con deformaciones aplicadas.

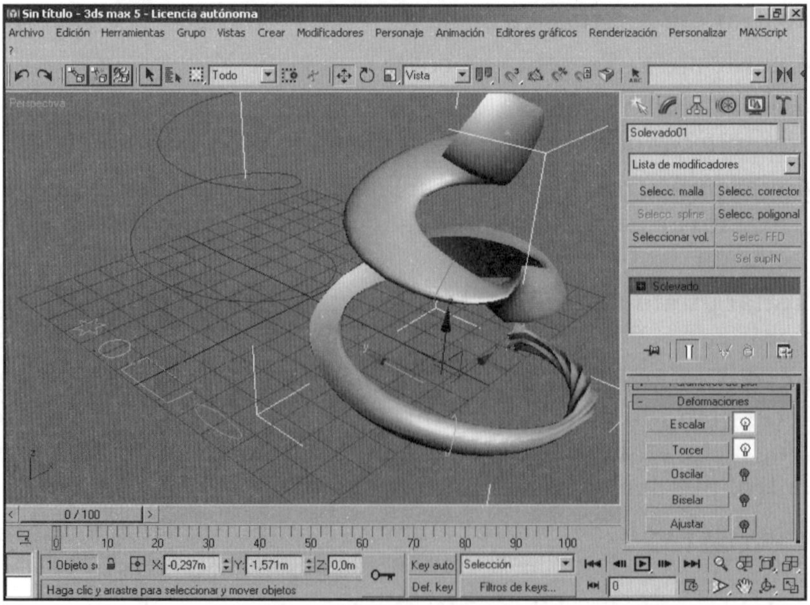

Figura 9.14. Solevado con deformaciones aplicadas

Mallador

Al representarlo, se muestra un gizmo de representación en el que no influye el tamaño que designemos, ya que sólo es una representación.

Este objeto de composición convierte los objetos en mallados. Está diseñado para usarse con objetos de sistemas de partículas a los que no se puede aplicar un modificador. En el siguiente capítulo estudiaremos los sistemas de partículas.

En la figura 9.15 hay un objeto Mallador aplicado sobre un sistema de partículas.

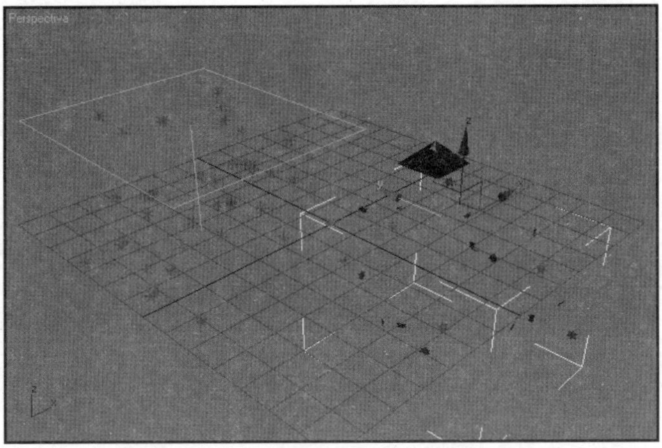

Figura 9.15. Objeto Mallador aplicado sobre un sistema de partículas

Los parámetros que encontramos son:

- **Designar objeto**: Este botón permite designar el objeto a enlazar con el mallador.
- **Desfase temporal**: Es el número de cuadros de animación de retraso del mallador después del objeto del sistema de partículas.
- **Construir sólo al representar**: Con esta opción activada, las partículas del objeto Mallador no aparecen en el visor y solamente aparecerán en la representación.
- **Actualizar**: actualiza la escena con los cambios efectuados en los parámetros.
- **Área de trabajo personalizada**: Esta casilla activa el que se pueda especificar otra área de trabajo distinta a la que aparece en el gizmo de

representación. Al activarla, se encuentra operativa la opción **Designar área de trabajo**.

- Designar área de trabajo: Este botón permite seleccionar el objeto del área de trabajo. Es conveniente utilizar como área de trabajo el mismo objeto sistema de partículas del que estamos cogiendo la geometría.

Resumen

Los objetos de composición son elementos que surgen a partir de otros objetos. Como hemos podido apreciar, la base de partida son geometrías o formas.

Hay que hacer especial hincapié en los objetos Booleanos, elementos que surgen por medio de operaciones booleanas como unión, intersección, etc.

Otros elementos importantes para la creación de geometrías complejas son los solevados. Estos objetos presentan unas posibilidades fabulosas para crear cualquier objeto. Su posibilidad de deformación y el poco espacio en caras que ocupan hacen de ellos una de las principales herramientas para el modelado de objetos.

Para finalizar el capítulo, hemos analizado, el objeto Mallador, que permite modificar a nivel de malla (caras, vértices, etc.), o aplicar un modificador a un sistema de partículas.

Capítulo 10

Partículas, Cuadrículas de corrección y Dinámicos

En este capítulo aprenderá:

- La creación de simulación de partículas, como nieve, lluvia, etc.
- El uso y gestión de los objetos Cuadrícula de corrección.
- Las propiedades dinámicas de objetos, como Muelle y Amortiguador.

Introducción

Otro tipo de objetos que podemos crear son los Sistemas de partículas.

Los sistemas de partículas son objetos que representan nieve, lluvia, agua, etc. Estos objetos tienen asociadas animaciones de conjuntos de partículas que pueden adoptar diferentes tipos de representación.

En la segunda parte del capítulo veremos unos objetos denominados Cuadrículas de corrección.

Y para terminar el capítulo, estudiaremos los objetos Dinámicos, objetos con propiedades físicas de los que ya hemos visto uno parecido, Manguera de Primitivas extendidas.

Con este tema terminamos toda la categoría Geometría, dejando pendiente para el capítulo 12 los objetos (superficies) NURBS.

Sistema de partículas

La cuarta subcategoría de Geometría está referida a los sistemas de partículas.

Un sistema de partículas es un objeto, que genera un conjunto de subobjetos denominados partículas. Este tipo de objeto se utiliza principalmente para realizar animaciones.

Vamos a ver los seis sistemas de partículas que tenemos. A la hora de crear un Sistema de partículas, en el visor se representa un icono meramente indicativo, que muestra un rectángulo del que sale una flecha, que indica la dirección hacia donde se proyectarán las partículas, salvo en los casos de MatrizP y NubeP, que lo que crean es una caja o un gizmo representando el objeto.

Aerosol

Este objeto (figura 10.1) permite simular las gotas de agua de lluvia, fuentes, etc. Los parámetros de Aerosol se encuentran en las siguientes áreas:

- Área Partículas.
    1. Nº de visores: Establece el número máximo de partículas que se mostrarán en el visor.

2. **Nº represent**: Es el máximo número de partículas que aparecen al representar un cuadro de la animación.
3. **Tamaño de caída**: Es el tamaño de las partículas.
4. **Velocidad**: Es la velocidad a la que viajan las partículas.
5. **Variación**: Cambia la velocidad y la dirección de las partículas.
6. **Gotas, Marcas** y **Puntos**: Establecen la forma con la que las partículas se representan en el visor.

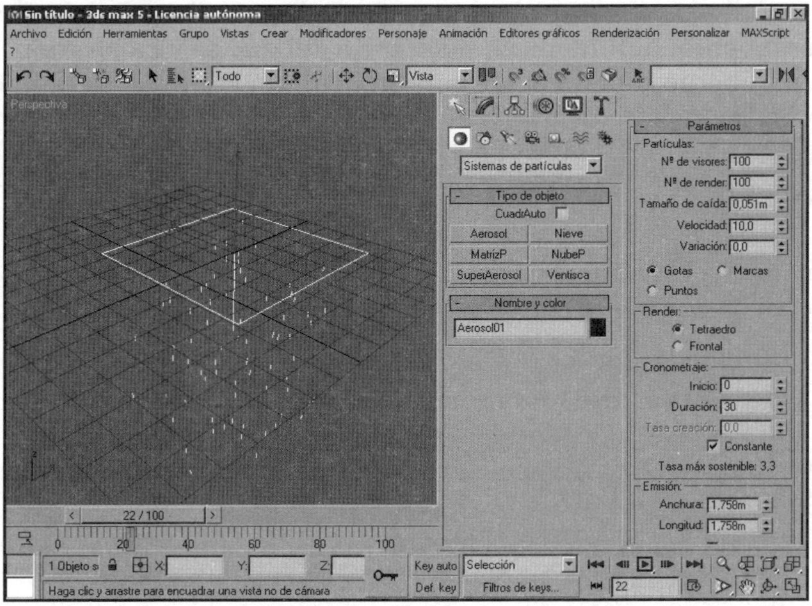

Figura 10.1. Ejemplo y parámetros de objeto Aerosol

- Área **Representar**.
  1. **Tetraedro**: Las partículas se representan como tetraedros alargados, que simulan muy bien las gotas de agua.
  2. **Frontal**: Se representan como caras que tienen un alto y ancho equivalente al parámetro **Tamaño**. Estas partículas se usan para asignar un mapa de material.
- Área **Cronometraje**: Estos parámetros controlan la vida de las partículas y los cuadros de comienzo y fin de la proyección.
  1. **Inicio**: Número del primer cuadro en el que aparecen las partículas.

2. **Duración**: El número de fotogramas de vida que tienen las partículas.
3. **Tasa de creación**: Es el número de partículas creadas por cuadro. Su valor debe ser inferior a **Tasa máx**, sostenible para que el recorrido de la partícula sea uniforme. Este contador está activado cuando la casilla **Constante** no se encuentra activada.

- Área **Emisión**: Establece el área de actuación en la escena de las partículas. Definimos el tamaño del rectángulo de donde van a partir las partículas.

El objeto Aerosol se crea con el arrastre del ratón dentro del visor. Con este movimiento, definimos el rectángulo del que se va a efectuar la emisión y, por medio de un vector perpendicular a esa área, se define la dirección de la emisión de las partículas.

Nieve

Este objeto nos permite simular la nieve. El sistema de trabajo es igual al de Aerosol, pero cuenta con los siguientes parámetros adicionales.

- Área **Partículas**.
  1. **Caída**: Es la cantidad de rotación aleatoria de los copos de nieve. El valor va desde 0, cuando no rotan, hasta 1, en el que la rotación es la más intensa. Se asigna a cada partícula un eje de rotación de forma aleatoria.
  2. **Índice de caída**: La velocidad de rotación de los copos de nieve.
- Área **Representar**.
  1. **Seis puntos**: Se representan las partículas como estrellas de seis puntos. Éste es el valor predeterminado.
  2. **Triángulos**: Se representan como triángulos.
  3. **Frontal**: Sufren la misma representación que comentamos en el objeto Aerosol.

Nota

La representación **Frontal** *funciona correctamente en vistas perspectiva o cámara.*

Para crear un objeto Nieve, seguimos los mismos pasos que en el objeto Aerosol. La figura 10.2 muestra un ejemplo del sistema de partículas Nieve.

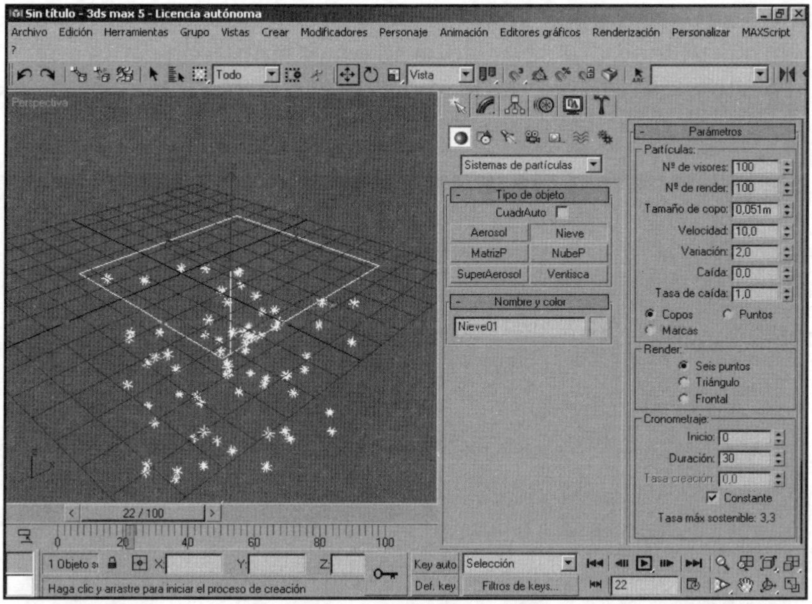

Figura 10.2. Objeto Nieve

MatrizP

Es un objeto complejo por la cantidad de parámetros que lo definen. Se utiliza para emitir partículas desde otro objeto, denominado objeto de distribución. Cuando creamos el objeto, aparece en el visor un icono o gizmo de representación con forma cúbica y con tres triángulos en su interior. La figura 10.3 muestra las persianas de creación de este objeto, que contienen los siguientes parámetros:

- Parámetros básicos: Permite crear y ajustar el tamaño del sistema de partículas.
  1. Área Emisor basado en objeto: el botón **Designar objeto** nos ofrece la posibilidad de seleccionar el objeto emisor de las partículas y nos muestra el nombre del objeto una vez designado.
  2. Área Formación de partículas: Determinamos cómo se distribuyen las partículas sobre la superficie del objeto. Las partículas pueden partir de toda la superficie, de las aristas, de los vértices, de puntos concretos elegidos aleatoriamente, de un número de puntos determinados o de los centros de cada cara. También tenemos una casilla de verificación que permite emitir partículas desde las opciones an-

teriores, pero de los subobjetos que tengamos seleccionados. Por ejemplo, si tenemos seleccionado un conjunto de caras de un objeto, las partículas sólo se emitirán desde el centro de la cara, de los vértices, etc., pero de las caras seleccionadas.

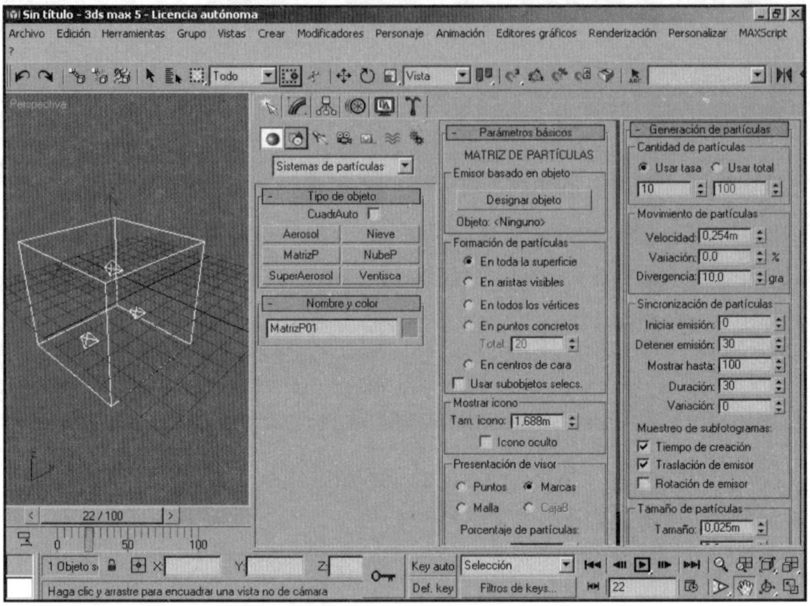

Figura 10.3. Parámetros de creación de MatrizP

3. Área Mostrar icono: Establece el tamaño de la representación del gizmo y si se representa, o no.
4. Área Presentación de visor: Esta zona nos permite indicar el aspecto y cantidad de las partículas representadas en el visor. La cantidad de las partículas se establece como un porcentaje de las partículas de la representación.

Nota

Estas opciones se desactivan cuando seleccionamos la opción Fragmentos, *en la persiana* Tipos de partículas.

- Persiana Generación de partículas: Controlamos el tamaño, la velocidad y el momento en que aparecerán o desaparecerán las partículas.

1. Área **Cantidad de partículas**: Establecemos el número de partículas en el tiempo. Entre los parámetros destacamos **Usar Tasa**, que decide el número de partículas formadas por cuadro de representación de la animación, y **Usar Total**, que marca el número total de partículas que se generarán.
2. Área **Movimiento de partículas**: En este apartado, controlamos la velocidad inicial de la partícula y destacamos entre otros: **Velocidad**, que establece la velocidad de la partícula al nacer, **Variación**, que marca una variación aleatoria a la velocidad de cada partícula, y **Divergencia**, aplica un ángulo a la trayectoria de salida de cada partícula.
3. Área **Sincronización de partículas**: En esta zona, establecemos por medio de unos contadores el inicio y el fin de la emisión de las partículas y la duración de las partículas, a las que le podemos añadir una variación para que sean más reales.
4. Área **Tamaño de las partículas**: En esta parte podemos definir dos valores característicos, al margen de los ya conocidos por la creación de anteriores objetos. Los parámetros **Crecer** y **Decrecer** son los intervalos en que la partícula pasa de ser pequeña hasta tener su tamaño y desde ese tamaño al valor que poseía antes de desaparecer.
5. Área **Unicidad**: En esta zona tenemos la posibilidad de generar otra emisión de partículas distinta, cambiando el valor del núcleo. Cada uno de los parámetros de variación del tamaño, trayectoria, etc., varía según el valor del núcleo.

- Persiana **Tipo de partículas**: Definimos aquí cuatro tipos de partículas: **Partículas estándar, Metapartículas, Fragmentos de objeto** y **Geometría calcada**. Según el tipo que elijamos, se habilitan estas opciones:
  1. **Partículas estándar**: La partícula que emite el emisor puede ser: Triángulo, Cubo, Especial, Frontal, Constante, Tetraedro, SeisPunt o Esfera.
  2. **Metapartículas**: Trabaja con un tipo de partículas llamadas *Metabola*. Son bolas que, al estar próximas en la generación, sufren un alargamiento, por el que se deforman para unirse, comportándose como líquidos. Entre las opciones que tenemos para este tipo de partículas destacamos: **Tensión**, que determina la tensión entre las partículas en su tendencia a pegarse: a mayor tensión, mayor dificultad de unión, y **Tosquedad**, que indica el tiempo de cálculo de la *Metabola*.

3. **Fragmentos del objeto**: Las partículas emitidas son fragmentos del objeto. Podemos establecer el número de fragmentos en los que se va a romper y así podemos elegir: **Todas las caras** o **Número de trozos irregulares**. El parámetro **Grosor** define el grosor de los fragmentos.
4. **Geometría calcada**: Elegimos la geometría del objeto que queremos emitir. En el área **Parámetros de calco**, pulsamos sobre el botón **Designar objeto** para elegir la geometría.

Existen muchos más parámetros que definen el tiempo, duración, velocidad y tamaño de las partículas que se generan.

Para crear una MatrizP, definiremos por el arrastre con el ratón la caja que representa el gizmo del objeto.

NubeP

El sistema de partículas NubeP se utiliza cuando se precisa de una "nube" de partículas en un volumen específico. Podemos definir las partículas igual que en los apartados anteriores.

En este tipo de objeto (figura 10.4) debemos seleccionar la forma del emisor de las partículas y tenemos varias posibilidades:

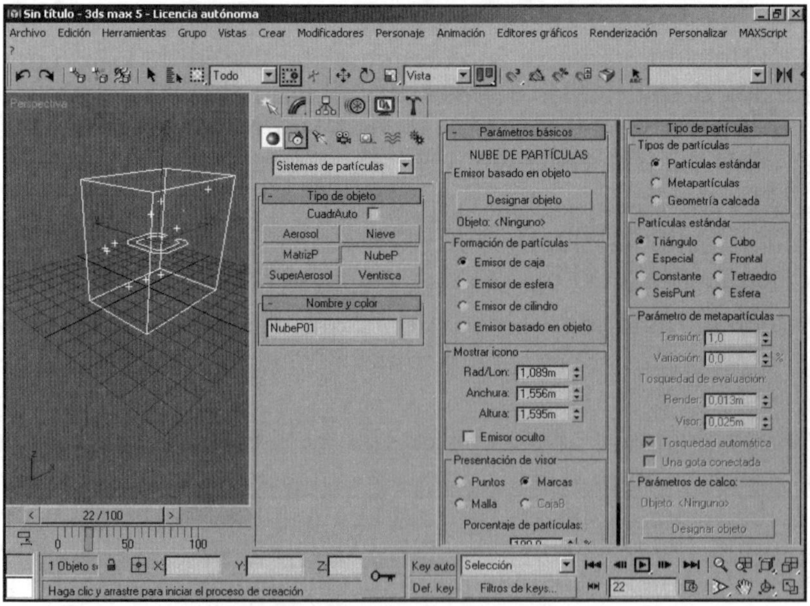

Figura 10.4. Ejemplo objeto NubeP

- **Emisor de caja**: El emisor adopta la forma de la caja.
- **Emisor de esfera**: Toma la forma de una esfera.
- **Emisor de cilindro**: Se selecciona un emisor cilíndrico.
- **Emisor basado en objeto**: En este caso, elegimos la forma del objeto emisor.

Para crear un objeto NubeP, realizamos los mismos pasos comentados para MatrizP, con la única diferencia de que este tipo de objetos no sólo es un gizmo de representación, ya que debemos designar el objeto que contendrá las partículas.

Súper aerosol

Es un aerosol en el que se controlan muchos parámetros de las partículas de emisión. En el objeto Aerosol, la zona de emisión era un plano, mientras que en éste encontramos un único punto (figura 10.5). Los parámetros son los mismos que los indicados para el objeto MatrizP.

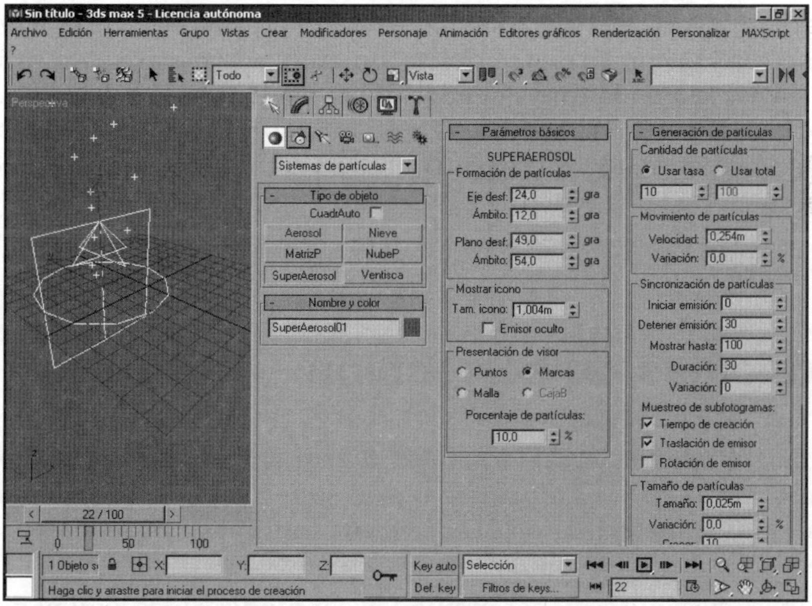

Figura 10.5. Objeto Súper aerosol

La forma de crear un sistema de partículas Súper aerosol es similar a la definición del objeto Aerosol. Con el arrastre del ratón en el visor aparece una flecha, apuntando en la dirección de la emisión de las partículas. En el medio presenta un plano circular perpendicular a ella y, además, aparece un plano rectangular que contiene la flecha.

Aunque los parámetros son similares a MatrizP, es conveniente mencionar algunos apartados de los parámetros de la persiana Parámetros básicos:

- Eje desf: Establece el ángulo que tendrá la emisión de partículas respecto al plano del eje X.
- Ámbito: Es la amplitud del ángulo de emisión de las partículas respecto al anterior.
- Plano desf: afecta al ángulo de emisión respecto del eje Z. Este valor, junto a los anteriores y con su parámetro de ámbito, dará lugar a la emisión de las partículas de forma cónica.
- Ámbito: Es la amplitud del ángulo respecto al desfase anterior.

Ventisca

Es la versión avanzada del sistema de partículas Nieve. La creación del objeto se realiza por arrastre del ratón en el visor para determinar el área de la escena en la que se generan las partículas. La emisión, como en los casos anteriores, se muestra en el visor, pero no se representa. En el visor aparece un rectángulo con un vector indicando la dirección de la emisión de las partículas. La gestión de los parámetros es la misma que ha sido descrita para la MatrizP. La figura 10.6 muestra un objeto Ventisca.

Cuadrículas de corrección

En *3ds max*, podemos crear dos tipos de superficies de corrección: cuadriláteros y triángulos. En principio, son superficies en dos dimensiones que podemos transformar en 3D de forma arbitraria. El proceso de creación de los dos tipos es similar.

Estas superficies que se generan pueden ser modificadas a nivel de subobjeto, es decir, podemos modificar sus caras, sus vértices o sus aristas para conseguir la figura 3D que deseemos.

Podemos acceder a estos tipos de objetos en el panel Crear en la Geometría de Cuadrículas de corr. (figura 10.7).

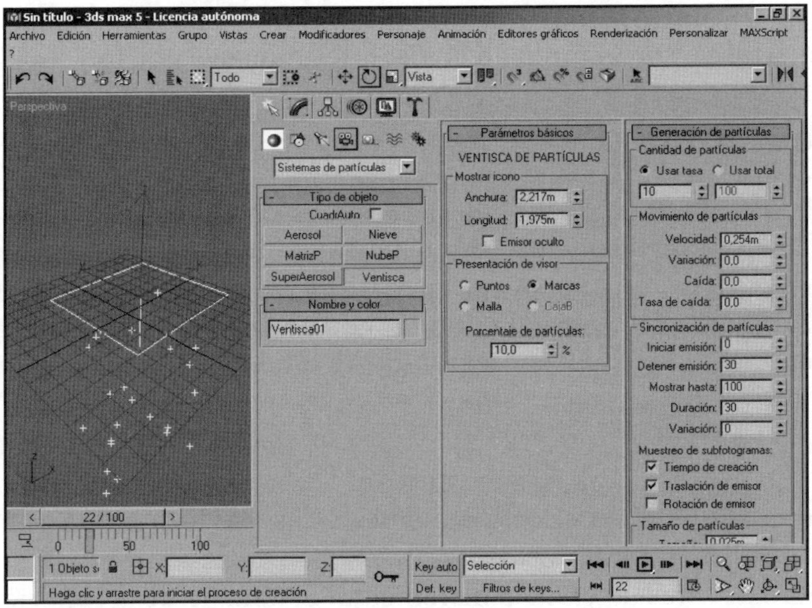

Figura 10.6. Objeto Ventisca

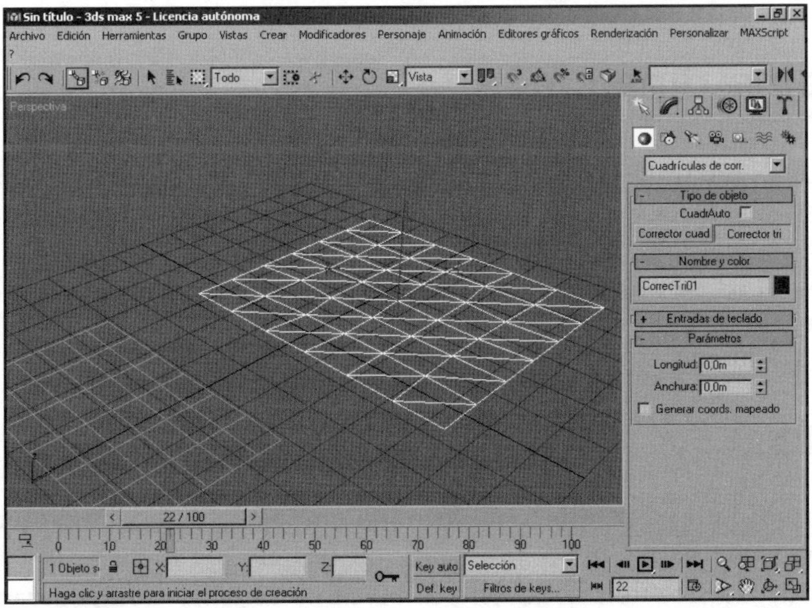

Figura 10.7. Tipos de cuadrículas de corrección

Para crear un objeto Cuadrícula de corrección, sólo debemos elegir el tipo y por el arrastre con el ratón en el visor definimos el objeto.

Corrector cuad

Como hemos visto, su proceso de creación es similar al de un objeto Caja, incluso, tiene, prácticamente, los mismos parámetros.

Este objeto (figura 10.7) crea una cuadrícula plana con 36 caras rectangulares visibles. Una línea oculta divide cada una de las caras en dos de forma triangular, con lo que conseguimos un total de 72 caras.

Corrector tri

Se crea igual que el anterior, pero en este caso se forma una cuadrícula con 72 caras triangulares.

El número de caras no varía al incrementar el tamaño de la cuadrícula, las caras se agrandan para rellenar el área.

Tenemos un ejemplo en la figura 10.7, en la que podemos apreciar la diferencia con el anterior tipo de cuadrícula de corrección.

Objetos dinámicos

Los objetos dinámicos pueden configurarse para reaccionar al movimiento de los objetos a los que se enlazan, o proporcionar fuerzas dinámicas cuando se incluyen en una simulación dinámica.

Los dos tipos de objetos dinámicos los podemos encontrar dentro de la subcategoría que lleva su nombre dentro de Geometría en el panel Crear: Muelle y Amortiguador.

Muelle

El objeto Muelle es un objeto en forma de muelle, con el que podemos simular un muelle flexible.

El método de creación del objeto es bastante sencillo: con el arrastre del ratón especificamos, primero, el diámetro del muelle y, luego, la altura, estableciendo los parámetros necesarios en el panel Crear.

En la figura 10.8 tenemos un ejemplo de este tipo de objeto, que posee los siguientes parámetros:

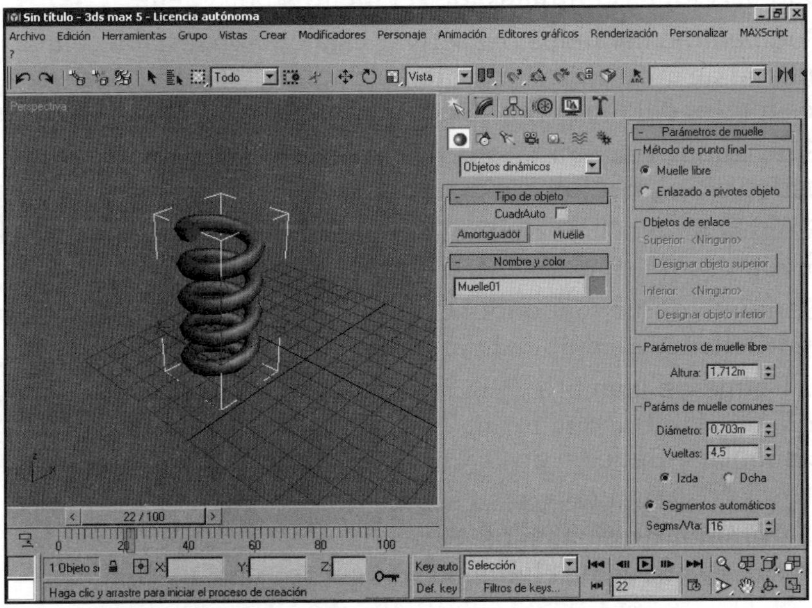

Figura 10.8. Ejemplo objeto Muelle

- Área **Método de punto final**: Esta primera zona determina si el muelle se crea de forma aislada o libre, o se enlaza con otros objetos. Esta elección se hace por medio de dos casillas de elección.
- Área **Objetos de enlace**: Cuando seleccionamos en el método de punto final la opción **Enlazado a pivotes objeto**, se despliegan las opciones de esta área, en la que podemos establecer todos los objetos a enlazar. Estos objetos se denominan Superior e Inferior.
- Área **Parámetros de muelle libre**: Determina, por medio de un contador, la altura del objeto muelle. Este parámetro sólo se puede controlar cuando seleccionamos un muelle libre.
- Área **Parámetros de muelle común**: Establecemos en esta zona los diferentes parámetros del muelle:
  1. **Diámetro**: Es el diámetro del muelle.
  2. **Vueltas**: Establece el número de vueltas del muelle.
  3. **Izda** o **Dcha**: Marca el sentido de las vueltas.

4. **Segmentos automáticos**: Con esta opción activada, establecemos que cada vuelta del muelle tenga el mismo número de segmentos.
5. **Segms/Vta**: Es el número de segmentos por vuelta.
6. **Segmentos manuales**: Al activar esta opción, establecemos la posibilidad de introducir, en contador **Segmentos**, el número de segmentos totales del muelle, independientemente de las vueltas que dé.
7. **Suavizado**: Suaviza el objeto en cuatro opciones: **Todo**, **Ninguno**, **Lados** o **Segmentos**.
8. **Representable**: Esta casilla de representación activa el que el objeto se represente en la escena, o no.
9. **Generar coords mapeado**: Con esta opción activada, se activan las coordenadas de mapeado al objeto.

- Área **Forma de alambre**: Esta zona especifica tres formas de representación del alambre que forma el muelle. Las tres formas son: **Circular**, **Rectangular** y **Sección en D**. Cada una de estas formas posee sus parámetros correspondientes.
- Área **Parámetros dinámicos**: Estos parámetros especifican las fuerzas con las que interviene el muelle en una simulación dinámica.

Advertencia

Este tipo de objeto es muy similar al objeto Manguera de las Primitivas Extendidas.

Amortiguador

El segundo y último de los objetos dinámicos es el Amortiguador. Este objeto puede comportarse como un amortiguador de choque. Lo forman dos partes: un bastidor principal y un pistón. Su dinamismo reside en que el pistón se desliza dentro del bastidor principal y ofrece distintas alturas.

Los parámetros de este objeto son parecidos a los del objeto anterior, por lo que sólo comentaremos aquellos en los que encontremos alguna diferencia, dentro del área Parámetros del cilindro.

- **Dm base**: Diámetro de la base del amortiguador.
- **Altura**: Altura de la base.
- **Dm pral**: Diámetro del bastidor del amortiguador.

- Altura: Altura del bastidor.
- Lados: Es el número de lados de la base y del bastidor.
- Empalme 1: Es el radio de empalme en el borde inferior del bastidor.
- Segms empalme: Es el número de segmentos del Empalme 1.
- Empalme 2: Empalme en el borde superior.
- Segms empalme: Segmentos para Empalme 2.
- Dm interior: Establece el diámetro interior del bastidor.
- Suavizar cilindro: Es una casilla de verificación que activa el suavizado del cilindro.

Resumen

La simulación de líquidos, fluidos, partículas como polvo, etc., es una de las grandes preocupaciones de la animación. En el capítulo que acabamos de finalizar, hemos visto los diferentes sistemas de partículas que hay. La simulación de nieve, lluvia, etc., ya no es problema para nosotros.

En el capítulo, hemos analizado los objetos cuadrículas de corrección con los que podemos modelar de una forma más suave.

Para terminar, se han comentado los objetos Muelle y Amortiguador, que poseen propiedades dinámicas.

Capítulo 11

Efectos especiales

En este capítulo aprenderá:

- A enlazar los objetos a efectos especiales.
- A crear efectos de bomba, gravedad, viento...
- A utilizar modificadores bajo las propiedades de los efectos especiales.

Introducción

En este capítulo, vamos a estudiar objetos que nos van a permitir añadir efectos especiales, tanto a los objetos como a los sistemas de partículas ya creados.

Aprenderemos a aplicar viento, gravedad, explosiones, deflectores, etc.

Estos sistemas efectos espaciales se aplican sobre objetos ya creados y se vinculan a ellos.

Están dentro del panel Crear, en la categoría Efectos especiales y poseen cuatro subcategorías: Fuerza, Deflectores, Geométrico/Deformable y Basado en Modificador.

Efectos especiales

Los Efectos especiales son objetos no representables y su función es afectar el aspecto de otros objetos.

Para acceder a Efectos especiales, hacemos clic sobre el icono **Efectos especiales**, que se encuentra en las categorías del panel Crear.

Para trabajar con los Efectos especiales, debemos seguir los siguientes pasos:

1. Creamos el efecto especial, más bien la representación (gizmo), el icono del efecto especial, al que le ajustamos sus parámetros.
2. Enlazamos los objetos que van a sufrir ese efecto al objeto Efecto especial.

Dentro de esta categoría de objetos, encontramos cuatro subcategorías:

- Fuerza: Son efectos especiales que se utilizan para afectar a sistemas de partículas u objetos dinámicos.
- Deflectores: Se utilizan para deflectar (rebotar) partículas o afectar a los objetos dinámicos.
- Geométrico/Deformable: Sirven para deformar la geometría de algún objeto.
- Basado en modificador: Son efectos especiales que podemos realizar desde el panel Modificar.

Vamos a ver cada uno de los distintos tipos de objetos, pero antes comentaremos cómo se realiza el proceso Enlazar a efecto especial.

Enlazar objetos

Una de las opciones que presenta la barra de herramientas es la posibilidad de enlazar una acción, en este caso un efecto especial, con un objeto. De esta forma, el objeto enlazado sufre el Efecto especial.

Para enlazar dos objetos, debemos tener creado, por una parte, el efecto especial y, por otra, el objeto u objetos a los que deseemos enlazárselo.

Seleccionamos el icono **Enlazar a efecto especial**, después seleccionamos el objeto Efecto especial y arrastramos hasta soltarlo encima del objeto al que deseemos enlazarle el efecto.

Pasamos ahora a analizar cada uno de los diferentes efectos especiales agrupados por sus subcategorías.

Fuerzas

En la figura 11.1 tenemos una imagen con los distintos objetos que podemos crear dentro de este apartado.

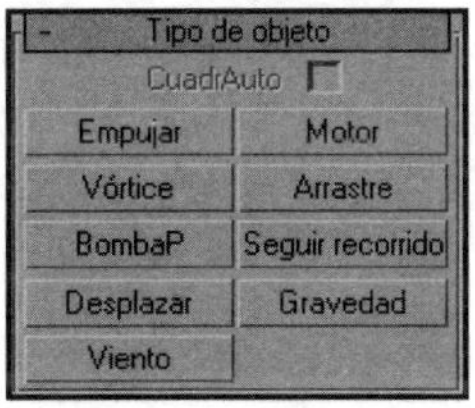

Figura 11.1. Objetos Fuerzas

Empujar y Motor

Estos dos efectos afectan a la dinámica de los objetos simulando fuerzas y son muy parecidos:

- Empujar: Nos permite aplicar una fuerza constante en una dirección determinada durante un tiempo especificado. Esta fuerza puede variar con el tiempo, controlando los parámetros del área Variación periódica.
- Motor: Es igual que Empujar, pero aplica la fuerza en una dirección rotativa, haciendo girar las partículas o los objetos alrededor de un punto, que corresponde con el centro del icono de representación del objeto Motor.

El método de creación de estos objetos es bastante sencillo y se realiza por el arrastre del ratón dentro del visor. Recordamos que para que tengan efecto los parámetros que apliquemos a estos objetos, éstos deben estar enlazados al objeto o sistema de partículas que deseemos.

Los parámetros que presentan son básicamente los mismos:

- Sincronización: En esta área encontramos los cuadros en los que el efecto especial inicia y termina su acción. Estos cuadros van relacionados con los cuadros de la animación.
- Control de intensidad: Permite especificar las propiedades de fuerza, unidades de medida de cada uno de los efectos. Así, en Motor, nos encontraremos con opciones para establecer las unidades de trabajo del momento básico del motor, mientras que en Empujar podremos elegir entre Newtons o Libras.
- Variación periódica: Estos valores introducen variaciones en la fuerza, que afectan a los valores indicados en Control de intensidad.
- Rango de efectos de partículas: Permite restringir el efecto del Motor o de Empujar a un volumen específico. Este parámetro sólo está activo cuando enlazamos el efecto a un sistema de partículas.
- Mostrar icono: Zona en la que podemos indicar el tamaño del icono y si lo mostramos, o no.

Vórtice

Este efecto especial se enlaza con sistemas de partículas. Aplica una fuerza a las partículas, que las hace girar como un remolino y, a continuación, pasar por un conducto largo y estrecho.

Podremos utilizar este efecto especial para simular torbellinos, tornados, etc.

Los parámetros que encontramos se dividen en cuatro apartados básicos:

- Sincronización: Es el inicio y el fin de acción del efecto, medido en cuadros.
- Forma de vórtice: Como su nombre indica, permite establecer la forma del objeto.
- Captura y movimiento: Establece, por una serie de parámetros, cómo se van a comportar las partículas una vez enlazadas al objeto.
- Presentación: Controla el tamaño y la visualización, o no, del objeto.

Arrastre

Arrastrar sirve para atenuar el movimiento de las partículas.

Esta amortiguación se puede aplicar de forma lineal, esférica o cíclica. Podemos utilizar este tipo de efecto especial para simular fricciones de partículas con el viento, etc.

Según el tipo de amortiguación que designemos, vamos a definir unos parámetros u otros. Lo que sí encontramos en común es el área Sincronización y Presentación.

BombaP

El objeto BombaP crea el efecto de una explosión en un sistema de partículas.

Los parámetros del objeto están en la persiana Parámetros básicos, que posee estas opciones:

- Simetría de choque: Determina la forma que tomará la onda expansiva.
  1. Esférico: La expansión de las partículas va desde el icono **BombaP** hasta todas las direcciones. La representación de este objeto en el visor es una bomba, al estilo de las que podemos ver en los dibujos animados.
  2. Cilíndrico: Parte desde un eje hasta el exterior, en lugar de un punto, como ocurría en la opción anterior. En este caso, la representación del objeto es un cartucho de dinamita.
  3. Plano: El efecto de expansión parte perpendicularmente desde el plano del icono. Tiene como representación un plano con una flecha en el centro.
  4. Caos: Establece una alteración para que las fuerzas de choque varíen para cada partícula o cuadro.
- Parámetros de explosión:
  1. Inicio: Es el cuadro de animación en el que comienza la explosión.
  2. Duración: Es el número de cuadros durante los que se aplica la fuerza.
  3. Fuerza: Es la velocidad con la que se separan las partículas desde el icono.
  4. Rango ilimitado: Con esta opción, deshabilitamos el efecto del rango.
  5. Lineal: Con esta opción activada, el rango se aplica de forma lineal.
  6. Exponencial: El rango sufre un efecto exponencial.

7. Rango: Es la distancia máxima a la que afecta el sistema de partículas.

- Mostrar icono: Controla la representación del icono en pantalla. Los parámetros son Tam Icono e Indicador de rango, que varían el tamaño y especifican si se muestra, o no, el objeto.

Seguir recorrido

Con este efecto, las partículas siguen el recorrido de una spline. Este objeto posee estos parámetros:

- Recorrido actual: Designamos en esta zona el objeto forma del recorrido.
- Movimiento de partículas: Establecemos el movimiento que van a realizar las partículas durante el recorrido de la spline.
- Sincr Movimiento: Ésta es la zona designada para establecer la vida de las partículas, el cuadro de animación en el que empiezan el recorrido, etc.

Desplazar

Este efecto especial desplaza los objetos que tenga enlazados, como si de un campo de fuerza se tratase. Este efecto podemos aplicarlo también a los sistemas de partículas.

La persiana que vamos a comentar es la denominada Parámetros, de la que trataremos algunas opciones básicas:

- Desplazamiento: La utilizaremos para controlar las opciones básicas del desplazamiento.
  1. Fuerza: Este parámetro hace que la geometría del objeto se desplace para alejarse del icono **Desplazar**.
  2. Caída: Igual que lo comentado para este parámetro en los demás efectos especiales.
- Imagen: Permite seleccionar la imagen mapa de bit a partir de la que se va a realizar el desplazamiento. Las partes de la imagen que tengan color blanco no forzarán un desplazamiento.
- Mapa: Especifica la forma y dimensiones del objeto Desplazar.
- Plano, Cilíndrico, Esférico y Ajuste+contracción: Son las distintas formas que toma el objeto.
- Longitud, Anchura y Altura: Son las dimensiones del área de trabajo del efecto especial. Cuando el tipo es plano, la altura no tiene utilidad.

Gravedad

Con este objeto, simulamos el efecto de la gravedad, aplicándolo a un sistema de partículas. Los parámetros a controlar son:

- Intensidad: Presenta los siguientes parámetros:
    1. Fuerza: En este contador establecemos la fuerza de la gravedad.
    2. Caída: Con esta opción controlamos la disminución del efecto Gravedad. Cuando marcamos un valor alto en este parámetro, la fuerza disminuye a medida que las partículas se alejan del objeto Gravedad.
    3. Plano: Al seleccionar esta opción, que es la definida por defecto, la gravedad se produce de forma perpendicular al plano y en toda la escena.
    4. Esférico: En esta otra posibilidad, el efecto se produce de forma centrada. Cuando lo activamos, el icono **Gravedad** cambia a forma esférica.
- Presentación:
    1. Indicadores de rango: Si activamos esta casilla de verificación y el valor del contador Caída es superior a 0, se representa en el visor el rango donde la fuerza de gravedad es la mitad del valor máximo.
    2. Tam icono: Es el tamaño del objeto Gravedad, que simplemente afecta a su representación en el visor.

Viento

Con este objeto logramos simular el efecto del viento sobre un sistema de partículas que tengamos enlazado. La forma de creación y gestión de este objeto es similar a la del objeto Gravedad, salvo en que contiene el área Viento, de la que vamos a comentar sus tres parámetros:

- Turbulencia: Hace que las partículas cambien de dirección de forma aleatoria a medida que son desplazadas por el viento.
- Frecuencia: Permite que la turbulencia varíe su valor con respecto al tiempo.
- Escalar: Modifica la turbulencia, haciendo que sea más irregular a medida que aumenta este parámetro.

Deflectores

La gama de objetos que podemos obtener en esta subcategoría se pueden apreciar en la figura 11.2.

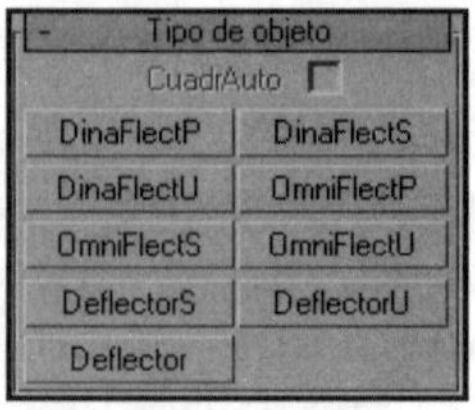

Figura 11.2. Tipos de objetos Deflectores

DinaflectP

El objeto deflector dinámico plano permite que las partículas afecten a objetos en una situación dinámica. Podemos simular, con este efecto especial, el chorro de una manguera derribando unos objetos. También podemos usarlos como simples deflectores sin ninguna carga dinámica.

Los parámetros (figura 11.3) que poseen estos objetos son:

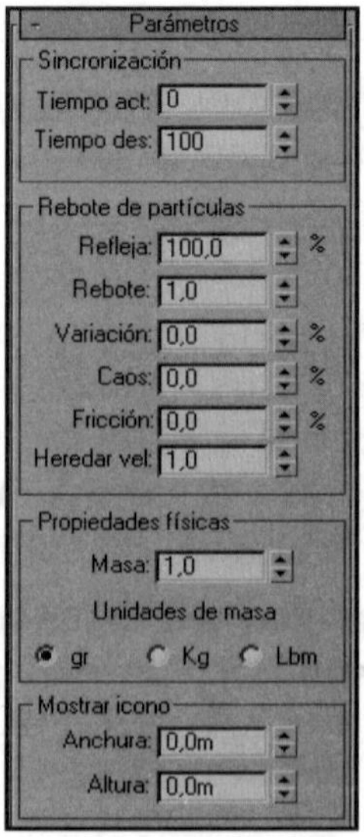

Figura 11.3. Parámetros de objeto DinaflectP

- **Sincronización**: Posee dos contadores para especificar los cuadros inicial y final del efecto de deflexión.
- **Rebote de partículas**: En esta zona controlamos los parámetros que afectan a la reflexión de las partículas.
  1. **Refleja**: Marca el porcentaje de partículas que se van a reflejar.
  2. **Rebote**: Especifica qué cantidad de la velocidad inicial de la partícula se mantiene después de la colisión con el objeto DinaflectP.
  3. **Variación**: Establece la variación del valor del parámetro **Rebote**.
  4. **Caos**: Aplica una variación aleatoria al ángulo de rebote.
  5. **Fricción**: Es el valor al que se ralentizan las partículas a medida que se desplazan por el deflector. Un valor 0 significa que no pierden velocidad, con un valor 50 perderían la mitad de su velocidad.
  6. **Heredar vel**: Marca la velocidad de las partículas reflejadas.
- **Propiedades físicas**: Encontramos las opciones siguientes:
  1. **Masa**: Especifica la masa de la partícula, en diferentes unidades.
  2. **Unidades de masa**: Tenemos tres posibilidades: Gramo, Kg. y Libra masa.
- **Mostrar icono**: **Anchura/Altura**, son dos contadores que indican la anchura y altura del icono de representación del objeto.
- **Calidad de colisión**: Es un parámetro de calidad, que hace que los cálculos de la colisión se realicen más rápidos y menos precisos, o más lentos y con más calidad.

DinaflectS

Este objeto es igual que el anterior, sólo que ahora el deflector tiene forma esférica.

DinaflectU

El tercero de los tipos de objetos. Es el deflector dinámico universal que permite seleccionar cualquier geometría como deflector.

En este caso, sólo encontramos un área en la que debemos especificar el objeto que va a usarse como deflector.

OmniflectP

Es una versión mejorada de los tres objetos Deflector, ya que nos permite controlar un mayor número de parámetros.

- **Sincronización**: Posee los mismos parámetros que para los objetos DinaflectP.
- **Reflexión**: Igual que lo comentado en el objeto DinaflectP.
- **Refracción**: En esta zona, controlamos los parámetros del comportamiento de las partículas al atravesar el objeto OmniflectP.
  1. **Refracta**: Especifica el porcentaje de partículas a refractar.
  2. **Vel paso**: Establece la velocidad inicial de una partícula después de atravesar el objeto.
  3. **Variación**: Este contador controla la variación de **Velocidad de paso**.
  4. **Distorsión**: Especifica el ángulo de salida de las partículas tras la refracción. Un valor 0 indica que no hay refracción y un valor 100 hace que las partículas salgan paralelas a la superficie de OmniflectP.
  5. **Variación**: Establece una variación del efecto **Distorsión**.
  6. **Difusión**: Aplica una difusión a la refracción, modificando el ángulo de distorsión de cada partícula.
  7. **Variación**: Especifica una variación del valor **Difusión**.
- **Común**: presenta un solo parámetro que se aplica a la refracción y a la reflexión.
  1. **Heredar vel**: Establece la velocidad de salida de las partículas después de tocar el objeto OmniflectP.
  2. **Fricción**: Este parámetro se comporta igual que en el objeto DinaflectP.
- **Sólo efectos de multiplicación**:
  1. **Vástagos**: Especifica el porcentaje de partículas a las que se les van a aplicar los efectos de multiplicación.
  2. **Vel paso**: Es un contador para indicar la velocidad de la partícula al pasar por OmniflectP.
  3. **Variación**: Controla una variación en la velocidad.
- **Mostrar icono** y **Calidad de colisión**: Igual a lo comentado anteriormente en el objeto DinaflectP.

OmniflectS y OmniflectU

Igual que ocurría con los objetos DinaflectS y DinaflectU, tenemos en este caso los objetos OmniflectS y OmniflectU, respectivamente.

La forma de trabajar es la misma, sólo que uno es de forma esférica y en el otro podemos determinar la geometría que deseamos usar.

Deflector

La utilización de este objeto nos ofrece la posibilidad de repeler las partículas.

La persiana Parámetros posee las siguientes opciones, algunas de las cuales ya han sido comentadas:

- Rebotar: Define la velocidad de rebote de las partículas. Si su valor es 1, rebotan a la misma velocidad que tenían cuando llegaron al objeto Deflector. Valores mayores que 1 aumentan la velocidad y valores menores la disminuyen.
- Anchura y Longitud: Establecen las dimensiones del objeto.

DeflectorU y DeflectorS

El DeflectorU es igual que el objeto Deflector, pero nos permite seleccionar el objeto que va a ser usado como deflector de las partículas. Los parámetros son los mismos que en el objeto Deflector, con estas diferencias:

- Deflector basado en objeto: Pulsaremos el botón **Designar objeto** para elegir el objeto que usaremos como deflector.
- Rebote de partículas:
  1. Rebote: Es la velocidad de rebote de las partículas. El criterio es el mismo que para el objeto Deflector.
  2. Variación: Es la variación que podemos aplicar al rebote.
  3. Caos: Es la variación en la dirección de salida de las partículas tras el rebote. Con un valor 0 realizamos una reflexión perfecta y a mayores valores la deformamos.
  4. Fricción: Establece el tipo de fricción que sufren las partículas al rebotar en la superficie del objeto deflector.
  5. Heredar vel: Cuando tengamos un deflector que lleve asociado un movimiento, éste será heredado por las partículas en el porcentaje especificado dentro del contador que estamos tratando.

El DeflectorS es un deflector esférico de partículas, que queda determinado por su diámetro. Sus parámetros son los mismos que los de DeflectorU.

Geométrico/Deformable

En la figura 11.4 tenemos los distintos objetos que podemos crear dentro de este apartado.

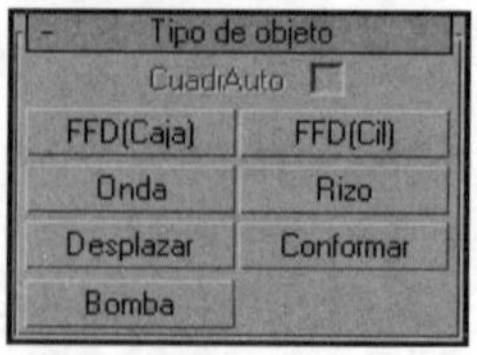

Figura 11.4. Objetos tipo Geométrico/Deformable

FFD (Caja)

Mediante este efecto especial tenemos la posibilidad de modificar un objeto, adaptándolo a la forma que posea el objeto Efecto especial FFD (Caja) que vamos a crear.

Cuando desplazamos el objeto sobre el efecto especial, o el efecto especial sobre el objeto, es cuando apreciamos esta deformación.

El objeto FFD (Caja) es una caja de XxYxZ, puntos de celosía, dimensiones cúbicas y que posee un determinado número de vértices que corresponden a X en longitud, Y en anchura y Z en altura. Estos vértices son deformables a nivel de subobjeto, es decir, partimos de un cubo que puede sufrir una deformación.

A continuación, vamos a comentar el contenido de la persiana Parámetros de FFD:

- Dimensiones: En esta zona de la persiana, ajustamos las dimensiones de la caja original y definimos el número de vértices de la celosía. Posee los siguientes parámetros:
  1. Longitud/Anchura/Altura: Estos tres parámetros controlan las dimensiones de la caja de celosía.
  2. Justamente debajo de los parámetros se encuentra la información del número de vértices que por defecto está establecido en 4x4x4.
  3. **Establecer número de puntos**: Este botón abre el cuadro de diálogo que nos permite introducir el número de puntos de la celosía. Los puntos se establecen, dentro del cuadro, en los parámetros de Longitud, Anchura y Altura.
- Mostrar: Esta área afecta a la representación del objeto FFD en los visores. Existen dos opciones:
  1. Celosía: Esta opción, cuando está activada, muestra el objeto con sus vértices, señalados por cuadrados, y con las líneas que unen

esos puntos. Si está desactivada, sólo aparecen en el visor los puntos de los vértices.

2. Volumen de origen: Muestra la posición de los vértices de la celosía antes de sufrir alguna transformación, es decir, nos muestra el objeto FFD antes de modificar sus vértices a nivel de subobjeto.

- Deformar: En esta zona especificamos qué vértices del objeto al que le estamos aplicando el efecto especial van a sufrir dicho efecto. Las posibilidades son:
  1. Sólo en volumen: Con esta opción, solamente se deforman aquellos vértices que quedan dentro del volumen original de la celosía creada, y los que quedan fuera no sufren deformación ninguna. El volumen original de la celosía se representa activando la opción Volumen de origen.
  2. Todos los vértices: Con esta opción, la deformación la sufren todos los vértices del objeto. Al activar esta opción, se muestra accesible el contador Atenuar.
  3. Atenuar: Sirve para establecer una distancia relativa a la celosía. Los vértices que se encuentren a esa distancia sufrirán modificación. Para un valor 0 no hay atenuación, es decir, todos los vértices sufrirán modificación independientemente de la distancia a la que se encuentren de la celosía.
  4. Tensión: Ajustamos la tensión de las splines de deformación que pasan por los vértices de la celosía y que son las que deforman la geometría. Estas curvas no se ven.
  5. Continuidad: Controlan la continuidad de las splines.
- Selección: Esta área posee tres botones que nos permiten seleccionar los vértices de la celosía, según esos criterios:
  1. **Todo X**: Con esta opción activada, cada vez que queramos seleccionar un vértice de la celosía, a nivel de subobjeto, quedarán seleccionados todos los vértices de la celosía que posean la misma X.
  2. **Todo Y**: Ocurre lo mismo que antes, pero con la coordenada Y.
  3. **Todo Z**: El mismo efecto para la coordenada Z. Podemos seleccionar más de un botón a la vez. Así, si seleccionamos los tres, seleccionaremos todos los que tengan o la misma X o la misma Y o la misma Z.

Para crear un objeto FFD (Caja) y ver el efecto de deformación, debemos desplazar el Efecto especial por encima del objeto a deformar que tengamos previamente enlazado.

FFD (Cil)

Es un objeto FFD como el anterior, con la diferencia de que tiene forma cilíndrica. En este caso hay que introducir **Radio** y **Altura del cilindro**. Cuando establezcamos el número de puntos que forman la celosía, definimos los puntos en: **Lateral**, **Radial** y **Altura**.

Onda

Con este objeto de Efecto especial, creamos ondas que podemos asociar a los distintos objetos, dándoles sensación de una ola.

La persiana **Parámetros** posee las opciones de control del objeto que detallamos seguidamente:

- **Onda**: Esta zona controla los valores de la onda por medio de los parámetros:
    1. **Amplitud 1 y 2**: Definen la amplitud de la onda.
    2. **Long Onda**: Es la longitud de la onda.
    3. **Fase**: Sirve para desfasar la onda desde su origen al centro del objeto onda. Los valores enteros no alteran la forma de la onda, sólo afectan los valores fraccionarios.
    4. **Caída**: Con este parámetro modificamos la amplitud a lo largo del espacio. Con un valor de Caída 0, siempre tiene la misma amplitud. Si el valor aumenta, la amplitud disminuye.
- **Presentación**: Controla cómo aparece el icono de representación de la onda.
    1. **Lados**: Es el número de lados que posee la onda a lo largo del eje local X.
    2. **Segmentos**: Es el número de lados a lo largo del eje Y.
    3. **Divisiones**: Modifica el tamaño del objeto Onda. Mientras mayor sea el valor de la división, menor tamaño tiene el objeto Onda.

Una vez creado el objeto Onda, éste debe ser enlazado a un objeto para ver su efecto. Podemos ver un ejemplo de objeto Onda en la figura 11.5.

Rizo

Con esta opción creamos el efecto de un rizo. La forma de trabajar es similar a la indicada para los demás objetos Efectos especiales.

Los parámetros que podemos controlar se encuentran dentro de la persiana **Parámetros**:

- Rizo:
    1. Amplitud 1 y 2: El primero define la amplitud del rizo a lo largo del eje local X y el segundo a lo largo del eje Y. Se expresan en las unidades que tengamos activas.
    2. Long onda: Define la longitud de onda.
    3. Fase y Caída: Son los mismos parámetros que en el caso del objeto Onda.
- Presentación: En esta zona controlamos la representación del objeto Rizo.
    1. Círculos: Es el número de círculos concéntricos que tiene el icono **Rizo**.
    2. Segmentos: Es el número de divisiones de forma radial que encontramos en el icono.
    3. Divisiones: Se comporta igual que este mismo parámetro en el objeto Onda.

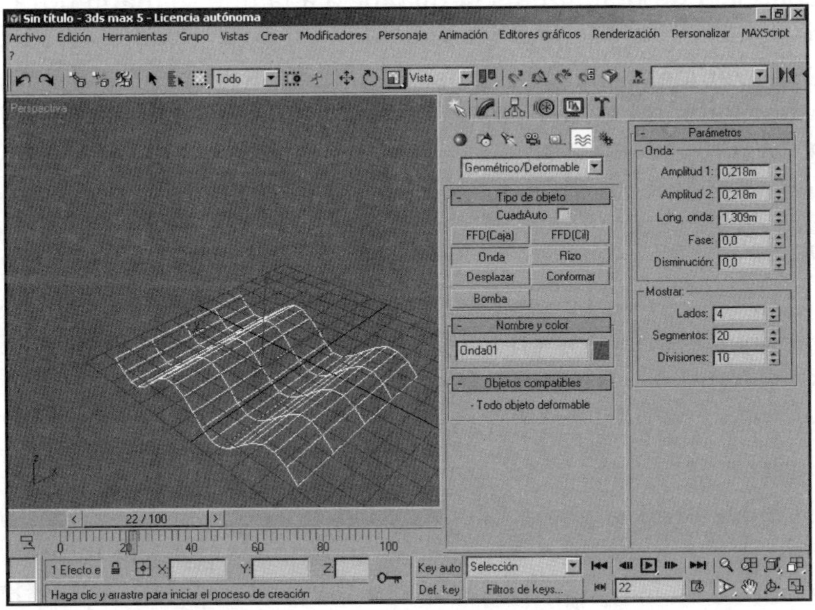

Figura 11.5. Ejemplo de objeto Onda

Conformar

Este efecto modifica el objeto que tenga enlazado, empujando sus vértices en la dirección que nosotros establezcamos en el icono, hasta que llegue al objeto que determinamos como destino, o sus vértices se desplacen una longitud determinada.

Las opciones que tenemos son:

- Ajustar a objeto: Aquí se elige el objeto destino.
  1. Designar objeto: este botón nos permite seleccionar de la escena el objeto que va a ser el destino de los objetos enlazados al efecto especial.
  2. Objeto: No es un parámetro que podamos controlar, pero nos suministra información sobre el nombre del objeto que tenemos seleccionado como destino.
- Mover vértices: Afecta al movimiento de los vértices.
  1. Distancia proyección predet: Es la longitud de desplazamiento que efectuará un vértice del objeto enlazado, si no encuentra el objeto destino en ese recorrido.
  2. Distancia de reserva: Es la distancia a la que se mantendrá el objeto enlazado desde la superficie del objeto destino.
  3. Usar vértices seleccionados: Permite aplicar el efecto sólo al conjunto de vértices del objeto enlazado que tengamos seleccionado, a nivel de subobjeto.
- Presentación: Sirve para especificar el tamaño del icono.

Bomba

Este último efecto en la categoría Geométrico/Deformable nos permite descomponer los objetos en caras individuales, dando la sensación de una explosión. Los parámetros del objeto Bomba son:

- Explosión: Controla los parámetros de la explosión:
  1. Fuerza: Establece la fuerza de la detonación.
  2. Giro: Determina el giro de las partículas que surgen tras la explosión. La unidad de medida es revoluciones por segundo.
  3. Atenuar: Es la distancia que existe entre el objeto Bomba y el objeto enlazado para que se aplique la detonación. A las partes de los objetos que se encuentren a mayor distancia de la establecida en la atenuación no les afectarán ni el parámetro Fuerza ni el Giro, pero sí el parámetro Gravedad.
  4. Atenuación act: Con esta opción activada, usamos el contador Atenuar. En el visor podemos apreciar la atenuación como una esfera

amarilla con tres aros. La parte del objeto que se encuentre dentro de esa esfera sufrirá la atenuación.

- Tamaño fragmento: En esta área encontramos dos parámetros que definen el número de caras que formarán el fragmento.
  1. Mín: Es la cantidad mínima de caras.
  2. Máx: Define el número máximo de caras por fragmento.
- General: Introduce algunos parámetros generales:
  1. Gravedad: A las partículas de la explosión podemos asignarles una gravedad de caída en dirección del eje Z, y ésta es la cantidad que especificamos en este contador.
  2. Caos: Aquí establecemos una cantidad que nos permite salirnos de la norma en el parámetro Gravedad, es decir, establecemos una variación aleatoria en la gravedad de cada fragmento. Los valores pueden oscilar entre 0, que significa que en todas las partículas la gravedad son uniformes, y 10.

Nota

El valor 1 en el contador Caos *genera una explosión que resulta bastante real.*

  3. Detonación: Indica en qué cuadro de la animación se va a realizar la explosión.
  4. Núcleo: Muchos de los parámetros de la bomba, como el número de fragmentos, la posición de los fragmentos, etc., son calculados por el programa de forma aleatoria. Cada vez que modificamos el parámetro Núcleo, establecemos otra combinación aleatoria para el objeto Bomba.

El proceso de creación de un objeto Bomba es igual que para cualquier objeto Efecto especial.

La forma de representar el icono **Bomba** es una pirámide que siempre tiene el mismo tamaño. La figura 11.6 muestra un objeto Bomba.

Basados en modificador

Los objetos Basados en modificador son los mismos que se tratarán en el apartado dedicado a modificar objetos (capítulo 14).

Figura 11.6. Ejemplo objeto Bomba

Resumen

Cómo iban a faltar en un programa de animación de vídeo en tres dimensiones los efectos especiales. No son elementos que posean una representación gráfica o en la renderización, ya que son simplemente un gizmo.

Por sí solo, un objeto efecto especial no tiene ninguna utilidad, es decir, para que veamos su resultado debe enlazarse a un objeto o conjunto de ellos. En la primera parte del capítulo, hemos visto cómo se realiza ese enlace.

Los efectos especiales que hemos analizado se dividen en diferentes categorías según el tipo de efecto que realicen. Hemos analizado todos los tipos, menos los **Basados en modificador**, ya que los comentaremos en el capítulo 14. Aunque los tratemos como modificadores, y no como efecto especial, sus parámetros de trabajo son los mismos.

Capítulo 12

Formas y superficies NURBS

En este capítulo aprenderá:

- Qué son, y cómo se usan las NURBS.
- A crear formas y superficies NURBS.
- A modificar y editar los objetos NURBS creados.

Introducción

Para terminar con el grupo de objetos de creación de geometrías, trataremos los objetos NURBS.

Dentro de este capítulo, veremos curvas y superficies de este tipo de objetos.

Antes de empezar el capítulo, queremos resaltar la importancia de estas herramientas, que son utilizadas por una gran mayoría de programas de tres dimensiones, que usan estos objetos para el modelado.

Dentro del panel Crear podemos elegir objetos NURBS, tanto en el apartado Geometría, en el que crearemos superficies, como en el apartado Formas, donde obtendremos curvas.

El término *NURBS* proviene del inglés *Non-Uniform Rational B-Splines,* es decir, B-splines racionales no uniformes, y son las principales herramientas de modelado dentro de *3ds max*.

Tanto las superficies como las curvas están basadas en este tipo de splines, que son más completas y complejas en su tratamiento que las curvas splines que ya conocemos.

Curvas NURBS

La creación de curvas NURBS se realiza desde el panel Crear, en la categoría Forma y con la subcategoría Curvas NURBS. Una vez que accedemos a ese panel, aparecen los distintos tipos de curvas que podemos realizar.

Existen dos tipos de curvas: **Curvas Puntos** y **Curvas VC**.

Curva puntos

Cuando seleccionamos del panel Crear este tipo de curva, se despliegan las opciones de creación que podemos ver en la figura 12.1.

El proceso es similar al de las curvas splines y sus parámetros también son los mismos.

Cuando creamos este tipo de curva, cada vez que marcamos con el ratón en el visor activo, establecemos el punto por el que tiene que pasar la curva.

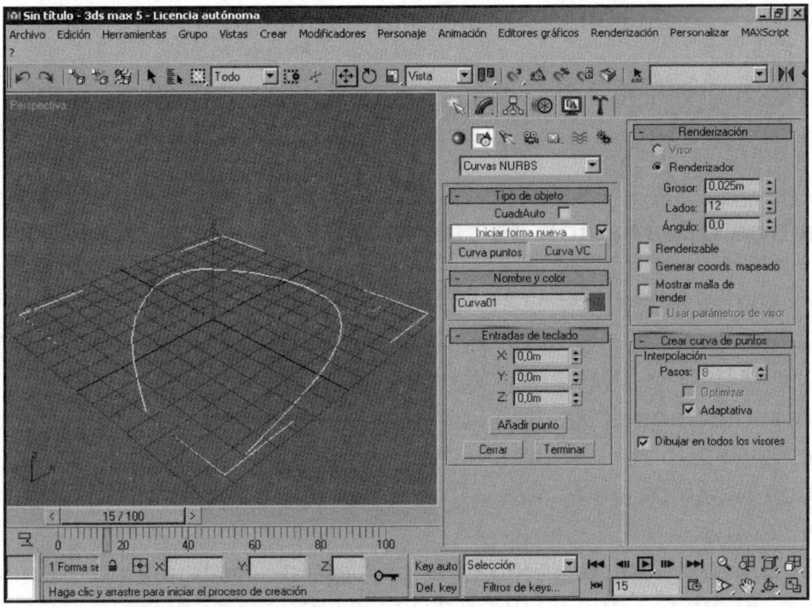

Figura 12.1. Opciones de creación de un objeto Curva Puntos

Truco

*Si pulsamos la tecla **Control** mientas marcamos un punto de la curva, aparecerá una línea discontinua en color rojo desde el punto seleccionado, que nos permitirá, con el desplazamiento del ratón, ubicar el nuevo punto en una cota Z distinta al plano de creación. De esta forma podemos crear curvas NURBS en tres dimensiones.*

Como en las splines, se pueden representar estableciendo un grosor dentro de las opciones de creación.

De igual manera que sucedía en las curvas splines, si durante el proceso de creación de una curva establecemos un punto de la curva en el punto de inicio, el ordenador lanzará un mensaje preguntándonos si deseamos cerrar la curva.

Curva VC

Son curvas en las que se controla la entrada de los vértices VC. Estos puntos no se encuentran en la curva, sino que definen una estructura de celosía que abarca la curva.

Cada punto VC tiene un peso, que, una vez modificado, nos permite ajustar la curva.

El proceso de creación de este tipo de curvas es el mismo que el usado para las curvas splines, con la diferencia de que en este caso marcamos los puntos VC.

Parámetros de creación de curvas VC

Son los mismos que en **Curvas puntos** y los comentamos a continuación:

- Interpolación: En esta zona podemos cambiar la precisión y el tipo de aproximación de la curva a los puntos VC.
- Representación: Es un área con las mismas opciones que las comentadas en las splines.

Existe una persiana dedicada a la entrada de los puntos de la curva por teclado.

Como hemos podido comprobar, el proceso de creación, no el comportamiento, es el mismo que en el caso de las curvas splines.

Curvas dependientes

No son otro tipo de curvas, en realidad, son subobjetos de curva, cuya geometría depende de otras curvas o puntos del objeto NURBS creado. De esta forma, establecemos una pequeña jerarquía, gracias a la cual, al modificar los objetos ascendentes originales, la curva dependiente también se verá transformada.

Crearemos una curva dependiente cuando accedamos a los comandos Modificar y obtengamos la barra de herramientas de objetos NURBS (figura 12.2).

Nota

Si esta barra no aparece al acceder al panel Modificar *con un objeto NURBS seleccionado, debemos activarla haciendo clic en el icono* ***Herramientas creación de NURBS****, situado a la derecha del área* Presentación*, en la persiana* General.

Con este conjunto de herramientas podremos crear las curvas dependientes que deseemos.

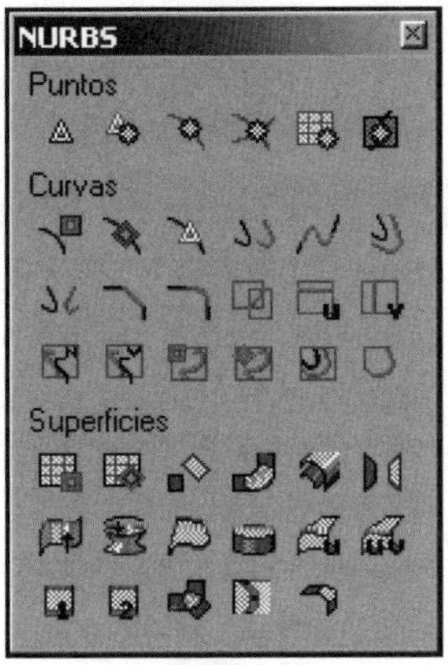

Figura 12.2. Barra de herramientas creación de NURBS

Seguidamente, vamos a detallar cada uno de los botones que tenemos relacionados con la creación de curvas y puntos. Posteriormente, comentaremos aquellos en los que intervenga una superficie.

Asociación de curvas

Cuando desplegamos el panel Modificar y tenemos seleccionada una curva NURBS, se abre la persiana General, en la que encontramos el botón **Asociar**.

Asociar nos permite unir varias curvas o superficies NURBS en una, formando un solo objeto.

Usaremos esta opción cuando queramos crear intersecciones entre curvas, recortar superficies con curvas, etc., ya que las curvas o superficies que forman parte de las operaciones comentadas deben estar dentro de un mismo objeto.

Para asociar varios objetos NURBS dentro de uno de ellos, debemos seleccionar el primero y, desde el panel Modificar, marcar la opción **Asociar** e ir seleccionando en el visor aquellas curvas NURBS que deseemos asociar.

Las curvas que seleccionemos pasarán a formar parte de la que estemos modificando y se encontrarán con el mismo nombre y color.

Herramientas de creación de curvas NURBS

El comportamiento de la caja de herramientas se rige por las siguientes pautas:

Con el botón activado se tendrá presente la caja de herramientas, siempre que tengamos seleccionado un objeto NURBS y accedamos al panel Modificar.

Desaparecerá al seleccionar otro objeto de geometría distinta o al desplazarnos a otro panel que no sea Modificar.

Dentro de la caja de herramientas, encontramos tres grupos: Puntos, Curvas y Superficies. Estas mismas opciones se encuentran en las persianas del panel Modificar y se denominan: Crear Puntos, Crear Curvas y Crear Superficies.

Nota

Cada vez que seleccionamos una opción en la barra de herramientas NURBS, en el panel Modificar *se despliegan las opciones correspondientes. Muchas de las herramientas van a requerir que miremos hacia esa parte de la pantalla para conseguir los resultados deseados, es decir, no todo se puede conseguir con el arrastre con el ratón.*

Puntos

En esta parte de la caja de herramientas encontramos las siguientes posibilidades:

- **Punto**: Por medio de esta opción podemos crear un objeto ayudante **Punto**, ya comentado en capítulos anteriores. Para crear un objeto **Punto**, sólo debemos seleccionar el botón en la barra de herramientas y marcar con el ratón en la zona del espacio donde queramos ubicar el punto que toma forma de triángulo. Este objeto sólo sirve de referencia dentro del espacio 3D.
- **Punto desfasado**: Con esta opción, creamos un punto dependiente, colocado sobre un punto o relacionado con él. Cuando la activamos, el cursor nos permite crear un punto, que depende de otro de forma jerárquica, siempre que nos coloquemos sobre un punto de la curva original. Al seleccionar el icono **Punto desfasado**, se despliega una persiana en el panel Modificar, denominada Punto desfasado, que nos permite establecer la ubicación del punto dependiente con respecto a su punto original.
- **Punto curva**: creamos, con esta opción, un punto dependiente situado sobre una curva o relacionado con ella. Al igual que con el objeto anterior, en este caso también se despliega una persiana llamada Punto

curva. Las opciones que presenta están relacionadas con la ubicación del punto dependiente que estamos creando y son:

1. Posición U: Es la coordenada de ubicación del punto a lo largo de la curva. El parámetro U es el eje local de la curva y es el único control de la ubicación del punto.
2. En curva: Indica que la posición del punto será en la propia curva.
3. Desfase: Establecemos, en las tres coordenadas, la distancia de desfase que va a sufrir la ubicación del punto con respecto a la posición U de la curva.
4. Normal: Posee un campo contador que desplaza el punto por la normal de la curva. Si introducimos valores negativos, su desplazamiento será en la dirección opuesta.
5. Tangente: Mueve el punto a lo largo de la tangente a la curva en la posición U.
6. Recorte: En esta área podemos recortar la curva desde su punto de origen hasta la posición U del punto dependiente. El valor, por defecto, está desactivado. La casilla de verificación **Voltear** nos permite cambiar el sentido de corte de la curva.

- **Curva-Curva**: Con este icono podemos crear un punto dependiente en la intersección de dos curvas.

Curvas

Desde este conjunto de botones, podremos crear curvas dependientes por medio de las siguientes opciones:

- **Curva VC**: Con este control creamos las Curvas VC, comentadas anteriormente.
- **Curva Puntos**: Crearemos las curvas NURBS por puntos, ya tratadas.
- **Curva de ajuste**: Con esta herramienta podemos crear una curva ajustada entre puntos que ya tengamos establecidos. El proceso de creación es el mismo que para una curva NURBS cualquiera, con la diferencia de que los únicos vértices posibles de la curva deben estar definidos previamente con las herramientas de puntos, comentadas en el apartado anterior. La curva que estamos creando será dependiente, en la medida en que lo sean los puntos elegidos para su creación.
- **Curva transformada**: Con esta opción crearemos una copia de una curva, en la que modificamos su posición o tamaño. La curva copia es una curva dependiente. En esta ocasión no accedemos a ninguna per-

siana específica. Para crear una curva por medio de la herramienta Curva transformada, debemos seleccionar la herramienta en cuestión y, seleccionada la curva en el visor, arrastramos el ratón hasta ubicar la nueva curva dependiente que estamos creando.

- **Curva mezclada**: Crearemos una curva que nos permita unir el extremo de una curva con el de otra. Mezclaremos curvas que sean del mismo tipo. La unión entre las dos curvas se controla con el parámetro Tensión, que establece la suavidad de unión. Para un valor de tensión alto, la unión es más suave. Para crear una curva mezclada, debemos arrastrar con la herramienta seleccionada desde el punto final de una curva al punto final de la otra. En esta opción se despliega la persiana Mezclar curva, que controla la Tensión y posee dos parámetros:
    1. Tensión 1: Controla la tensión en la arista de la primera curva que seleccionamos con el ratón.
    2. Tensión 2: Controla el valor del parámetro Tensión con respecto a la segunda curva.
- **Curva desfasada**: Crea una curva copia en el mismo plano de la original y con la que sufrirá únicamente un desfase. La curva dependiente creada es concéntrica con la original. La distancia de desfase se establece en las unidades que tengamos definidas.
- **Curva simétrica**: Con esta herramienta creamos una curva dependiente que será simétrica a la original. La forma de obtener la nueva curva es similar a la comentada en la creación de curvas dependientes, es decir, por el arrastre del ratón o por la persiana, que en este caso se despliega, denominada Simetría de curva. Además, en esta ocasión aparece en el visor un icono de color amarillo, que representa el eje de simetría. Si desplazamos o modificamos el icono del eje de simetría, se verá afectada la posición de la curva simétrica.
- **Curva achaflanada**: Con esta opción, realizamos una curva con forma de bisel entre dos curvas, que quedan de esta forma conectadas. Al activar el icono en cuestión, aparece la persiana Achaflanar curva, que posee los siguientes parámetros:
    1. Longitud 1 y Longitud 2: Establecen las distancias a las que se va a efectuar el chaflán desde la primera y la segunda curva seleccionadas, respectivamente. Si los valores de longitud no son válidos, aparece la unión de color naranja, que indica un error.
    2. Las áreas Recortar primera y segunda curva nos permiten controlar la forma del recorte entre las dos curvas.

- **Curva empalmada**: Su comportamiento es idéntico a la **Curva achaflanada**, pero en este caso crea una curva redondeada entre dos curvas ascendentes.

Superficies NURBS

Como comentamos al comienzo del capítulo, los otros tipos de geometría que podemos crear con la estructura NURBS son superficies.

Las superficies de este tipo las encontramos dentro del panel Crear, en su categoría Geometría y en la subcategoría Superficies NURBS, en la que aparecen los dos tipos posibles.

Este apartado lo vamos a desarrollar con la misma estructura con que hemos analizado las curvas NURBS.

Superficie puntos

La superficie NURBS creada por puntos es una superficie en la que los puntos se encuentran siempre sobre la superficie que estamos creando.

Al seleccionar el botón **Superficie puntos**, que se encuentra dentro de la subcategoría Superficie NURBS, se despliegan las opciones que aparecen en la figura 12.3.

Una vez creada la superficie, la podemos modelar desde el panel Modificar a nivel de subobjeto.

Los parámetros de creación de este tipo de objetos son:

- Entradas de teclado: Nos permite introducir los valores necesarios para crear el objeto sin realizar el arrastre del ratón.
- Crear parámetros: Aquí se encuentran los siguientes parámetros:
- Longitud y Anchura: Definimos el tamaño de la superficie.
- Puntos longitud y Puntos anchura: Es el número de puntos a lo largo y ancho de la superficie. Este valor puede variar entre 2 y 50 y el valor que tenemos como predeterminado es 4.

Superficies VC

Son superficies iguales a las anteriores, pero controladas por puntos VC. A diferencia de las Superficies puntos, los puntos VC no se encuentran sobre la superficie sino que, como ocurría en las curvas VC, definen una celosía de control.

Los parámetros y la forma de proceder para la creación de este tipo de superficies son los mismos que los comentados en el apartado **Superficies puntos**.

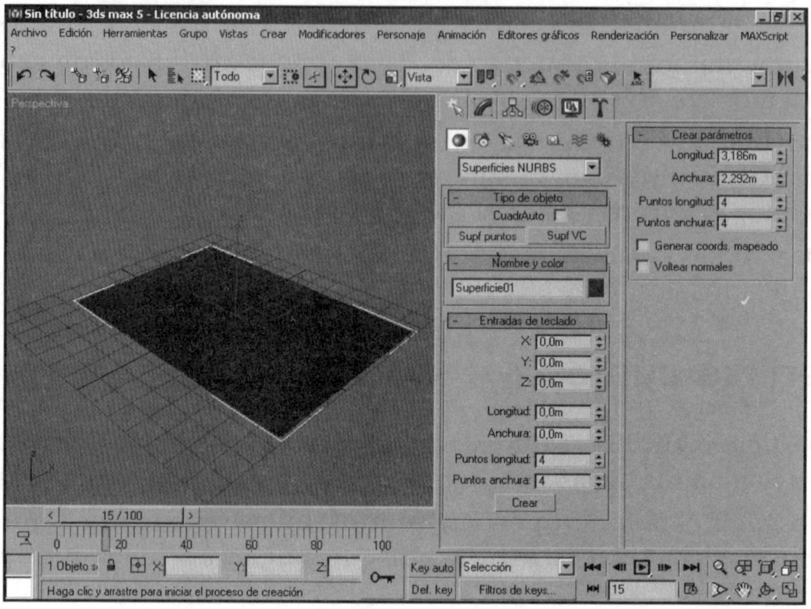

Figura 12.3. Parámetros de Superficie puntos

Superficies dependientes

En este mismo capítulo hemos tratado ya las curvas dependientes. Ahora vamos a analizar en este apartado, de forma similar, el tema de las superficies dependientes.

El comportamiento de cada una de estas superficies es el mismo que ya hemos comentado.

Para trabajar y crear este tipo de curvas, debemos proceder de igual manera que para obtener la barra de herramientas, que en este caso incorpora algunas novedades, que son las que vamos a detallar.

Para acceder a la barra de herramientas debemos tener seleccionada una superficie NURBS y seguir las mismas indicaciones que comentamos respecto a las curvas.

También podemos asociar en un solo objeto varias curvas y varias superficies. Para realizar esta operación, debemos seguir los pasos ya comentados en el apartado Asociar curvas.

Herramientas de creación de superficies NURBS

La barra de herramientas para la creación de superficies NURBS es la misma que la comentada en las curvas. Como podemos observar, existen tres apartados dentro de ese grupo de iconos. Ya hemos hablado de la mayoría de las funciones de los apartados Puntos y Curvas y, por tanto, no los comentaremos ahora.

Puntos

En este grupo de botones encontramos dos incorporaciones: **Punto de superficie** y **Punto de curva-superficie**.

- La herramienta **Punto de superficie** es muy similar a **Punto de curva**, pero referida a un punto dependiente de una superficie. En la figura 12.4 tenemos el panel de comandos que se despliega al seleccionar esta herramienta. En él podemos observar que la ubicación del punto con respecto a la superficie se realiza por dos valores, U y V. En la herramienta **Punto de curva** controlábamos sólo el parámetro U. En este caso, el valor U es el equivalente a la X y el valor V a la Y del sistema general de coordenadas. El resto de los controles nos permiten establecer un desfase desde la superficie hasta la definitiva ubicación del punto.

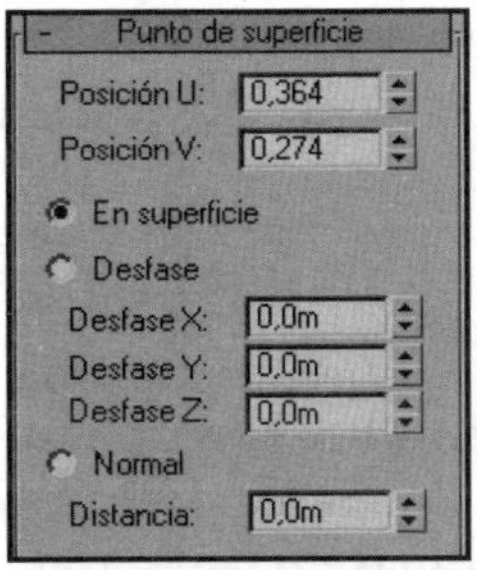

Figura 12.4. Parámetros objeto Punto de superficie

- **Punto de curva-superficie**: Crea un punto independiente en la intersección de un punto y una curva. Para ello, seleccionamos esta opción y marcamos la curva cuando tome un color azul, arrastramos hasta la superficie y, cuando se ponga en color azul, soltamos, creando de esta forma el punto.

Curvas

En el apartado de curvas se incluyen nueve nuevas herramientas. La forma de trabajar con ellas es la siguiente:

- **Curva de intersección entre superficies**: Crea una curva en la intersección de dos superficies. El proceso para crear la superficie es similar al usado con las herramientas NURBS: seleccionamos en la primera y arrastramos hasta la segunda, cuando soltemos, se creará la curva. Entre las opciones del panel de comandos de esta herramienta, encontramos la posibilidad de recortar las superficies por la intersección. Esta opción se controla desde las casillas de verificación Recorte 1 y Recorte 2.
    1. Recorte 1: Cuando esta opción está activada, recortamos una superficie contra la curva de la intersección. Recorta la primera superficie designada.
    2. Recorte 2: Elimina la segunda línea seleccionada.

Nota

Si las dos superficies intersectan en más de un lugar, se creará la curva en la intersección más cercana al punto de selección.

- **Curva iso U**: Permite crear una curva iso (isoparamétrica) dependiente, a partir del eje U (horizontal de la superficie) de una superficie ya creada. Esta herramienta no despliega ninguna persiana de parámetros.
- **Curva iso V**: Es igual que la anterior, pero en el sentido V (vertical) de la superficie seleccionada.
- **Curva proyectada normal**: Crea una curva a partir de la proyección de otra sobre una superficie. Seleccionamos la curva y luego la superficie y aparece en dicha superficie una curva. También podemos utilizar esta herramienta como recorte, por medio de los dos parámetros que posee y que aparecen en el panel de control al usar la herramienta:
    1. Recortar: Es una casilla de verificación que, cuando está activada, nos permite recortar la zona de la superficie que está definida por la nueva curva que creamos.

2. **Voltear recorte**: Permite voltear la zona de recorte, pasando desde lo delimitado por la superficie hasta el exterior.

- **Curva proyectada vectorial**: Es igual que la anterior; sólo que en este caso el vector de proyección, que antes era la normal, ahora puede controlarse. Por defecto, el vector de proyección está en la dirección de la vista. Seleccionando a nivel de subobjeto la curva proyectada, aparece la representación del vector de proyección en color amarillo. Podemos modificar este vector y afectará a la creación de la curva. También tenemos la posibilidad de recortar.
- **Curva VC en superficie**: Esta herramienta nos permite dibujar una curva VC de la misma manera, pero, en este caso, sobre una superficie NURBS. Una vez creada la curva, podremos crear a partir de ella una superficie.
- **Curva de puntos en superficie**: Es el mismo caso que el anterior, pero para crear curvas de puntos.
- **Curva de desfase de superficie**: Crea una curva desfasada, pero a partir de una Curva VC o Curva puntos en superficie que tengamos creada con las opciones anteriores.
- **Curva de arista de superficie**: Coloca una curva dependiente en el límite de la superficie.

Superficies

Algunas herramientas que vamos a encontrar dentro de este bloque son muy similares a las comentadas en el apartado **Curvas** y, en estos casos, haremos un comentario más rápido y siempre nos referiremos a la herramienta con la que tiene semejanza.

Las distintas herramientas de creación que nos podemos encontrar en este apartado son:

- **Superficie VC**: Nos permite crear superficies usando la técnica de puntos VC y acceder a la creación de superficies VC, ya comentadas en este capítulo.
- **Superficies puntos**: Creamos con esta herramienta superficies basadas en puntos.
- **Superficie transformada**: Nos permite realizar una copia de la superficie original con colocación, rotación y tamaño distintos. La forma de trabajar con esta herramienta es la misma que se ha comentado para la herramienta Curva transformada, dentro de este mismo capítulo, pero en el apartado de curvas NURBS.

- **Superficie mezclada**: Con esta herramienta podremos unir una superficie con otra, creando la superficie de unión entre las dos. Al pulsar sobre esta herramienta, debemos tener seleccionada una superficie que tenga más superficies asociadas con las que podamos trabajar. Cuando seleccionamos esta herramienta, se despliega una persiana en el panel Modificar que se denomina Mezclar superficie. Los parámetros de esta persiana son:
  1. Tensión 1 y Tensión 2: Establece la forma en la que se va a realizar la unión entre las superficies. La 1 será para la superficie seleccionada en primer lugar y la 2 para la segunda. Mientras mayor sea la tensión, más suave será la transición de una superficie a otra y mientras menor sea, más acusado será ese paso.
  2. Voltear extremo 1 y Voltear extremo 2: Permite cambiar el sentido de las normales utilizadas para construir la superficie mezclada. Durante la creación, si las normales de las dos superficies a mezclar son opuestas, aparecerá una superficie con forma de pajarita. Seleccionando las opciones de voltear, desaparece este error.
- **Superficie desfasada**: Tal y como ocurría en el objeto Curva desfasada, aunque, en este caso, nos estamos refiriendo a la creación de una superficie, nos permite crear una copia de una superficie original. La copia es un objeto paralelo al original a lo largo de las normales de la curva inicial.
- **Superficie simétrica**: Se trabaja igual que con la herramienta Curva simétrica.
- **Superficie extruida**: Con esta operación, conseguiremos crear superficies extruidas a partir de curvas que pertenezcan a superficies NURBS. El efecto de extruir es el mismo que podemos realizar con una de las herramientas del panel Modificar, que se verá en el capítulo 14. Extruir es crear una superficie a partir de una curva, aumentando su altura desde 0 (altura de la curva) hasta la altura de la superficie creada. Cuando seleccionamos la curva que queremos extruir, se despliegan las opciones de la persiana Extruir superficie, que posee los siguientes parámetros:
  1. X, Y, Z: Permiten seleccionar la dirección de la extrusión. Como valor predeterminado se encuentra el eje Z.
  2. Cantidad: Este contador establece la altura de extrusión en las unidades que estén definidas.

Nota

Para que una superficie NURBS tenga una curva asociada, la hemos debido crear con antelación con alguna de las herramientas del apartado Curvas.

- **Superficie torneada**: Le ocurre lo mismo que a la herramienta **Superficie extruida**: se generan las dos a partir de un objeto curva. Cuando seleccionamos esta opción, se despliega la persiana Tornear superficie, en el panel Modificar. Para crear una superficie torneada, sólo hay que seleccionar la curva a tornear y elegir los parámetros adecuados. Estos parámetros son:
  1. Grados: Definimos con este parámetro los grados de rotación. El valor predeterminado es 360 (vuelta completa).
  2. Dirección: Elegimos en esta zona la dirección del eje de la rotación. El valor por defecto es Y.
  3. Alinear: Esta área contiene las opciones que nos van a permitir colocar el eje de giro en una posición relativa a la curva. El valor **Mín** sitúa el eje de giro en el extremo de la curva con menor valor de coordenadas del eje elegido en el parámetro Dirección. La posición **Centro** coloca el eje de giro en el centro de la curva. Y la opción **Máx** lo sitúa en el valor máximo.
- **Superficie reglada**: Mediante esta opción, podemos crear una superficie a partir de dos curvas. El proceso de creación es muy parecido a los que estamos siguiendo en este tipo de herramientas: seleccionamos la primera curva y con el arrastre del ratón nos acercamos a la segunda curva. De esta forma, conseguimos crear la superficie entre las dos curvas. Los parámetros son también los que ya hemos comentado referidos al tema Voltear.
- **Superficie solevada en U**: Se trata de una solevación realizada entre múltiples curvas NURBS. Se denominan «en U», ya que las curvas se convierten en contornos que hacen las veces de ejes U en la creación de las superficies. Para crearlas, hay que seleccionar la primera curva y, luego, arrastrando el ratón, seleccionar las siguientes curvas para completar la solevación. En la persiana que se despliega, Superficie solevada en U, van apareciendo los nombres de las curvas que forman parte de la solevación.
- **Superficie con tapa**: Con esta utilidad, creamos una superficie que tapa alguna superficie cerrada. En esta opción, no se despliegan per-

sianas ni parámetros. Para colocar una tapa a un objeto NURBS, sólo hay que pulsar, con la opción seleccionada de la barra de herramientas, sobre el objeto a tapar.

- **Superficie solevada en UV**: Crea una superficie solevada igual que las superficies solevadas en U, pero ahora intervienen curvas en la dirección V. Para poder trabajar con ella, debemos convertir las curvas que van a formar parte de la solevación en superficies NURBS.
- **Barrido de 1 riel**: Igual que en el caso anterior, es una superficie que también se crea a partir de curvas. Debemos seleccionar una, que será el riel, el perfil, y que definirá una de las aristas de la superficie. Luego, seleccionaremos las curvas que definen las secciones transversales de la superficie, es decir, el eje que recorre el perfil.
- **Barrido de 2 rieles**: Crea una superficie a lo largo de unas curvas transversales, a partir de dos rieles o perfiles que recorren las curvas formando la superficie. Es el mismo proceso que con la herramienta anterior, pero con la definición de dos rieles. Esta herramienta se usa igual que **Barrido de 1 riel**.
- **Superficie de mezcla multilateral**: Creamos una superficie que rellena las aristas definidas por tres o cuatro curvas o superficies. Cuando seleccionamos las aristas que forman el hueco, éste se rellena con una superficie. Para crearla, sólo hay que seleccionar la curva o la arista de la superficie que define el hueco.
- **Superficie recortada multicurva**: Es una superficie recortada mediante varias curvas unidas que forman un bucle. Los extremos de las curvas deben estar fusionados. Para trabajar con esta herramienta, seleccionamos, primero, la superficie que vamos a recortar y, luego, marcamos sobre la curva o el conjunto de curvas que tienen sus vértices fusionados. Cuando seleccionamos la curva, se recorta la superficie.
- **Superficie de empalme**: Una superficie de empalme es una esquina redondeada que une las aristas de otras dos superficies.

Ajustes NURBS

Recordamos que en el capítulo 5 tratamos el tema de los ajustes. En este apartado, vamos a comentar las características relacionadas con las curvas NURBS.

Haciendo clic con el botón derecho sobre el icono **Conmutador ajustes 3D** (se encuentra en la barra de herramientas principal), se despliega el cuadro de diálogo Configuración de cuadrícula y ajuste. En la pestaña Ajustes podemos seleccionar, dentro de la lista de ajustes, las opciones NURBS que podemos ver en la figura 12.5.

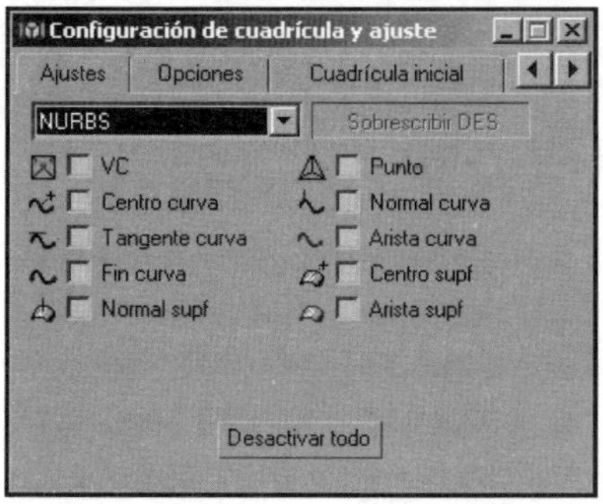

Figura 12.5. Ajustes NURBS

En esta figura podemos apreciar las opciones de ajuste siguientes:

- CV: Ajusta a un subobjeto VC de las curvas o superficies VC.
- Centro de curva: Permite seleccionar el centro exacto de una curva.
- Tangente curva: Ajusta a la tangente de la curva.
- Fin curva: A uno de los extremos de la curva.
- Normal supf: Ajusta a la normal de la superficie.
- Punto: Ajusta a un punto NURBS.
- Normal curva: Ajusta a la normal de la curva.
- Arista curva: Selecciona la arista de la curva para el ajuste.
- Centro supf: Ajusta al centro de la superficie.
- Arista supf: La selección se ajusta a la arista de la superficie NURBS a la que acerquemos el cursor.

Resumen

NURBS, el futuro del modelado en tres dimensiones. La mayoría de los nuevos programas que surgen en el mercado trabajan con curvas de este tipo.

Su ventaja radica en la suavidad de sus curvas y en la posibilidad de generar superficies que se modifican con las transformaciones en las curvas. También hay que destacar el poco espacio que los modelados ocupan en memoria.

Como hemos visto en el capítulo, podemos crear curvas que están dentro de los objetos Formas o superficies que las podemos encontrar en Geometría.

Se han analizado las diferentes herramientas de trabajo a nivel de puntos, curvas o superficies.

Capítulo 13

Clonación, Vínculos y Punto pivote

En este capítulo aprenderá:

- A crear objetos clonados a partir de los originales.
- Las diferencias entre los diferentes tipos de clonación.
- El uso de las matrices, simetrías, etc.
- A establecer Parámetros de interconexión.
- A crear vínculos entre objetos.
- A modificar el punto pivote de los objetos.

Introducción

Todos los objetos que podemos crear también son susceptibles de selección y copiado. En este capítulo, veremos las diferentes técnicas de copia o clonación que existen en el programa.

Trataremos los tres tipos de objetos clonados: copia, calca o referencia.

Hablaremos también de los vínculos, que se pueden establecer entre objetos, y de los Parámetros de interconexión, herramientas para vincular que la transformación en los parámetros de un objeto afecte a los que tenga interconexionados.

Y, para finalizar el tema, aprenderemos a modificar la posición y rotación del punto pivote de cada objeto.

Tipos de clonaciones

En *3ds max*, la creación de objetos a partir de otros objetos ya creados es algo habitual. A esta duplicación de objetos la denominamos Clonación.

A lo largo de este capítulo, veremos cinco técnicas referidas a la clonación de objetos:

- Uso de la tecla **Mayúsculas** en la clonación.
- Instantánea.
- Matriz.
- Simetría.
- Espaciado.

Cuando accedemos a cualquiera de los cuadros de diálogo, que comentaremos en este capítulo, encontramos tres tipos de clonación: Copiar, Calcar o Referenciar.

Esta distinción afectará a la relación que existe entre el original y el clon.

Copiar

Cuando seleccionemos este método en los cuadros de diálogo de clonación, crearemos una copia totalmente separada del original.

Es decir, si realizamos alguna modificación en el objeto original, su copia no se modificará.

Los objetos clonados con el método Copiar son totalmente independientes del objeto original del que fueron creados.

Calcar

Por medio del método Calcar, lo que generamos son unos calcos del original.

En este caso, se establece una relación entre el original y su calco, de tal forma que, si realizamos cualquier modificación en el calco, ésta afecta al original y si la realizamos en el original, afecta al calco.

Referenciar

Este método es parecido al de creación de calcos, con la única diferencia de que, en este caso, la relación es unidireccional, es decir, si modificamos el original, la modificación afecta al referenciado, mientras que si modificamos el objeto clonado, el original no sufrirá ningún cambio.

Clonación con Mayúsculas

La clonación con el uso de la tecla Mayúsculas se puede realizar de tres formas distintas, dependiendo de la herramienta de transformación que tengamos seleccionada.

De esta forma, tenemos la posibilidad de clonar en la copia, en el giro y en el escalado.

En cualquiera de estas tres formas, que pasaremos a comentar seguidamente, debemos seguir la misma pauta de trabajo.

Para realizar una clonación con este método, seguimos los pasos que aparecen a continuación.

Para clonar objetos con Mayúsculas, debemos seleccionar el objeto que deseamos clonar y elegir la herramienta de transformación con la que se van a originar los clones. Pulsamos la tecla **Mayús** y, arrastrando con el ratón, definimos la ubicación, giro o tamaño del segundo objeto clon. Soltamos el ratón y aparece el cuadro de diálogo Opciones de clonación de la figura 13.1.

Estos son los pasos que se deben seguir para cualquiera de los tres métodos de transformación que seleccionemos.

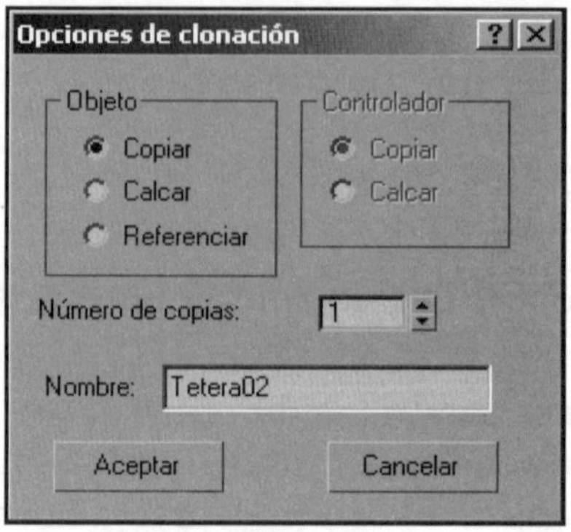

Figura 13.1. Cuadro de diálogo Opciones de clonación

Si elegimos Mover, obtendremos un clon de las mismas dimensiones que el original, pero en otra posición distinta del plano. La elección de la herramienta Rotar nos proporciona un clon igual al original, que sólo ha sufrido una rotación. Por último, si elegimos la herramienta Escalar, conseguiremos una copia de diferente tamaño al original.

Durante el proceso de creación del clon, por cualquiera de los tres métodos, obtenemos el cuadro de diálogo mostrado en la figura 13.1. En él, se determina el método de clonación: Copiar, Calcar o Referenciar. También se especifica el Nombre que va a recibir la copia y el Número de copias a realizar.

En el caso de realizar más de una copia, sucederá lo siguiente. El primer clon adoptará el movimiento, giro o escalado con respecto al original y el segundo clon lo hará respecto al clon primero y, así, tantas veces cuantas copias hayamos indicado en el contador.

Clonación con Instantánea

El segundo método de clonación es Instantánea. No es más que una copia de objetos siguiendo el recorrido de la animación.

 Para clonar un objeto por este método, debe haberse animado previamente. Luego, seleccionamos el objeto que posee la animación y accedemos a las opciones del cuadro Instantánea, bien haciendo clic sobre su icono, que está dentro del icono desplegable **Matriz** (que se encuentra en la barra de herramientas Restricciones a ejes), o seleccionando la opción Instantánea en el menú Herramientas. Establecemos los parámetros que deseemos en el cuadro y pulsamos el botón **Aceptar**.

Parámetros del cuadro de diálogo Instantánea

En la figura 13.2 vemos el cuadro de diálogo Instantánea.

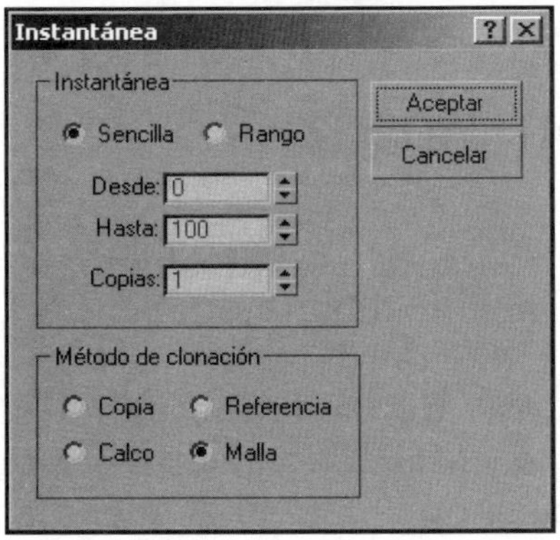

Figura 13.2. Cuadro de diálogo Instantánea

Dentro de esta ventana tenemos las siguientes áreas con sus respectivas opciones:

- Instantánea:
  1. Sencilla: Con esta opción realizamos una única copia en el cuadro de la animación donde nos encontramos.
  2. Rango: Al seleccionarlo, se activan tres posibilidades.
  3. Desde: Determina el cuadro de inicio en el que se realizará la primera copia.
  4. Hasta: Establece el cuadro de la animación para el último clon.
  5. Copias: Aquí, indicamos el número de copias que queremos realizar entre los dos puntos anteriores.
- Método de clonación: En esta zona podemos determinar los distintos métodos de clonación que ya conocemos: Copiar, Calcar y Referenciar. Pero, además, aparece otro, denominado Malla. Con este nuevo método, obtenemos objetos iguales a los que aparezcan en cada cuadro de la animación. Es decir, si un objeto durante la animación sufre una modificación, cuando la opción Instantánea tenga que clonar ese objeto en ese cuadro, aparecerá con la deformación que tenga aplicada. Si seleccionamos Copiar, Calcar o Referenciar, realiza las clonaciones de la forma que tenga el objeto del cuadro en el que nos encontremos, situados al acceder al cuadro de diálogo.

Nota

Esta opción de clonación se entenderá mejor una vez que se conozcan los conceptos que rodean a la animación.

Clonación con Matriz

Con esta opción, podemos copiar objetos de forma precisa. Para clonar objetos con el método Matriz, debemos seleccionarlos y determinar bien su sistema de coordenadas de transformación y la ubicación del punto pivote de la transformación. Posteriormente, seleccionaremos el icono **Matriz** (barra de herramientas Restricciones a ejes) o accionaremos la opción Matriz en el menú Herramientas, para desplegar el cuadro de la figura 13.3, en el que establecemos los parámetros de la clonación por Matriz.

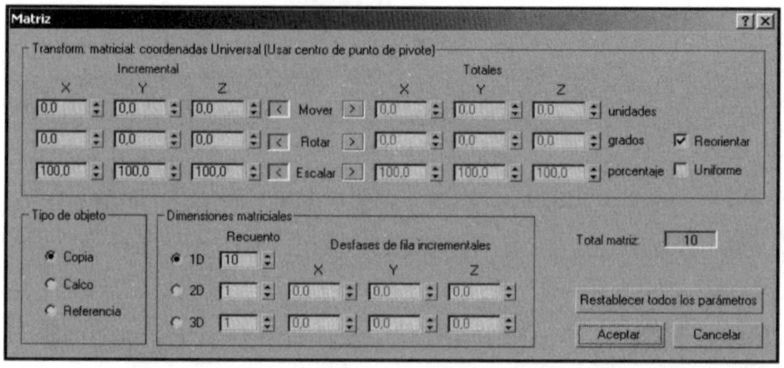

Figura 13.3. Cuadro de diálogo Matriz

Parámetros del cuadro de diálogo Matriz

Este cuadro de diálogo (figura 13.3), a pesar de tener un aspecto complejo, es fácil de entender. Presenta tres áreas distintas que pasamos a detallar.

Transform. matricial

Primeramente, podemos observar que en esta zona aparece indicado, en la parte del título del área, el sistema de coordenadas y el centro de transformación que hemos seleccionado para realizar la matriz.

A su vez, en esta área encontramos dos subáreas: **Incremental** y **Totales**. Estas dos formas de realizar una matriz nos permiten aplicar las transformaciones en los parámetros **Mover, Rotar** y **Escalar**. Con las flechas que aparecen en los laterales de estas palabras, podemos elegir un método u otro para cada parámetro.

Cuando activamos el valor de uno de los lados, el otro queda atenuado o desactivado.

Como vemos, la matriz nos permite realizar copias en las que el objeto o los objetos clonados sufren, de una sola vez, un desplazamiento (Mayúsculas mover), un giro (Mayúsculas rotar) y un cambio de tamaño (Mayúsculas escalar).

Las cantidades que se introducen en los valores de cada parámetro (**Mover, Rotar** o **Escalar**) afectan a cada una de las coordenadas. Así, podremos escalar en el eje X, en el eje Y o en el Z, o en los tres, pero con valores distintos.

Las unidades del parámetro **Mover** son las que tengamos definidas en nuestra escena. Las del parámetro **Rotar** se indican en grados y las de **Escalar** en tanto por ciento.

Nota

En el parámetro **Escalar**, *el valor que debe tener la coordenada para que no sufra ninguna modificación es 100. Valores inferiores a 100 disminuyen el tamaño y valores mayores lo aumentan. Así, un valor 50 lo reduce a la mitad del tamaño original y un valor 200 lo duplica.*

Las dos opciones que tenemos para introducir los datos, como ya hemos comentado antes, son:

- **Incremento**: Este método ya lo analizamos en la clonación con la tecla Mayúsculas, cuando indicábamos más de una copia. Los objetos efectúan la transformación con respecto al anterior. Por ejemplo, en el parámetro **Mover**, un valor 50 en el eje X para un número de 5 clones, copiará el objeto que forme la matriz, cada 50 unidades.
- **Totales**: En esta opción establecemos las dimensiones totales de la transformación. De esta forma, la clonación de los objetos se reparte de forma uniforme entre dicha dimensión total. Por ejemplo, un valor de 50 unidades en el eje X del parámetro **Mover**, para un total de 5

objetos, copiará cada 10 unidades un objeto, de tal forma que entre el primero y el último se cumpla la cantidad total de 50 unidades.

Existen dos casillas de verificación en esta área:

- Reorientar: Es una opción que atañe a la rotación de los objetos. Si la casilla está activada, los objetos van girando sobre su propio eje para seguir la rotación principal.
- Uniforme: Esta casilla de verificación, cuando está activada, atenúa el escalado en los ejes Y y Z.

Tipo de objeto

En esta zona podremos elegir el método de clonación: Copia, Calca o Referencia.

Dimensiones matriciales

Esta área nos permite especificar las dimensiones de la matriz.

Podemos crear matrices lineales (1D), bidimensionales (2D) y tridimensionales (3D).

Existen los siguientes parámetros:

- 1D: Con esta opción activada, podremos realizar matrices que darán lugar a una línea de objetos, que cumplirán los parámetros definidos en el área Transform matricial. Justo a la derecha de esta casilla de verificación, encontramos el contador Número, en el que indicamos el número de elementos que va a originar la matriz en esa dirección.
- 2D: Una matriz 2D es la repetición de la matriz 1D durante un número de veces. Cuando seleccionamos la opción 2D, tenemos la posibilidad de introducir los siguientes parámetros:
  1. Número: Definimos el número de filas 1D que van a dar lugar a la matriz 2D.
  2. X, Y, Z: En estos valores, definimos el desfase que existe entre un elemento de una fila y el de la siguiente. Son los valores en unidades de sistema que definen la distancia en cada uno de los tres ejes.
- 3D: Seleccionar la opción 3D, activa las opciones anteriores. En esta zona, definimos el número y la distancia a la que se van a representar los distintos niveles 2D, formando, de esta forma, una matriz tridimensional. Los parámetros de este nivel son los mismos que los que comentamos en la opción 2D.

Nota

En una matriz 3D, el número de objetos será igual al que resulta de multiplicar los objetos 1D por los indicados en 2D y por los señalados en 3D. Esta cantidad se denomina Total matriz *y se indica en el cuadro de diálogo* Matriz *que se está comentando.*

Advertencia

Si nos olvidamos de definir las distancias entre las matrices 2D o 3D, parecerá que no se ha creado la matriz, ya que todos los elementos están superpuestos. Accedemos a la selección de los objetos por nombre y veremos la lista.

Clonación en Simetría

La siguiente técnica de clonación es la Simetría. Con esta técnica creamos, con respecto a un eje, un clon simétrico de los objetos que seleccionemos.

Para crear un simétrico a un objeto dado, debemos seleccionar el objeto y acceder a su icono, que está a la izquierda del icono **Matriz** o **Instantánea**, ya comentados, o seleccionar la opción Simetría del menú Herramientas. Aparece el cuadro de diálogo de la figura 13.4, en el que se establecen los parámetros. Previamente, debemos establecer el sistema de coordenadas de la transformación.

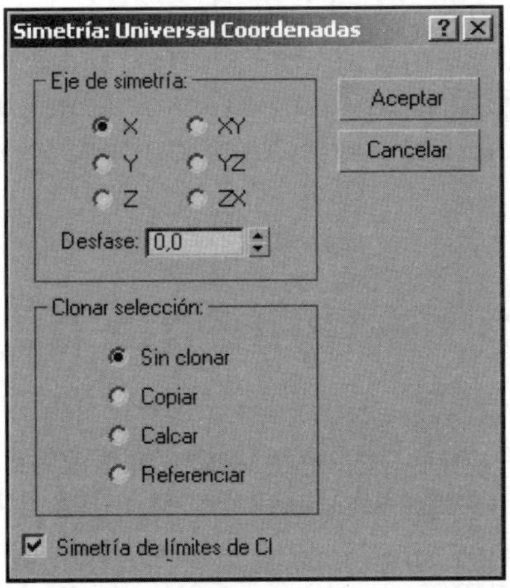

Figura 13.4. Cuadro de diálogo Simetría

Parámetros del cuadro de diálogo Simetría

En la barra de título que aparece en el cuadro de diálogo de la figura 13.4, y que vamos a comentar, aparece el nombre Simetría seguido de dos puntos y del tipo de sistema de coordenadas que habíamos seleccionado para la operación.

Encontramos dos áreas dentro de este cuadro.

Eje de simetría

En esta zona, podremos definir uno de los seis ejes de simetría posibles en esta operación: X, Y, Z, XY, YZ o ZX.

También encontramos el Desfase, con el que indicamos la distancia de ubicación del objeto simétrico respecto al objeto origen.

Si el valor del desfase es una cantidad positiva, nos desplazaremos en la dirección positiva del eje. Por el contrario, una cantidad negativa lo hará en sentido contrario. Cuando definimos un eje combinado (XY, YZ o ZX), el desplazamiento se realizará por igual en ambos ejes (X e Y, Y y Z, o Z y X).

Cada vez que determinamos uno de los ejes o definimos la distancia de desfase, podemos apreciar en el visor esas modificaciones. Cuando hagamos clic sobre el botón **Aceptar**, se creará la simetría que hemos visto en una presentación, que podríamos denominar preliminar.

Clonar selección

Como podemos ver en la figura 13.4, además de los tres tipos de clonación comentados ya, aparece la opción Sin clonar. Esta posibilidad permite realizar la simetría del objeto desplazando el original. De esta forma, no estamos realizando ninguna copia del objeto, pero sí estamos haciendo una simetría del mismo.

Clonación con herramienta de espaciado

 Podemos acceder a ella, de la misma forma que las anteriores, por medio de su icono, que está en el icono desplegable **Matriz**, o bien, desde el menú Herramientas.

Con esta herramienta, podemos copiar los objetos que tengamos seleccionados a lo largo de un recorrido definido por una spline o por dos puntos.

El uso de esta herramienta es igual al de las anteriores, desplegándose el cuadro de diálogo de la figura 13.5, con las siguientes opciones:

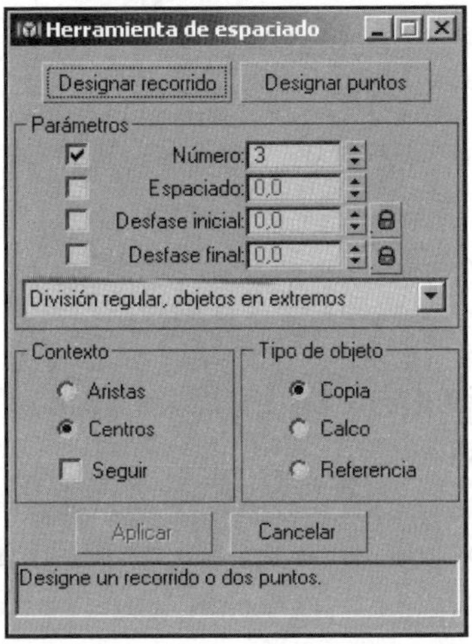

Figura 13.5. Cuadro de diálogo Herramienta de espaciado

- **Designar recorrido**: Este botón nos permite designar la spline, a lo largo de la cual se copiarán los objetos.
- **Designar puntos**: Nos permite designar dos puntos entre los que se va a definir un recorrido, a lo largo del cual se distribuyen los objetos.
- **Parámetros**: Posee los siguientes:
  1. **Número**: Es el número de objetos que se distribuyen a lo largo de la spline.
  2. **Espaciado**: Establece la distancia entre los objetos, marcada desde las **Aristas** o **Centros**, según se seleccione en el área **Contexto**.
  3. **Desfase inicial**: Es la distancia a la que va a colocar el primer objeto desde el punto inicial del recorrido. Si seleccionamos esta opción, no podemos especificar el valor del **Espaciado**.
  4. **Desfase final**: Establece el desfase desde el punto final.
  5. Lista desplegable de distribución: Es una lista de posibles modos de distribución de los objetos a lo largo del recorrido.
- **Contexto**: Esta zona permite establecer tres opciones.
  1. **Aristas**: Establece el espaciado entre las aristas iguales de un objeto a su copia.

2. **Centros**: El espaciado se determina desde el centro del objeto.
3. **Seguir**: Esta casilla de verificación permite alinear los puntos pivote del objeto a copiar con la tangente de la spline del recorrido.

- **Tipo de objeto**: Esta zona establece el tipo de clonación entre Copiar, Calcar y Referenciar.
- **Aplicar**: Acepta los parámetros y los establece en el visor.

Vínculos

La vinculación de objetos tiene que ver con las relaciones que existen entre original y copia clonada.

Vincular objetos es una técnica muy usada en modelado y animación. Normalmente, usaremos los vínculos para lo siguiente:

- Vincularemos un conjunto de objetos a un objeto padre para poder animarlos y transformarlos, moviendo, escalando y rotando el objeto ascendente al que se encuentran vinculados.
- Vincularemos un objeto cámara foco a un objeto, para que lo siga en la animación.

Estas dos opciones nos dan una idea más aproximada de lo que podemos conseguir vinculando objetos.

Con la vinculación de varios objetos entre sí, crearemos una estructura llamada Jerarquía. El programa, en este caso, utiliza una analogía con los árboles para tratar este tema. Así, podemos definir estos términos:

- Ascendiente: Es el objeto que controla a uno o más descendientes. En ocasiones, el propio objeto ascendiente puede estar controlado por otro, convirtiéndose, de esta forma, en un objeto descendiente.
- Descendiente: Es un objeto controlado por un ascendiente.
- Jerarquía: Es la unión de todos los objetos ascendientes y descendientes que se encuentran vinculados dentro de una misma estructura.
- Raíz: Se trata del objeto ascendiente de todos los que forman la estructura.
- Subárbol: Todos los descendientes y sus ramificaciones. El subárbol del raíz sería toda la estructura.
- Hoja: Es un objeto de la estructura que no tiene descendientes.
- Vínculo: Es la relación entre dos objetos de la estructura.

Esta representación se expresa de la misma forma que la posible estructura de carpetas y subcarpetas dentro del disco duro de nuestro ordenador.

Para vincular dos objetos, debemos seleccionar el objeto que será descendiente. Elegimos la herramienta **Seleccionar y vincular** de la Barra principal. Hacemos clic sobre el objeto descendiente y arrastramos hasta el objeto que será su ascendente, en el que soltamos. Durante el proceso, se aprecia una línea discontinua, que une los dos objetos, hasta que finalicemos la acción.

Truco

Si hacemos doble clic con el ratón sobre un objeto ascendiente, seleccionaremos toda la jerarquía que tenga ese objeto.

Info vínc

Dentro del panel Jerarquía, al que accedemos al pulsar sobre el icono **Jerarquía**, encontramos la opción Info vínc. Este botón nos permite establecer filtros a los vínculos entre objetos.

En la figura 13.6 tenemos el panel con la información del vínculo de un objeto.

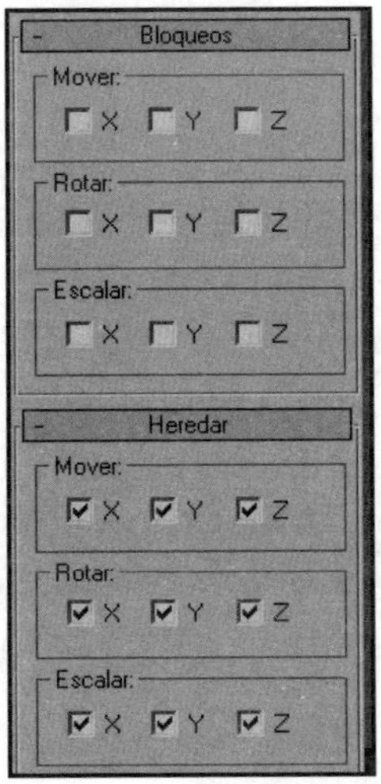

Figura 13.6. Info vínc del panel Jerarquía

Cada objeto, esté o no vinculado a otro, posee estas opciones, pero, para poder verlas, debemos tener seleccionado un elemento.

La opción que estamos comentando posee dos persianas: Bloqueos y Heredar, y cada una de ellas tiene tres partes, que hacen referencia a las tres transformaciones que podemos aplicar: Mover, Rotar y Escalar.

Bloqueos

Esta persiana poco tiene que ver con los vínculos entre objetos, ya que permite aplicar las modificaciones a objetos que no se encuentran vinculados.

Realmente, cada casilla de verificación corresponde a uno de los ejes del sistema de coordenadas. Cuando activamos alguna, ya sea en Mover, Rotar o Escalar, bloqueamos la transformación de ese objeto en ese eje. Por ejemplo, con la casilla del eje X en la opción Mover activada, cuando queramos mover el objeto, éste se desplazará sólo por los otros dos ejes. Lo mismo ocurre con la opción Rotar o Escalar.

En resumen, podemos decir que son filtros de transformación de los objetos.

Advertencia

Estos bloqueos son propiedades de cada objeto, es decir, que para eliminar esos bloqueos hay que volver a acceder a este cuadro y desactivar las casillas de verificación que deseemos.

Heredar

Esta persiana afecta a la relación entre objetos vinculados, filtrando las transformaciones entre ascendiente y descendiente.

Cuando accedemos por primera vez a esta persiana, encontramos todas las casillas de verificación activadas. Es decir, el objeto heredará todos los movimientos que realice su ascendiente.

Un objeto descendiente, que tenga desactivada la casilla de verificación del eje X en la transformación Mover, no sufrirá ninguna transformación cuando desplacemos su ascendiente por el eje X.

Esto mismo ocurre para los otros ejes y con las otras transformaciones (Rotar y Escalar).

Desvincular objetos

 A los objetos que tengamos vinculados les podemos eliminar esa propiedad. Para eliminar los vínculos entre objetos, seleccionaremos el obje-

to que deseamos desvincular y haremos clic sobre el icono **Desvincular selección** de la Barra principal.

Nota

Cuando desvinculamos un objeto, lo hacemos de su ascendiente superior. Por el contrario, si el objeto, a su vez, es ascendiente de otro, este vínculo no se pierde.

Truco

*Si vas a eliminar el vínculo de un objeto para vincularlo con otro, puedes realizar el vínculo con otro directamente, ya que el programa elimina el anterior. Es decir, un objeto no puede tener más de un ascendiente directo. Para desvincular una jerarquía completa, selecciona el objeto raíz haciendo doble clic, de forma que se seleccione toda la jerarquía, y haz clic sobre el icono **Desvincular selección**.*

Parámetros de interconexión

Es una herramienta que permite establecer vínculos entre objetos por medio de alguno de sus parámetros de creación o modificación, de tal forma que, al modificar uno, se modificará el otro.

De esta manera, es posible configurar vínculos entre parámetros de objetos, o controlar uno o varios objetos con un objeto ficticio que contenga los parámetros deseados.

Para establecer vínculos entre parámetros de dos objetos, debemos seleccionar uno de los dos objetos que vayan a intervenir en la interconexión. Accedemos al menú Animación y seleccionamos Parámetros de interconexión en el submenú que posee el mismo nombre.

En el objeto seleccionado, aparece un menú emergente con dos opciones: Transformar y Objeto. Son dos submenús que presentan los parámetros posibles de seleccionar para la interconexión. En el momento en el que seleccionamos uno de los parámetros, se despliega un tramo discontinuo que parte desde el objeto hasta el puntero del ratón. Desplazamos el puntero hasta el segundo objeto de la interconexión y, al hacer clic sobre él, se vuelve a desplegar el menú de selección de parámetros, para que seleccionemos el parámetro del segundo objeto.

Al establecer la selección, se despliega el cuadro de diálogo Parámetros de interconexión (figura 13.7) que pasamos a detallar.

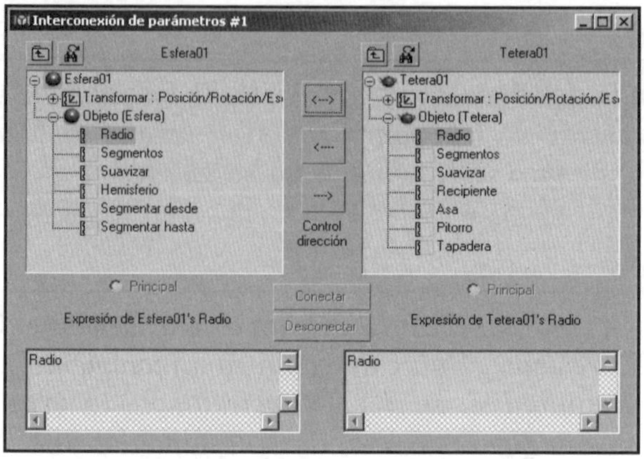

Figura 13.7. Cuadro de diálogo Parámetros de interconexión

- Vista de árbol: En la parte superior del cuadro, tenemos una estructura de ramificación semejante a la de carpetas en *Windows*. Se encuentra dividida en dos partes, que muestran los parámetros de los dos objetos que hemos seleccionado en el visor durante la interconexión. Si uno de los parámetros aparece en color rojo, significa que ya posee una interconexión.
- Iconos:
  1. **Mostrar todas las pistas**: Este icono con forma de carpeta amarilla, situado encima de las dos vistas de árbol, permite mostrar toda la ramificación de la escena, no sólo del objeto seleccionado.
  2. **Buscar siguiente parámetro**: Es un icono con forma de prismáticos, que sirve para desplazar la selección, en la estructura de árbol, al siguiente parámetro que ya posea una interconexión.
- Dirección de control: Son tres botones situados entre las dos vistas de árbol, que permiten establecer la dirección de la interconexión. Se pueden dar dos casos: unidireccional o bidireccional. Los tres botones se comportan de la siguiente manera (comentados de arriba abajo):
  1. **Flecha bidireccional**: Al activarla, los parámetros seleccionados en la estructura de árbol quedarán interconexionados de forma bidireccional, es decir, al modificar uno de ellos, se modificará el otro, y viceversa.
  2. **Flecha izquierda**: Cuando se selecciona el parámetro de la derecha, controla el de la izquierda.

3. **Flecha derecha**: En este caso, el parámetro de la izquierda controla el de la derecha.

Nota

Las dos últimas opciones son unidireccionales. Al activar alguna de ellas, el parámetro que es controlado no se puede modificar desde su contador en el panel, sólo se altera su valor, al modificar el parámetro que lo controla.

- Los botones que establecen definitivamente la conexión son dos: **Conectar** o **Actualizar** y **Desconectar**:
  1. **Conectar/Actualizar**: Establece la conexión entre los parámetros y con la dirección indicada. Los parámetros pasan a color rojo. Una vez activado el botón, pasa a **Actualizar**, lo que permite conectar más parámetros.
  2. **Desconectar**: Elimina la interconexión entre los parámetros seleccionados.
- Cuadros de Expresión: Muestra los nombres de los parámetros que va a conexionar.

Punto pivote

Durante los procesos de clonación, siempre hemos indicado que debemos establecer el sistema de coordenadas y la ubicación del punto pivote de la transformación. Una de las opciones para el punto de transformación es el punto pivote del objeto. En este apartado, vamos a determinar cómo se puede modificar la ubicación y la rotación de este elemento.

Podemos editar la posición del punto pivote desde el panel Jerarquía y, seleccionando la opción Pivote, desplegamos dos persianas: Ajustar pivote y Ajustar transformación.

Ajustar pivote

Desde aquí, podemos controlar la posición y rotación del punto pivote del objeto que tengamos seleccionado al acceder a este panel, o bien al que seleccionemos antes de aplicar alguno de los comandos.

En la figura 13.8 podemos observar las opciones que tenemos en esta persiana.

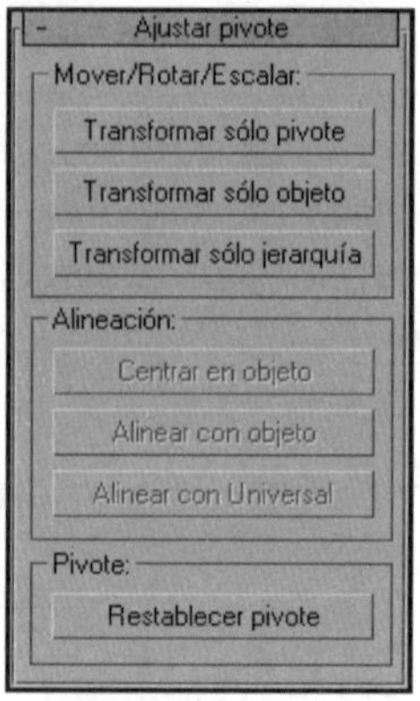

Figura 13.8. Parámetros Ajustar pivote de la herramienta Pivote en panel Jerarquía

- Mover/Rotar/Escalar: Es la primera de las áreas que aparecen en la persiana y consta de tres botones:
  1. **Transformar sólo pivote**: Una vez activado, permite aplicar cualquiera de las tres transformaciones (mover, rotar o escalar) al punto pivote del objeto, es decir, el objeto permanece quieto mientras modificamos su punto pivote.
  2. **Transformar sólo objeto**: En este caso, modificamos el objeto sin alterar su punto pivote.
  3. **Transformar sólo jerarquía**: Esta opción sólo afecta a las transformaciones Rotar y Escalar y se aplican a la jerarquía sin afectar al punto pivote.
- Alineación: Permite tener precisión en la alineación, tanto del pivote como del objeto. Esta área presentará alineaciones con el objeto cuando tengamos seleccionada la opción **Transformar sólo objeto** y presentará alineaciones para el pivote al tener seleccionado **Transformar sólo pivote**. Las posibles opciones son:
  1. **Centrar en objeto**: Mueve el punto pivote hasta centrarlo en el objeto.
  2. **Alinear con objeto**: Rota el punto pivote hasta que sus ejes posean la misma dirección que el objeto.
  3. **Alinear con universal**: Rotará el pivote hasta colocarlo en la misma orientación que la triada de ejes universales.

4. **Centra en pivote**: Mueve el objeto hasta colocarlo en el mismo lugar que el punto pivote.
5. **Alinear con pivote**: Rotará el objeto hasta dar el mismo giro que el pivote.
6. **Alienar con universal**: Rotará el objeto hasta que sus ejes coincidan en dirección con el universal.

- Pivote: Esta zona posee un único botón con el texto **Restablecer pivote**, que colocará el punto pivote en su posición inicial.

Ajustar transformación

La segunda de las persianas (figura 13.9), desde la que podemos transformar un objeto y su pivote sin afectar a sus descendientes en la jerarquía, posee los siguientes parámetros:

Figura 13.9. Parámetros Ajustar transformación del comando Pivote del panel Jerarquía

- Mover/Rotar/Escalar: Posee el botón **No transformar descendientes** que, si está activado, impide que las transformaciones efectuadas sobre el objeto afecten a sus descendientes en la jerarquía.
- Restablecer: Encontramos dos opciones en esta área:

1. **Transformar**: Restaura la orientación eje local de un objeto, alineándola con el sistema de coordenadas universal.
2. **Escala**: Coloca en su posición inicial los valores de la escala en la matriz de transformación, para reflejar la nueva escala del objeto. Esta herramienta sirve para corregir problemas de herencias de deformaciones por escalas no uniformes. Antes de vincular los objetos, debemos hacer clic en este botón.

Postura predeterminada

Desde este cuadro, podemos establecer que el objeto seleccionado vuelva a la postura predeterminada que tengamos establecida sobre él.

Para definir la postura predeterminada, debemos seleccionar el objeto y elegir la opción Definir postura predeterminada del menú Animación.

Si posteriormente realizamos alguna modificación en posición, rotación o escalado sobre ese objeto, siempre podremos volver a la posición almacenada, activando la casilla de **verificación** Modo de postura predeterminada de la persiana Postura predeterminada, del panel Jerarquía.

Las casillas de verificación que existen debajo permiten establecer si queremos restablecer la postura: Posición, Rotación o Escala.

Resumen

En una escena, muchas veces necesitaremos duplicar los objetos. *3ds max* llama a la duplicación de elementos Clonación.

Como podemos observar en el tema, hay tres tipos de clonación, atendiendo a la relación que existe entre los elementos origen y clonado. Podemos generar copias, calcas o referencias.

También hemos visto los distintos métodos de clonación: uso de la tecla **Mayús**, simetrías, instantáneas, etc.

Hemos analizado de forma especial la duplicación de objetos por el uso de matrices en 1D, 2D y 3D.

Como la clonación establecía un vínculo entre los objetos, hemos comentado en el capítulo cómo se establecen vínculos entre los diferentes objetos de una escena, sin necesidad de que sean clonaciones.

Para completar el panel Jerarquía, hemos analizado las opciones que atañen al punto pivote y a la postura predeterminada.

Capítulo 14

Panel Modificar

En este capítulo aprenderá:

- A moverse por el panel Modificar.
- A crear conjuntos de modificadores.
- Las utilidades y el uso del catálogo de modificadores.
- Alguno de los modificadores más básicos.

Introducción

Otro bloque importante es la modificación de objetos. De igual forma que podemos seleccionar objetos, éstos pueden ser modificados desde el panel **Modificar**.

No sólo será posible variar todos sus parámetros de creación, sino que, además, podremos aplicarles diferentes modificadores que deformarán su geometría.

Desde el panel **Modificar**, podemos retocar la geometría de los objetos creados con anterioridad.

Este panel, aparte de tener algunos modificadores, adapta sus parámetros a los del objeto seleccionado, de tal forma que, si tenemos seleccionado una esfera y accedemos al panel **Modificar**, en este panel aparecerán los parámetros de creación de la esfera que podremos retocar. En la figura 14.1 se muestra el panel **Modificar**, en el que apreciamos tres partes bien diferenciadas que van a ser tratadas en este capítulo.

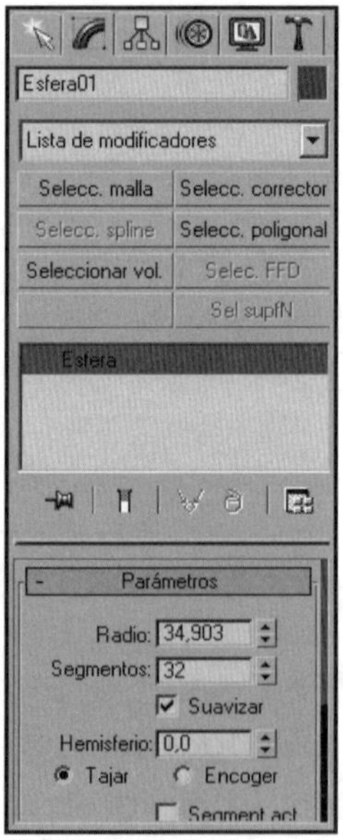

Figura 14.1. Panel Modificar

En la primera zona, justo debajo del nombre del objeto seleccionado, se encuentran algunos modificadores de la larga lista que podemos desplegar en la **Lista de modificadores**.

Los modificadores se encuentran clasificados por categorías y sólo estarán accesibles aquellos compatibles con el objeto que tengamos seleccionado.

La segunda área que trataremos es el **Catálogo de modificaciones**, desde el que podemos controlar el nivel de modificación de un objeto y tener catalogadas las modificaciones que hayamos realizado sobre cada objeto, pudiendo acceder a cada uno de los niveles de modificación.

La tercera área ya ha sido comentada en el presente manual. Es la que corresponde a los parámetros de cada objeto seleccionado. De esta forma, si tenemos seleccionado un cilindro, podremos acceder a modificar su radio, altura, segmentos altura, segmentos tapa, etc., y así todos los parámetros de creación del objeto.

Antes de comenzar a trabajar con las distintas áreas de este panel, vamos a detallar algunas normas a tener en cuenta sobre la modificación de los objetos:

- Podemos modificar todo lo que sea seleccionable. Dentro de esta afirmación, se incluyen todos los objetos, conjuntos de objetos y cualquier parte de un objeto que denominamos subobjeto.
- A un objeto le podemos aplicar un número ilimitado de modificadores, según deseemos. El orden en la aplicación de las modificaciones se recoge en el **Catálogo de modificaciones**.
- Cada modificación realizada sobre un objeto, ya sea la primera o la última de las realizadas, es completamente editable y puede modificarse.
- Una variación de los parámetros, por ejemplo, del segundo modificador de un objeto, afecta al tercero y sucesivos, pero no afectará a los parámetros de la primera modificación.
- Por último, y en lo que respecta a la selección, si tenemos el panel **Modificar** abierto, cada vez que seleccionemos un objeto, se mostrarán los parámetros del objeto seleccionado.

Modificadores

Vamos a definir los modificadores como herramientas para modelar y cambiar la forma de los objetos.

Podemos seleccionar también el modificador a aplicar desde el menú **Modificadores**.

3ds max posee muchos modificadores. En este capítulo, estudiaremos algunos **Modificadores paramétricos**, como ejemplos de las posibilidades de estas herramientas.

Cuando aplicamos un modificador sobre un objeto, aparecen dos elementos característicos en el visor.

- Gizmo: Es una representación alámbrica que rodea al objeto seleccionado. Aparece cuando, con un objeto seleccionado, elegimos un modificador. Esta figura es como el polígono que transfiere la modificación al objeto. El gizmo puede ser desplazado, rotado o escalado igual que cualquier otro objeto, cambiando, de esta forma, el efecto del modificador sobre el objeto.
- Centro del modificador: Aparece el punto pivote del modificador.

El gizmo y el centro son modificables a nivel de subobjeto. Utilizando la persiana **Catálogo de modificaciones** y seleccionándolos, podremos transformarlos en el visor.

Lista de modificadores

Como hemos comentado, en la parte superior del panel **Modificar** se encuentra una lista desplegable denominada **Lista de modificadores**, que presenta todos los modificadores que tengamos instalados.

En esta lista encontramos diferentes categorías, según el tipo de modificador. Seleccionado el modificador de la lista, éste se aplica al objeto que tengamos seleccionado.

Nota

Si no tenemos ninguna selección realizada en el visor, la lista se mostrará vacía.

Si hacemos clic con el botón derecho del ratón sobre la **Lista de modificadores**, se despliega el menú emergente de la figura 14.2 en el que apreciamos las siguientes opciones:

- **Mostar botones**: Activa la presentación del conjunto de modificadores que tengamos seleccionados. El conjunto de modificadores es un grupo de modificadores que podemos configurar a nuestro gusto. La ubicación de estos botones está justamente debajo de la **Lista de modificadores**.

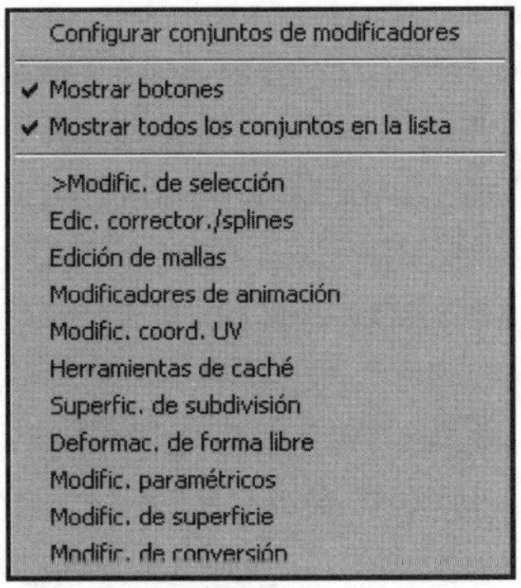

Figura 14.2. Botón derecho sobre la Lista de modificadores

- Mostrar todos los conjuntos en la lista: Activa el que en la lista de modificadores se presenten todos los modificadores instalados. Si desactivamos esta opción, sólo se mostrarán aquellos compatibles con el tipo de objeto seleccionado.
- Conjuntos de modificadores: Es una lista con los nombres de los diferentes grupos de modificadores creados. El grupo que se presenta en los botones tiene delante del nombre el símbolo ">".
- Configurar conjunto de modificadores: Esta opción es la primera que aparece en el menú y permite crear y editar conjuntos de modificadores desde el cuadro de diálogo que se abre al seleccionarlo (figura 14.3).

Nota

 *Podemos desplegar el mismo menú que surge al hacer clic con el botón derecho, si hacemos clic sobre el icono* ***Configurar conjunto de modificadores****, que se encuentra el último en la parte inferior del* Catálogo de modificadores.

Configurar conjuntos de modificadores

El cuadro de diálogo (figura 14.3) con este nombre presenta las siguientes partes y opciones:

- Modificadores: Es la lista de los modificadores instalados.
- Conjuntos: Son los conjuntos que tenemos creados.
- Guardar: Almacena el conjunto seleccionado.

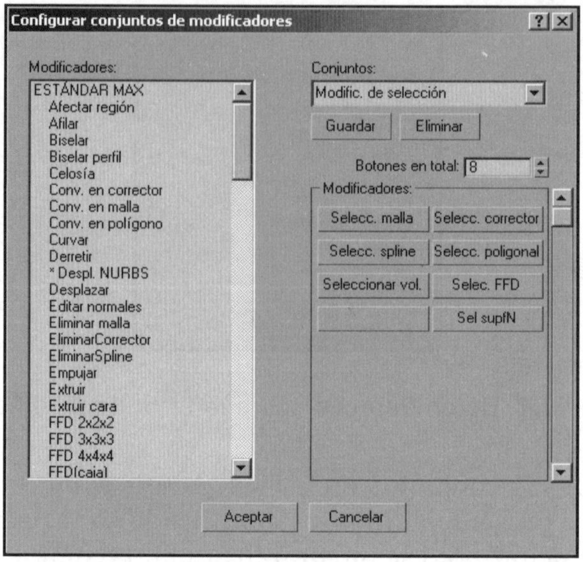

Figura 14.3. Cuadro de diálogo Configurar conjunto de modificadores

- Eliminar: Borra el conjunto seleccionado.
- Botones en total: Es un contador para definir el número de modificadores que van a formar parte del grupo. Si colocamos más de los que posea el seleccionado, se añadirán al final de la lista Modificadores que hay debajo, pero, si colocamos un número menor, se eliminarán los modificadores necesarios, empezando por el último.

Nota

En el momento que efectuemos alguna modificación sobre el conjunto seleccionado, su nombre deja de estar seleccionado en la lista Conjuntos, *pasando a mostrar su contenido en blanco. Si tecleamos en esa posición un nombre y hacemos clic sobre el botón* ***Guardar,*** *ya habremos creado un nuevo conjunto.*

- Modificadores: Es la lista de los modificadores que forman el grupo. Para ordenarlos, debemos arrastrar con el ratón unos sobre otros como si colocásemos fichas en un tablero. Si deseamos añadir un modificador de la lista de la derecha, debemos arrastrarlo desde ella hasta soltarlo en la posición deseada en el conjunto.

- **Aceptar** y **Cancelar**: Son dos botones que aceptan los cambios o los cancelan.

Catálogo de modificaciones

Es una zona que se encuentra debajo de los botones del conjunto de modificador activado. Podemos verla en la figura 14.4. Recoge el historial de las modificaciones de un objeto, desde sus parámetros de creación hasta sus últimos cambios.

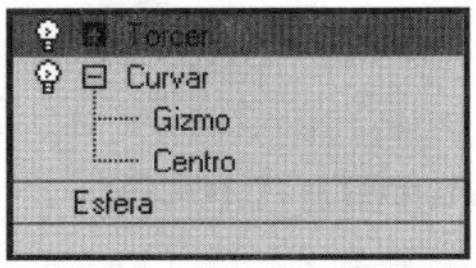

Figura 14.4. Catálogo de modificadores

Desde esta persiana podemos cambiar o eliminar modificadores.

Como apreciamos en la figura 14.4, la persiana tiene dos partes bien diferenciadas: catálogo y conjunto de botones.

Catálogo

El catálogo, que podemos ver en forma de ramificación de árbol, muestra la lista de los modificadores que contiene el objeto seleccionado. Se organiza de la siguiente forma:

- El primer elemento que aparece es el objeto inicial, al que le aplicamos los modificadores, pudiendo acceder a él para modificar sus parámetros de creación.
- Los modificadores que se le apliquen al objeto inicial se colocarán en nivel superior. Aparecen por orden de aplicación, uno detrás de otro, colocados en orden ascendente desde el inicial.
- Delante de los nombres del modificador aparecen unos signos «+», que permiten ramificar sus opciones, que principalmente son: Gizmo y Centro.
- Cuando seleccionamos un modificador en el catálogo, pasa a color amarillo. Si seleccionamos alguna de sus ramificaciones, estaremos editando el objeto a nivel de subobjeto, ya sea en los parámetros del modificador o a nivel de Cara, Arista, Vértice, etc., si tenemos un modificador

de edición de malla. La edición de las splines y las mallas se explicará en el siguiente capítulo.

- Delante del nombre del modificador, aparece la representación de una bombilla. Puede tener dos formas: Activo (forma de bombilla encendida) o Inactivo (apagada). Para pasar de un modo a otro, sólo hay que hacer clic con el botón izquierdo del ratón sobre el dibujo. Al estar desactivado, no apreciamos en el visor el efecto de ese modificador sobre el objeto.
- En el catálogo, podemos usar las teclas **Mayús** y **Control** para seleccionar más de un elemento.

La ventaja que supone tener el catálogo se podría explicar con un simple ejemplo: tras crear un objeto Toroide, le aplicamos un modificador Afilar, y, posteriormente, más modificadores.

Una vez terminado el objeto deseado, tenemos necesidad de modificar algún parámetro del Toroide inicial. Si no existiese la posibilidad de trabajar con el catálogo, tendríamos que repetir toda la operación de creación del objeto.

Con la opción del catálogo, sólo tenemos que acceder, en la lista catálogo, al objeto Toroide y modificar en él los parámetros, que irán heredando el resto de modificadores.

Conjunto de botones

Los botones que tenemos debajo del catálogo son:

- El primero presenta forma de chincheta y se denomina **Fijar catálogo**. Cuando lo pulsamos, adquiere un fondo amarillo y es como si se pinchase la chincheta que representa. Su finalidad es bloquear el catálogo y todos los controles del panel Modificar en el objeto seleccionado. Se puede seguir editando el objeto.
- **Conmutador de Mostrar resultado final**: Este icono, por defecto, se encuentra activado y permite que se nos muestre el resultado final del objeto, al aplicarle todos los modificadores que posee. Si está desactivado, sólo se mostrará el resultado hasta el modificador que tengamos seleccionado en la lista, no representándose las demás modificaciones en el visor.
- **Exclusivo**: Convierte un modificador, que ha sufrido una clonación por el método calcar (los modificadores se pueden copiar dentro del mismo catálogo u objeto, o a otro catálogo), en elemento exclusivo, es decir, elimina el vínculo de relación de la calca.

Truco

Si seleccionamos la opción ***Exclusivo*** *sobre un objeto que ha sido clonado con el método calca o referencia, eliminamos el vínculo entre los objetos, pasando a ser independientes, como por el método copia.*

- **Suprimir modificador del catálogo**: Al pulsar este icono, eliminamos el modificador que tengamos como actual y todos los cambios que haya producido. Es como si nunca se hubiese aplicado ese modificador.
- **Configurar conjunto de modificadores**: Es el menú que ya hemos comentado, desde el que podemos configurar los conjuntos de modificadores.

Botón derecho en el catálogo de modificadores

Al hacer clic con el botón derecho en el Catálogo de modificadores, se despliega un menú (figura 14.5) con las siguientes opciones:

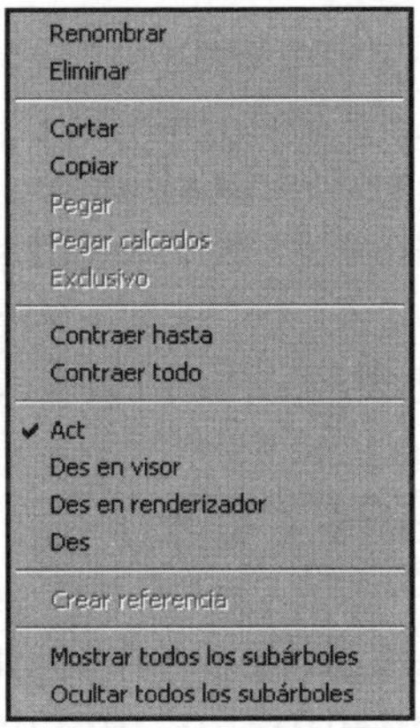

Figura 14.5. Menú botón derecho sobre Catálogo de modificadores

- Renombrar: Permite cambiar el nombre al modificador del catálogo de modificadores, sobre el que hemos hecho clic con el botón derecho del ratón.
- Eliminar: Eliminar el modificador seleccionado.
- Cortar, Copiar y Pegar: Son las opciones típicas de edición que podemos aplicar al modificador o conjunto de ellos que tengamos seleccionados.

- **Pegar calcados**: Pega lo que hayamos copiado, pero los nuevos modificadores son calcos de los anteriores. Los modificadores calcados se representan en el catálogo con su nombre en cursiva. Podemos copiar, cortar y pegar en catálogos distintos de diferentes objetos.
- **Exclusivo**: Pasa a desvincular el modificador calcado de su relación con el otro modificador.
- **Contraer hasta**: Contrae el conjunto de modificadores seleccionados, eliminando sus propiedades y convirtiendo el objeto resultante en una malla editable.
- **Contraer todo**: Contrae todo el catálogo.
- **Activar**: Activa la visión del resultado de aplicar el modificador, tanto en el visor como en la representación.
- **Des en visor**: Desactiva el efecto de este modificador sólo en la visión del visor.
- **Des en representador**: Desactiva la visión del modificador en la representación.
- **Des**: Desactiva la acción del modificador sin borrarlo.
- **Crear referencia**: Convierte los objetos calcados en referenciados. Al aplicar una referencia, aparece una barra gris encima del catálogo y los modificadores que se apliquen por encima afectarán sólo al objeto de referencia.
- **Mostrar todos los subárboles**: Ramifica todos los modificadores del catálogo.
- **Ocultar todos los subárboles**: Contrae todos los subobjetos de los modificadores del catálogo.

Si hacemos clic con el botón derecho en el catálogo de modificadores sobre un objeto que no haya sufrido ninguna modificación o que no sea un malla o spline editable, el resultado del menú es distinto al que hemos comentado.

En este caso, encontramos algunas nuevas opciones. Desde el cuadro podremos convertir el objeto en **Malla editable**, **Spline editable** (en los casos de ser una spline el objeto seleccionado), **Corrector editable**, **MallaPoligonal editable** o **NURBS**.

Estas opciones las encontramos en el **Menú Cuad**, que surge al hacer clic en el visor con el botón derecho del ratón sobre el objeto seleccionado. En el área **Transformación**, encontramos el menú **Convertir en**. Desde este menú, siempre podemos realizar conversiones.

Algunos modificadores

Podemos acceder a ellos a partir del menú Modificadores o seleccionándolos en la Lista de modificadores.

Curvar

Curva el objeto seleccionado en torno a un eje que determinamos en sus parámetros. El ángulo de curvatura se mide en grados.

Los parámetros del modificador los podemos detallar dividiéndolos en las tres áreas que se indican:

- Curvatura: En esta zona definimos el ángulo de curvatura con respecto al plano vertical en el parámetro Ángulo. Y en el contador Dirección establecemos la dirección de la curva respecto al plano horizontal. Estos valores pueden oscilar entre 1 y 360. Ángulos negativos establecen el giro en el sentido contrario.
- Eje de curvatura: Podemos definir alguno de los tres ejes X, Y o Z, teniendo en cuenta que dicho eje es del gizmo y no del objeto que tengamos seleccionado.
- Límites: Desde este conjunto de parámetros, podemos limitar el efecto de la curvatura. Para ello, tenemos que activar la casilla de verificación Limitar efecto. Esta limitación se controla desde dos parámetros que lo limitan superior e inferiormente. Los límites superior e inferior son cantidades en unidades universales desde el punto central de curvatura, a partir del cual ésta no afecta a la geometría.

Afilar

Este modificador produce un afilado en el extremo del objeto que designemos.

Los parámetros son los siguientes:

- Cantidad: Determina la cantidad de afilado. Pueden darse valores positivos o negativos. Éstos se miden en la dirección negativa del eje seleccionado.
- Curva: Desde este contador, se controla la curva del afilado.
- Eje de afilado: Controla los ejes de afilado y la posibilidad de simetría entre los dos ejes.

1. Principal: Es el eje central del afilado. Por defecto, este valor se encuentra situado en la posición Z.
2. Efecto: Eje que indica la dirección del afilado respecto al eje principal. El valor de Efecto puede ser cualquiera de los dos ejes no seleccionados en el valor Principal.
3. Simetría: Con esta opción activada, se produce un afilado simétrico alrededor del eje principal.

Torcer

Este modificador afecta a la superficie del objeto, produciéndole una torsión alrededor de un eje y con un ángulo determinado.

Los parámetros son:

- Ángulo: En este valor establecemos la torsión que se va a producir con respecto al eje vertical.
- Alteración: Establece a qué distancia del centro del gizmo se va a desarrollar la torsión. Su valor puede oscilar entre –100 y 100. Para un valor negativo, lo hará por debajo del centro y con un valor positivo lo hará por encima. Si el valor es 0 lo hace por el centro.
- Eje de torsión: Esta zona es la indicada para seleccionar el eje a partir del que se va a producir la torsión.
- Límites: Igual a lo comentado en el modificador Curvar.

Ruido

Modula la posición de los vértices del objeto al que es aplicado, a través de la combinación de los tres ejes. Encontramos estos parámetros:

- Ruido: Esta zona controla los siguientes parámetros:
  1. Núcleo: Genera un punto inicial aleatorio, a partir del cual realiza las modificaciones.
  2. Escala: Este contador nos permite introducir el tamaño del efecto de ruido. El valor del contador de forma predeterminada es 100.
  3. Fractal: Se trata de una casilla de verificación que activa otros dos parámetros, que nos van a permitir restringir, en cierto modo, la aleatoriedad de esta opción. La opción Fractal crea picos de ruido de forma aleatoria. El parámetro Aspereza tiene como finalidad controlar la aspereza de esos picos y su valor oscila entre 0, para mucha

suavidad, y 1, para la máxima aspereza. En el caso del parámetro Interacciones, controlamos el número de interacciones que usa la función fractal. Un valor pequeño utiliza menos el efecto fractal, de tal forma que el valor 1, que es el mínimo, actúa como si no usásemos la función fractal. El valor máximo es 10.

- Fuerza: En esta área se establece la fuerza del ruido en cada uno de los ejes. Si la fuerza es 0 para los tres ejes, no se aplicará ningún efecto.

Nota

La opción Fractal *es idónea para crear superficies de terreno y si, además, controlamos el valor del parámetro* Núcleo, *podremos crear superficies distintas a partir de un simple cubo.*

Extruir

Este modificador se activará cuando tengamos seleccionado algún objeto Forma.

Se encuentra dentro del conjunto de modificadores Edición de mallas.

Con esta herramienta, dotamos de profundidad al objeto forma y lo convertimos en un objeto en tres dimensiones.

En la figura 14.6 vemos un ejemplo con un objeto extruido y los parámetros del modificador.

Los parámetros son:

- Cantidad: En este contador definimos la cantidad de la extrusión. Con valores positivos, su desplazamiento se realiza en la parte positiva del eje, perpendicular al objeto forma, con valores negativos, en sentido contrario.
- Segmentos: Determina el número de segmentos que va a tener en la dirección del eje de extrusión el objeto que estamos modificando.
- Tapa: Afecta al modo de creación de la tapa. Los parámetros que posee esta zona son:
    1. Inicio y Fin: Son dos casillas de verificación, que, cuando se encuentran activadas, colocan una tapa en el objeto que estamos creando.
    2. Cuadrícula y Transformar: Atañen al modo de creación de la tapa. Así, la primera de ellas, para crear la tapa, la divide en una cuadrícula, creando caras homogéneas. Por otra parte, la opción Transformar crea caras de diferentes tamaños, pudiendo aparecer caras alargadas y puntiagudas.

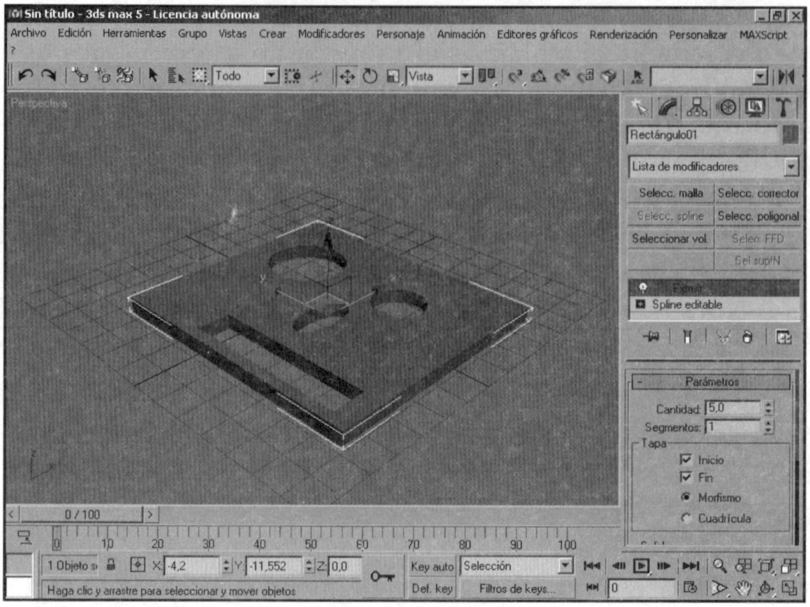

Figura 14.6. Ejemplo del modificador Extruir con sus parámetros

- **Salida**: Aquí controlamos el resultado de la extrusión. Se presentan tres opciones:
  1. Corrector: Crea una superficie correctora, que se puede modificar desde el modificador Editar corrector.
  2. Malla: Genera una superficie en forma de objeto malla, que es posible modificar con Editar malla.
  3. NURBS: Crea una superficie de modelo NURBS.

Nota

La extrusión no posee gizmo. La modificación se realiza directamente sobre el objeto.

Torno

Torno también es un modificador que se aplica a objetos forma, creando a partir de ellos un objeto 3D al rotarlos sobre un eje, y lo podemos encontrar en el conjunto de modificadores Edic. corrector./splines.

Los parámetros de este modificador, en algunas de sus áreas, son iguales a los comentados en Extruir, por lo tanto, detallaremos solamente aquellos que sean novedosos:

- Grados: En este contador se establece el número de grados que gira el objeto sobre el eje. El valor de este contador está entre 0 y 360 (circunferencia completa).
- Núcleo de soldadura: Con esta casilla de verificación activada, unimos los vértices que se encuentran en el eje de revolución, simplificando de esta forma el objeto.
- Voltear normales: Cambia la dirección de las normales.
- Segmentos: Introducimos el número de los segmentos que van a generar la superficie.
- Dirección: Tenemos posibilidad de elegir alguno de los tres ejes X, Y y Z. Éste es el eje por el que se va a realizar la rotación.
- Alinear: Definimos la alineación de la rotación dentro del eje definido en la zona Dirección. Tenemos tres posibilidades:
    1. Mín: La alineación se realiza con la extensión mínima de la forma en el eje seleccionado.
    2. Centrar: La alineación es por el centro del objeto forma.
    3. Máx: Por el punto máximo.

Nota

El eje del modificador Torno *puede ser desplazado, escalado y rotado y estas opciones pueden animarse, si lo tratamos a nivel de subobjeto (sólo debemos seleccionarlo en el catálogo de modificadores en la ramificación del modificador).*

Simetría

Con este modificador, podremos crear un objeto simétrico al seleccionado, con la ventaja principal de tener un solo objeto (no dos, como sucedería con la herramienta Simetría) sobre el que, al realizar cualquier otra modificación, afectará a su simétrico.

La selección a nivel de subobjeto nos permite establecer la ubicación del centro de la simetría sobre el que va situado el eje o plano seleccionado.

Los parámetros son muy parecidos a los de Simetría (herramientas), encontramos:

- **Eje de simetría**: En esta área se selecciona el eje o plano sobre el que se va a efectuar la simetría.
- **Desfase**: Es la distancia que va a existir entre la parte simétrica y la original.
- **Copiar**: Activa la creación del objeto simétrico. Si no está activada, simplemente hemos desplazado y girado el objeto seleccionado.

Resumen

El panel Modificar ha sido el tema de estudio en este capítulo. Su estructura y su interfaz han ocupado gran parte de él.

Para comenzar, creamos conjuntos personalizados de modificadores, que nos permitirán trabajar de forma más rápida y cómoda. Continuamos viendo las utilidades del catálogo de modificadores y cómo se estructura la información de los diferentes modificadores que vamos aplicando sobre un mismo objeto.

Para finalizar el capítulo, estudiamos cómo se comportan algunos de los modificadores: extruir, torno, afilar, simetría, etc.

Capítulo 15

Edición de subobjetos en splines y mallas

En este capítulo aprenderá:

- A convertir los objetos formas en splines editables.
- La edición de las splines a nivel de vértices, aristas y splines.
- A convertir las geometrías en mallas editables.
- Las opciones de la edición de subobjeto de las mallas.
- La posibilidad de convertir un objeto en MallaPoli editable.

Introducción

Una vez analizados los diferentes modificadores en el capítulo anterior, vamos a estudiar aquellos modificadores que cambian la geometría a nivel de subobjeto: nos estamos refiriendo a la edición de mallas y de splines.

En este tema, comentaremos algunas de las principales opciones y formas de trabajar de estos modificadores.

Edición de splines

Los objetos splines fueron motivo de estudio en el capítulo 8, donde sólo analizamos su creación.

Cuando accedemos al panel Modificar con un objeto tipo splines, podemos encontrarnos con dos situaciones:

- Si el objeto seleccionado es un objeto línea, o ha sido convertido previamente a spline editable, se despliegan las opciones de modificación a nivel de subobjeto.
- Si el objeto es otro tipo distinto a línea o no ha sido previamente convertido en spline editable, aparecerán las opciones de creación propias del objeto.

Como podemos ver, para que una spline se pueda editar a nivel de subobjeto debe convertirse previamente en spline editable. Para efectuar esta acción, debemos hacer clic con el botón derecho del ratón sobre el objeto y en el menú Convertir en seleccionamos la opción Convertir en spline editable.

Advertencia

Las opciones que vamos a comentar en este capítulo son muy parecidas entre sí, aunque se apliquen a diferentes niveles de objetos. Para no alargar la lectura con conceptos repetidos, se obviará la información que ya haya sido comentada, pero entendamos que ese mismo concepto es aplicable en los demás casos.

Encontramos algunas opciones que son accesibles sin editar a nivel de subobjeto:

- Crear línea: Permite dibujar un conjunto de líneas del mismo modo que si estuviésemos usando el objeto Línea. No creamos un nuevo objeto, sino más elementos dentro del objeto que tenemos creado, es decir, tendremos dos o tres splines distintas dentro de un mismo objeto.
- Asociar: Permite seleccionar en el visor otras formas que se convertirán en splines del objeto que estemos editando, es decir, que aquellas formas o splines que seleccionemos dejarán de ser un objeto, para ser un subobjeto del que estemos editando.
- Reorientar: Rotará la spline asociada hasta que su sistema de coordenadas locales esté alineado con el del objeto que estamos editando.
- Asociar mult: Despliega un cuadro de diálogo de Selección por nombre, en el que podemos seleccionar las formas que deseamos asociar.
- Insertar: Inserta uno o más vértices en la forma seleccionada, añadiendo más segmentos. Para realizar esta acción, sólo debemos hacer clic en alguna parte de la curva y se insertará el vértice tras el siguiente punto marcado con el ratón. Para finalizar la inserción, haremos clic con el botón derecho del ratón.

La edición a nivel de spline atañe a tres niveles distintos: **Vértice**, **Segmento** y **Spline**, que pasamos a comentar.

Advertencia

Los subobjetos pueden sufrir las mismas transformaciones que los objetos normales.

Edición a nivel de Vértices

En el panel Modificar, desplegamos las ramificaciones de los niveles de subobjeto del catálogo de modificadores y seleccionamos la opción Vértice. De esta forma, desplegamos las posibles ediciones a este nivel dentro de la persiana Geometría (las opciones que figuran desactivadas no son para la edición a nivel de vértice).

En la figura 15.1 podemos apreciar las diferentes opciones:

- Partir: Divide una spline por el vértice que tengamos seleccionado previamente. Visualmente, los dos vértices que surgen están en la misma posición que ya tenía el seleccionado, es decir, Partir no elimina tramos, sólo abre o parte una spline por uno de sus vértices.

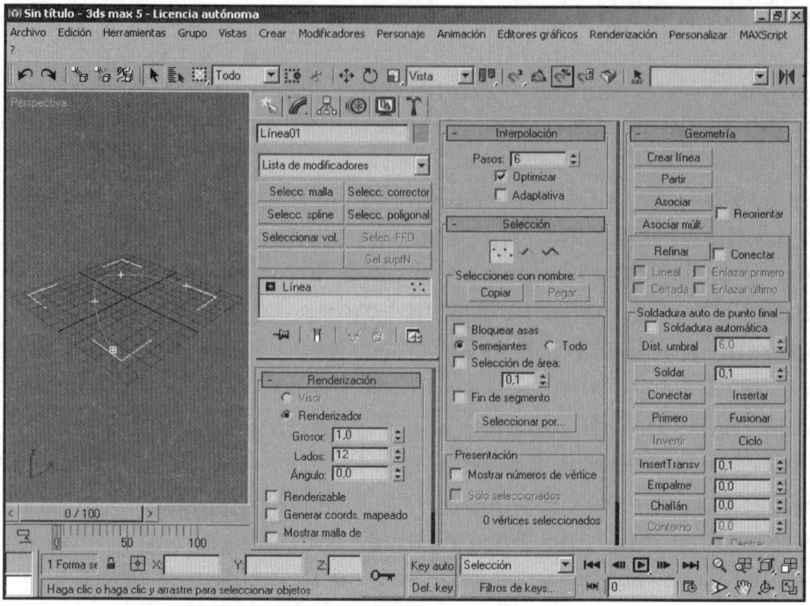

Figura 15.1. Opciones de Spline editable a nivel de vértice

Nota

La selección a nivel de subobjeto se realiza por los mismos métodos que si de objetos normales se tratase.

- Refinar: Permite añadir vértices sin modificar la curva. Los vértices se añaden en el recorrido de la curvatura. Iremos haciendo clic con el ratón en la posición de la curva en la que queramos insertar un vértice.
- Conectar: Es una casilla de verificación, que al activarla permite lo siguiente:
  1. Crear un objeto spline adicional con los puntos que hemos ido marcando durante el refinado.
  2. Desplegar las opciones Lineal, Enlazar primero, Enlazar último y Cerrada. Cada una de estas opciones indica cómo se va a crear el objeto spline. Podemos seleccionar todas las opciones, pero hay que activarlas antes de acceder a la opción **Refinar**.
- Soldar: Une los vértices finales de dos splines en uno solo. También podemos soldar dos vértices cercanos de una misma curva. Para activarlo, previamente debemos hacer la selección de los vértices. A la

derecha de este botón, figura un contador que indica el umbral de soldadura, es decir, la distancia más cercana a la que los vértices se soldarán.

- Conectar: Une dos vértices finales con un nuevo segmento.
- Primero: Establece el vértice seleccionado como el primero en la creación. Es importante establecer bien el primer vértice ya que, por ejemplo, en los solevados, la adaptación de una forma a otra se realiza uniendo primero los dos vértices con el número uno, y así sucesivamente.
- Fusionar: Desplaza todos los vértices a un punto que ha calculado como el punto medio de todos. Los vértices no se unen, sólo se desplazan.
- Ciclo: Va realizando la selección consecutiva de los vértices, según el orden de creación, o según el orden surgido al definir la opción **Primero**.
- InsertTransv: Inserta un vértice en la intersección de dos segmentos.
- Empalme: Redondea las esquinas en el vértice que se encuentre seleccionado. El radio de redondeo se establece en el contador que se encuentra a su derecha.
- Chaflán: Efectúa un bisel en las esquinas de los vértices seleccionados. Elimina el vértice y crea un nuevo vértice. La distancia de chaflán desde el vértice se marca en el contador de su derecha.
- Ocultar: Oculta los vértices seleccionados y, además, todos los segmentos que unían.
- Mostrar todos: Muestra todos los elementos ocultos.
- Enlazar: Permite convertir el vértice seleccionado en un vértice enlazado. Para crear un vértice enlazado, debemos arrastrar un vértice final hasta un punto de un segmento y, al soltarlo, el vértice se une al segmento y pasa a color negro. Los vértices enlazados no pueden moverse, pero, si desplazamos el segmento al que está asociado, se desplazará.
- Desenlazar: Convierte los vértices enlazados, que tengamos seleccionados, en normales.
- Eliminar: Elimina el vértice o conjunto de vértices que tengamos seleccionados.
- Ver segmentos seleccionados: Esta casilla de verificación, al estar activada, mostrará seleccionados las splines que contengan los vértices seleccionados.

Edición a nivel de Segmentos

La segunda forma de edición de subobjetos es a nivel de segmentos.

En el panel Modificar, encontramos muchas opciones para este tipo de subobjeto. Seguidamente, analizamos aquellas de las que no hemos realizado ningún comentario en la opción anterior.

- Dividir: Divide el segmento seleccionado en más segmentos, insertando vértices en la dirección de la curva. Establecemos el número de divisiones en el contador que hay a su derecha.
- Disociar: A partir de los objetos segmentos seleccionados, podemos obtener una nueva forma, siempre que no tengamos seleccionada la opción Igual forma. Encontramos tres opciones para este comando:
  1. Igual forma: Si esta opción está activada, el segmento se separa de la curva, pero no se crea un nuevo objeto. Si seleccionamos esta opción, se desactiva Reorientar. Esta opción, junto a la opción Copiar, sirve para copiar segmentos.
  2. Reorientar: El nuevo objeto que vamos a crear con esta opción activada girará hasta tener su sistema local de coordenadas alineado con el de la cuadrícula activa. Aparece un cuadro de diálogo para que coloquemos el nombre del nuevo objeto.
  3. Copiar: Esta opción, combinada con las otras dos, crea un objeto copia del que tengamos seleccionado. Al no seleccionarse, el conjunto de segmentos será el que quede disociado.

Edición a nivel de Splines

La edición a nivel de splines presenta estas opciones:

- Invertir: Invierte la dirección de la spline que tengamos seleccionada. El sentido en el que se numeren los vértices a partir del primero cambia.
- Contorno: Realiza una copia de la spline con un desfase determinado en el contador de la derecha. También podemos establecer la distancia con el arrastre del ratón.
- Centrar: Es una casilla de verificación que afecta a **Contorno**. Al estar activada, el desfase se efectúa desde una línea imaginaria central.
- Booleano: Permite establecer operaciones booleanas entre diferentes splines que permanezcan cerradas. Para realizar la operación, debemos seleccionar el operando A de la operación, posteriormente, se-

leccionar el botón **Booleano** y determinar la operación a realizar por medio de los tres botones que están a la derecha de dicho botón. Para realizar la operación, debemos seleccionar en el visor el operando B de la misma. Los tres botones enunciados, de izquierda a derecha, son: **Unión**, **Sustracción** e **Intersección**.

Nota

Las operaciones booleanas se deben efectuar entre splines que estén en el mismo plano.

- Simetría: Crea objetos simétricos a las splines que tengamos seleccionadas. Debemos seleccionar la forma y, posteriormente, alguna de las tres direcciones de la simetría indicada en los tres botones que figuran a la derecha de la opción.
- Copiar: Es una casilla de verificación que hace que el objeto a crear con la simetría no sea una transformación del inicial, sino una copia.
- Sobre pivote: Determina el punto sobre el que se va a realizar la simetría. Al estar activado, lo realiza con respecto al punto pivote del subobjeto. Si ésta desactivada, se hace sobre el centro geométrico.
- Recortar: Establece la spline seleccionada como arista cortante y, tras seleccionar la opción Recortar, todos los segmentos que corten a la arista marcada serán borrados.
- Alargar: Permite alargar tramos de segmentos hasta la spline que tengamos seleccionada, siempre que se encuentre en su posible trayectoria.

Nota

*Las opciones **Recortar** y **Alargar** se comportan de forma parecida a las órdenes* Recorta *y* Alarga *de* Autocad.

- Límites infinitos: Con esta casilla de verificación, activaremos la posibilidad de alargar segmentos que no se corten con la spline. El segmento crecerá hasta la posible intersección ficticia con la spline.
- Cerrar: Cierra la spline seleccionada, uniendo el último y el primer vértices.
- Descomponer: Parte las splines seleccionadas en una spline o en un objeto distinto, según tengamos seleccionado en las opciones de la

parte inferior. Si seleccionamos **Spline**, creará una spline de cada segmento que seguirá formando parte del objeto. Sin embrago, la opción **Objeto** pedirá el nombre del nuevo objeto que va a crear y utilizará la base de ese nombre para crear tantos objetos como segmentos podamos crear de las splines a descomponer.

Edición de malla

Para poder trabajar un objeto a nivel de malla, debemos convertirlo primero en malla, o bien utilizar alguno de los modificadores que trabajan a ese nivel. En este apartado, vamos a comentar cómo convertirlo y las opciones que nos presenta el panel modificar en este tipo de objetos.

Convertiremos los objetos en mallas de las formas siguientes:

- Si el objeto no tiene ningún modificador aplicado, haremos clic con el botón derecho del ratón sobre el objeto y en el menú emergente seleccionaremos **Convertir en** y la opción **Convertir en malla editable**. A partir de ese momento, perdemos la posibilidad de modificar los parámetros de creación del objeto.
- El segundo caso es para aquellos objetos a los que se les haya aplicado un modificador. Haremos clic con el botón derecho del ratón sobre el catálogo de modificadores del objeto y en el menú emergente seleccionaremos la opción **Contraer todo** y aceptamos el cuadro de diálogo que aparece. A partir de aquí, no tenemos acceso a ningún elemento del catálogo de modificaciones que se le haya aplicado al objeto.

Los objetos mallados poseen en el panel **Modificar** una serie de opciones que se encuentran dentro de la persiana **Editar geometría** (figura 15.2):

- **Asociar**: Esta función, igual que ocurría en la edición de splines, permite asociar al objeto que estamos editando otra malla de la escena.
- **Lista de asociación**: Despliega un cuadro de diálogo con su mismo nombre, que es del tipo de selección por nombre, en el que debemos seleccionar los objetos de la escena que queremos asociar.
- **Descomponer**: Descompone el objeto seleccionado en varios elementos del mismo objeto o en objetos independientes al actual, opciones que figuran en casillas de verificación debajo de **Descomponer**. A la derecha del botón, figura un contador, que especifica el ángulo de las caras por debajo del cual la separación no tendrá lugar.

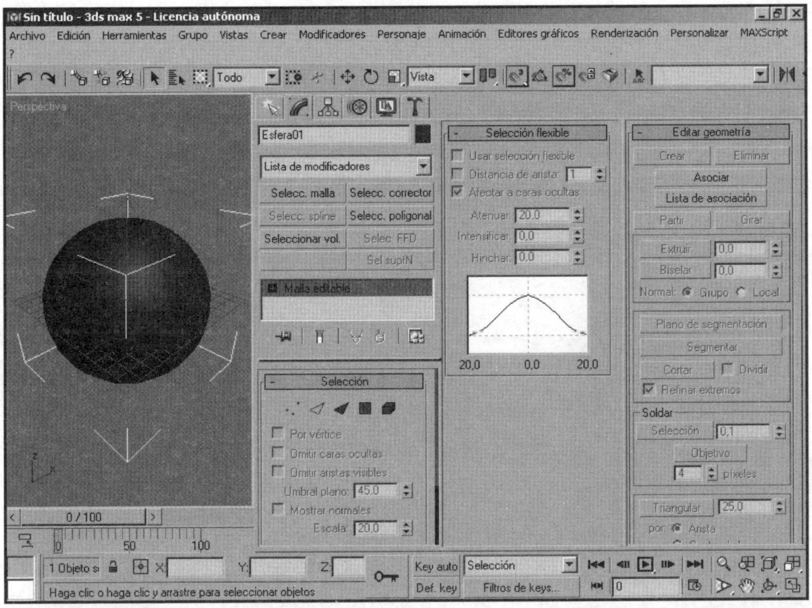

Figura 15.2. Opciones de malla editable a nivel de objeto

- Suprimir vértices aislados: Eliminará los vértices que, por cualquier edición sobre el objeto, se hayan quedado aislados en la geometría.
- Alinear vista: Alinea todos los vértices del objeto con el plano del visor activo.
- Alinear cuadrícula: En este caso, la alineación es con el plano de la cuadrícula.

La selección de los subobjetos de una malla editable se puede realizar a los siguientes niveles: Vértice, Arista, Cara, Polígono, Elemento. Podemos acceder a estos niveles, desde el catálogo de modificadores o desde la persiana Selección, marcando sobre cada uno de los iconos.

Seguidamente, comentaremos la edición de cada uno de ellos, pero abarcaremos en un sólo grupo Cara, Polígono y Elemento, ya que tienen las mismas opciones.

Edición a nivel de Vértice

Las opciones a este nivel de la persiana Editar geometría podemos apreciarlas en la figura 15.3.

Nota

Los vértices aparecerán en la geometría con una marca en color azul.

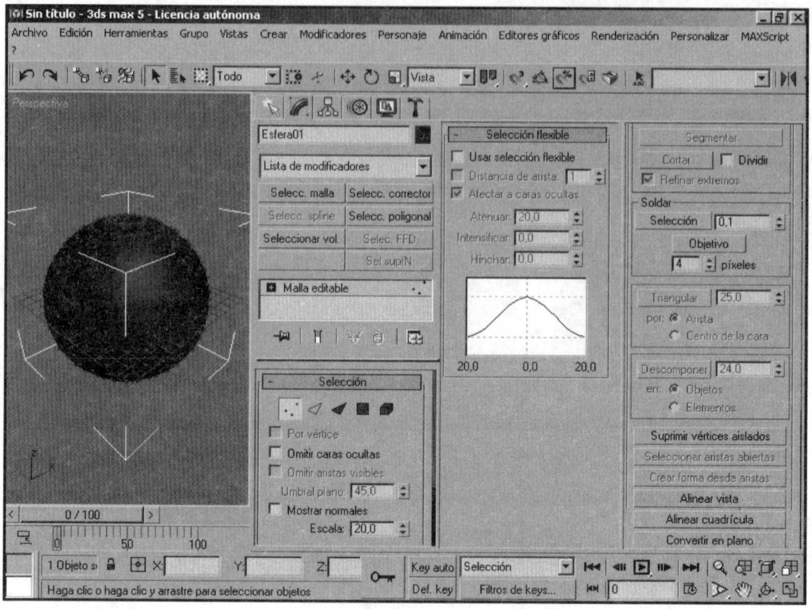

Figura 15.3. Opciones de malla editable a nivel de vértice

- **Crear**: Permite añadir vértices al objeto creado. Los vértices no tienen por qué estar dentro de las caras de la malla.
- **Eliminar**: Elimina los vértices seleccionados y las caras o aristas que tengan asociadas.
- **Disociar**: Disocia los vértices seleccionados y sus caras asociadas a un objeto distinto o un elemento. Surge un cuadro de diálogo para que marquemos el nombre. En el cuadro, encontramos dos casillas de verificación, en las que determinamos cómo se va a efectuar la disociación.
- **Partir**: Parte la geometría por los vértices seleccionados, colocando dos nuevos vértices en los vértices marcados, es decir, tendremos dos vértices finales de una malla.
- **Chaflán**: Al achaflanar los vértices, se crean nuevas caras. El contador de la derecha establece la distancia de chaflán en el vértice. Podemos efectuar el chaflán por el arrastre del ratón en el visor.

- Soldar: Suelda los vértices seleccionados en uno, siempre que se encuentren por debajo del umbral de soldadura, que lo establecemos con el contador que posee a su derecha el botón **Selección**. La segunda opción de soldadura que encontramos es **Objetivo**, que permite soldar por medio del arrastre con el ratón de los vértices seleccionados. Arrastraremos los vértices por el visor hasta soltarlos a una distancia en píxeles de pantalla menor a la marcada en el contador, que tiene esta opción debajo. Al soltar el ratón, se soldarán los vértices seleccionados con el vértice sobre el que hemos soltado.
- Convertir en plano: Fuerza a todos los vértices y, por consiguiente, a sus caras a ser coplanares. La normal del plano será la media de las caras que intervengan.
- Contraer: Une los vértices seleccionados en un vértice promediado.

La persiana Propiedades de superficie (figura 15.4) presenta también algunas opciones que debemos comentar:

Figura 15.4. Opciones de la persiana Propiedades de superficie en la edición a nivel de vértice

- Color: Se puede establecer el color del vértice marcando sobre el cuadro de color.
- Iluminación: Esta segunda opción permite cambiar el color de la iluminación de los vértices seleccionados.
- Alpha: Permite seleccionar un valor de transparencia a los vértices.
- Seleccionar vértices por: Es una zona en la que establecemos la selección de los vértices por medio de los dos colores definidos antes. El color y la iluminación sólo son herramientas para la selección de los vértices. Las opciones de esta área son:

1. Color: Establece que la selección se va a efectuar por el campo color.
2. Iluminación: Al estar activada, realizaríamos la selección por este campo.
3. Rango: Permite introducir los valores de R, G y B para realizar la selección.
4. Cuadro de color: Haciendo clic sobre él, podemos establecer el color.
5. Seleccionar: Al activarlo, se seleccionarán todos los vértices que tengan el color marcado para Iluminación o para Color.

Edición a nivel de Arista

Las opciones a nivel de arista que vamos a comentar son:

- Dividir: Divide las aristas seleccionadas en dos, colocando vértices en el centro de la arista.
- Girar: Rota las aristas ocultas, que son las que unen la diagonal de las caras rectangulares que nosotros vemos.

Nota

Las caras de los objetos en 3ds max *son triangulares.*

- Extruir: Extruye las aristas seleccionadas. La cantidad de extrusión se marca en el contador de su derecha. Podemos realizar la misma acción con el arrastre del ratón dentro del visor.
- Chaflán: Realiza un chaflán con la cantidad indicada en el contador.
- Seleccionar aristas abiertas: Selecciona todas las aristas que poseen una sola cara.
- Crear forma desde arista: Crearemos una forma spline a partir de las aristas seleccionadas. Surge un cuadro de diálogo con algunas opciones y con el campo Nombre, para que establezcamos el nombre de la nueva forma.
- Contraer: Contrae las aristas, uniendo los vértices finales de las aristas en uno.

La persiana Propiedades de superficie tiene las siguientes opciones:

- Visible: Hace que las aristas seleccionadas se vean en el modo Sólo aristas.

- Invisible: Hace invisibles las aristas en el modo Sólo aristas.
- Aristas automáticas: Establece la visión, o no, de las aristas, dependiendo del ángulo que formen con las caras (contador situado a la derecha). Al hacer clic sobre este botón, se pueden producir tres acciones, dependiendo de la casilla de verificación que tengamos activada:
  1. Def/des visib aristas: Cambia la visibilidad de todas las aristas seleccionadas.
  2. Definir: Convierte en visibles, las invisibles.
  3. Desactivar: Convierte en invisibles, las visibles.

Edición a nivel de Cara, Polígono o Elemento

Las opciones de este cuadro son las mismas, porque lo único que diferencia a los tres subobjetos es el número de caras que selecciona.

Las opciones que se nos muestran en la persiana Editar geometría son:

- Crear: Permite crear caras a partir de vértices que ya tengamos.
- Biselar: Además de poder extruir las caras, igual que las aristas, podemos biselarlas. Las caras biseladas sufren, primero, una extrusión, que se regula con el contador que encontramos a la derecha del botón **Extruir,** y, posteriormente, reducen o amplían su tamaño con el contador que encontramos a la derecha de **Biselar**. Esta modificación la podemos realizar con el arrastre del ratón.
- Normal: Establece en qué dirección se va a efectuar la extrusión. Encontramos dos opciones: Grupo o Local. La opción Grupo efectuará la extrusión en la normal promediada de las caras seleccionadas, mientras que la opción Local lo realizará con la normal de cada una de las caras.
- Triangular: Sirve para dividir las caras en más caras. El contador que se sitúa a la derecha del botón permite establecer la tensión entre las aristas. Un valor negativo desplaza los vértices hacia el centro.

La persiana Propiedades de superficie (figura 15.5) contiene varios parámetros importantes:

- Normales: Las normales son unos vectores que surgen del centro de cada cara y apuntan en una dirección. Por defecto, las caras en las que no veamos el vector normal no se verán ni en el visor ni en la representación, hasta que no establezcamos la opción Forzar 2 lados. En esta zona, encontramos varias opciones:

Figura 15.5. Opciones de la persiana Propiedades de superficie en la edición a nivel de cara, polígono o elemento

1. Voltear: Cambia la dirección de las normales de las caras seleccionadas.
2. Unificar: Coloca las normales de un objeto de forma que tengan todas la misma dirección.
3. Modo voltear normales: Establece el modo de trabajo con el ratón, de tal forma que al seleccionar sobre una cara se voltea su normal.

Nota

Podemos mostrar las normales desde una casilla de verificación denominada Mostrar normales, *en la persiana* Selección.

- Material: Cada cara de un objeto tiene asociado un identificador para el material ID. En el contador que encontramos en esta zona, podemos establecer el ID para cada cara. En el capítulo dedicado a los materiales, veremos que podemos crear materiales del tipo Multisubobjeto, de tal forma que a cada número ID de un objeto le asignemos un material distinto. Desde esta misma área, podemos seleccionar las caras por su identificador, solamente haciendo clic sobre el botón **Seleccionar por ID** y estableciendo el número en el cuadro de diálogo que surge.

- Grupos de suavizado: Los grupos de suavizados son unos números que se asocian a las caras, de tal forma que, en aquellas caras que se encuentren juntas y tengan el mismo grupo de suavizado, la unión se realizará de forma suave, mientras que las que no tengan el mismo número presentarán una superficie con aristas afiladas. Las opciones de esta área son:

Nota

Una cara puede tener activados todos los números que quiera. Si una cara tiene 3, 4 y 25 y la cara contigua tiene 22, 23, 24 y 25, estas dos caras suavizarán su unión, ya que las dos poseen el número 25.

1. Números del 1 al 32: Son los diferentes números de suavizado que puede tener una cara.
2. Seleccionar por GS: Despliega un cuadro de diálogo, donde se muestran los grupos de suavizado que posee el objeto. Estableceremos la combinación de números deseada y, haciendo clic sobre **Aceptar,** se seleccionarán aquellas caras que posean esos números.
3. Desactivar todo: Elimina todos los números que se encuentre marcados.
4. Suavizado automático: Definiremos con este botón grupos de suavizado basados en los ángulos que forman las caras (contador situado debajo).

- Editar colores de vértices: En esta zona podemos aplicar los valores Color, Iluminación y Alpha a los vértices de las caras que tengamos seleccionadas.

Edición de MallaPoli editable

Existen más posibilidades a la hora de transformar una geometría. Entre ellas vamos a comentar la posibilidad de edición a nivel de MallaPoli editable.

Para convertir un objeto en MallaPoli editable, debemos seleccionar esa opción en el menú emergente que surge al hacer clic con el botón derecho del ratón sobre el objeto. A este nivel, podemos trabajar con: Vértice, Arista, Borde, Polígono y Elemento.

Las opciones son muy similares a las comentadas en este capítulo para la malla y la spline editable, pero en este panel encontramos que, a la derecha de algunos botones, aparece un cuadro con un rectángulo en su interior. Estas opciones son las configuraciones de la herramienta que se encuentra a su lado.

Resumen

Una vez analizado el panel Modificar y comentado que se pueden realizar selecciones y modificaciones a nivel de subobjeto, era lógico que dedicásemos un capítulo a la edición de splines y a la edición de mallas.

En primer lugar, hemos visto cómo convertir una spline en spline editable, con el fin de poder acceder a la edición a nivel de vértice, segmentos y splines.

La segunda parte trata de la conversión de objetos a malla editable y las opciones que encontramos en la edición a nivel de vértice, arista, cara, polígono o elemento.

Para finalizar, hemos comentado la posibilidad de trabajar a nivel de MallaPoli editable.

Si dominamos la edición a estos niveles, no tendremos problemas en el modelado de objetos.

Capítulo 16

Luces, Cámaras...

En este capítulo aprenderá:

- La creación de luces de todos los tipos.
- A controlar la iluminación ambiental y simular la luz solar.
- A usar la Radiosidad.
- El uso de los visores foco y sus controles.
- A crear cámaras y a controlar sus visores.

Introducción

En este capítulo, tan importante para la creación de una buena escena, vamos a ver los distintos tipos de luces que existen en el programa y la posibilidad de crear cámaras para ver mejor las escenas.

Aprenderemos a simular la iluminación solar. Comentaremos los parámetros de iluminación y los diferentes controles que tenemos para los visores foco.

Con todo esto, conseguiremos que nuestras escenas tengan un toque más realista.

La segunda parte del tema trata la colocación de cámaras en la escena. Estas cámaras nos van a permitir simular recorridos, zooms, colocar vistas en lugares complejos, etc. En definitiva, constituyen el toque final para obtener el punto de vista idóneo para cada escena.

Aprenderemos, también, a utilizar y gestionar los controles del visor cámara.

Luces

Las luces son objetos que simulan la iluminación a la que estamos acostumbrados en la realidad: lámparas de casa y oficina, los focos de un teatro, el sol, etc. Las luces a que nos referimos iluminan de diferente manera en la realidad, pues, igualmente, en *3ds max* nos encontramos con diferentes tipos de luces según su forma de alumbrar.

Por defecto, si no tenemos luces en una escena, el programa le aplica una iluminación predeterminada. Cuando creamos un objeto de luz, desactivamos la iluminación predeterminada. Eliminando todas las luces, volvemos a activar la iluminación predeterminada.

La aplicación de luces es parte fundamental para la representación de una animación o escena, porque añaden un aspecto más realista. En una escena con modelado pobre, si aplicamos una buena iluminación, podremos disimular los defectos del modelado. Además, en imágenes fotorrealistas, una buena iluminación mejora la calidad y la tridimensionalidad de las escenas.

Como hemos comentado, existen diferentes tipos de luz según su forma de iluminar. En *3ds max* podemos encontrar dos tipos de luces: las Estándar, entre las que tenemos: Foco objeto, Foco libre, Direccional objeto, Direccional libre, Omnidireccional y Luz cenital; y las Fotométricas con:

Puntual con objetivo, Puntual Libre, Lineal con objetivo, Lineal libre, Área con objetivo, Área libre, Sol IES y Cielo IES.

Podemos crear estos tipos de luces desde el panel de comandos Crear, en su apartado Luces.

Señalemos, antes de entrar en profundidad con los parámetros de las luces, que el efecto de la luz sobre el o los objetos de la escena se puede apreciar en el visor por medio de una representación interactiva, que se hace presente en los visores con la representación en modo Suavizado+Resalte. En ella, en modo de presentación preliminar, podemos ver el efecto de la luz en la escena.

Parámetros comunes de las luces estándar

En la creación de los diferentes tipos de luces, encontramos persianas comunes de parámetros que son las que vamos a comentar. Posteriormente, cuando hablemos de los distintos tipos, veremos cómo se crean y cuáles son los parámetros concretos de cada tipo de luz.

Cada una de estas persianas se presentan en el panel de comandos durante la creación de cualquier tipo de luz estándar.

Persiana Parámetros generales

Esta persiana cambia de información, ya que si la vemos en el panel Crear presenta una información distinta a la que presenta en el panel Modificar. En la figura 16.1 se observan los parámetros de esta persiana en las opciones de modificación, que pasamos a describir.

Los parámetros generales son:

- Tipo: Permite cambiar el tipo de luz que tengamos creada. Despliega una lista con los diferentes tipos de luces. Es accesible desde el panel Modificar, una vez creada la luz, cuando estemos editando sus parámetros.
- Con objetivo: Estará activo en aquellas luces que podemos crear con objetivo o no.
- Act: Esta casilla de verificación sirve para encender o apagar la luz.
- Sombras: Es el área en la que especificamos las opciones relacionadas con las sombras. Presenta las siguientes opciones:
  1. Act: Es una casilla de verificación que activa que la luz proyecte sombras, o no.

2. Usar configuración Global: Aplicamos que la configuración de la sombra sea la global.
3. Mapa de sombras: Lista de selección que permite establecer el tipo de sombras que va a originar la luz. La selección de un tipo u otro implica que los parámetros de la persiana Sombras sean distintos.

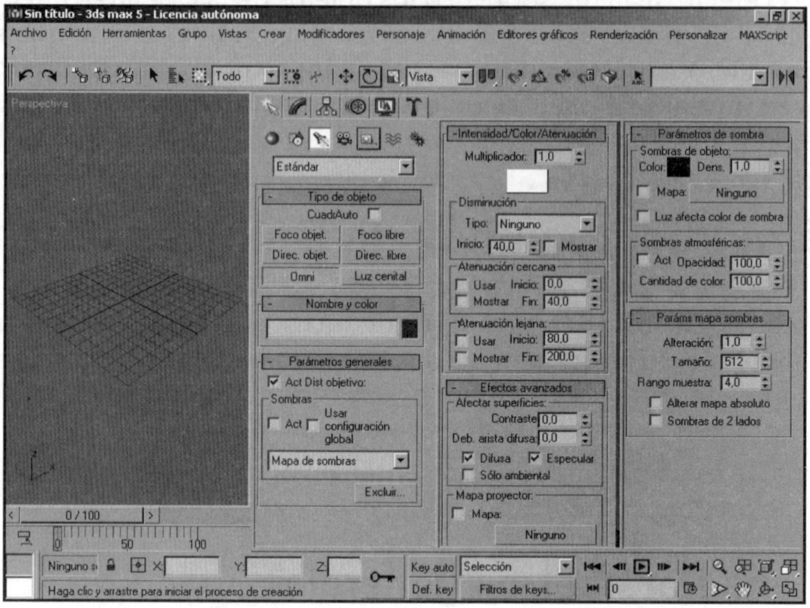

Figura 16.1. Parámetros generales de una luz estándar

- Excluir: Con este botón, podremos excluir de la lista de objetos que aparecen a aquellos a los que no queramos aplicarles el efecto de la luz. Haciendo clic sobre el botón **Excluir,** abrimos el cuadro de diálogo Excluir/Incluir, que es un cuadro común de selección de objetos, en el que podemos seleccionar aquellos elementos de la escena que serán excluidos de iluminación o de proyección de sombras.

Persiana Intensidad/Color/Atenuación

Los parámetros que podemos controlar desde esta persiana son:

- Multiplicador: La cantidad establecida en este contador multiplica la potencia de la luz, viéndose más brillante para un valor positivo y menos para un valor negativo.

- **Color de la luz**: Es un recuadro que nos presenta el color de la luz. Haciendo clic sobre él, se despliega el cuadro de diálogo **Selector de colores**, donde podemos elegir el color deseado para la luz que estemos creando.
- **Disminución**: En esta zona establecemos cómo se reduce la intensidad de la luz con respecto a la distancia. Contamos con un parámetro definido como **Tipo**, que posee tres posibilidades:
  1. **Ninguno**: Con esta opción no hay caída, es decir, la luz mantendrá en todo momento su fuerza desde el inicio hasta el infinito, si no tenemos establecida una atenuación de lejanía.
  2. **Inverso**: Esta opción aplica una caída inversa, de manera que, a medida que aumenta la distancia, la luz va perdiendo intensidad.
  3. **Cuadrado inverso**: Es la misma opción anterior, salvo que, ahora, la disminución está elevada al cuadrado.

Nota

La opción de caída **Cuadrado inverso** *es la misma que se da en la propia naturaleza.*

  4. **Inicio**: Es la distancia a la que va a comenzar la caída.
  5. **Mostrar**: Presenta en el visor una representación de esa zona inicial de comienzo.
- **Atenuación cercana y lejana**: Estas dos zonas poseen los mismos parámetros, aunque una está referida a la atenuación cercana y otra a la atenuación lejana, controlando la primera la proximidad y la segunda la lejanía. La atenuación de lejanía determina desde qué distancia empieza a disminuir la intensidad de la luz hasta el valor cero. La atenuación de proximidad determina que la luz mantenga un valor de intensidad cero hasta la distancia especificada en el contador **Inicio**. Desde ahí, hasta la distancia indicada por el contador **Fin**, su valor aumenta. A partir del valor establecido en **Fin**, interviene la atenuación de lejanía. Los parámetros de esta área son:
  1. **Inicio** y **Fin**: Marcan los límites de atenuación, ya sean de proximidad o de lejanía.
  2. **Usar**: La casilla de verificación Usar nos permite especificar si a la luz que estamos creando o modificando le afectan los valores de atenuación en proximidad o lejanía. Es decir, es como activar, o no, la atenuación.

3. **Mostrar**: Igual que ocurre con la opción Usar, en este caso, también tenemos una casilla de verificación para lejanía y otra para proximidad. Esta opción muestra en los visores una representación de los límites de atenuación.

Persiana Efectos avanzados

Esta zona presenta dos áreas con sus respectivos parámetros:

- **Afectar superficies**: Desde ella podemos establecer cómo va a afectar la iluminación a la superficie. En ella encontramos:
  1. **Contraste**: El valor de este contador puede oscilar entre 0 y 100 y nos permite ajustar el contraste entre las áreas difusa y ambiente de la superficie. El valor 0 es el contraste normal. A medida que lo aumentamos, incrementamos el contraste, lo que suele ser útil para luces de efectos especiales.
  2. **Deb arista difusa**: Esta opción establece la cantidad de arista que se debilita entre las porciones difusa y ambiente de una superficie. Con esta opción, podremos eliminar las aristas que suelen aparecer sobre una superficie. Cuando establecemos este parámetro, reducimos la cantidad de luz.
  3. **Difusa**, **Especular** y **Sólo ambiental**: Si activamos estas casillas de verificación, la luz afectará a las propiedades difusa, especular o sólo a la ambiental, respectivamente.
- **Mapa proyector**: Posee una casilla de verificación para que la proyección de los rayos de luz se efectúe conforme a un mapa, que definiremos con el botón **Mapa** del mismo área.

Persianas Parámetros de sombra

En esta persiana, establecemos cómo se van a establecer las sombras. Presenta dos áreas:

- **Sombras de objeto**: En ella encontramos los parámetros que afectan a las características de las sombras originadas por los objetos.
  1. **Color**: Es el color de la sombra. Al hacer clic en el recuadro de color, se abre el cuadro de diálogo **Selector de color** para que determinemos el nuevo color.
  2. **Dens**: Establece la densidad de la sombra.

3. Mapa: Permite establecer por medio de un mapa, seleccionándolo desde el botón **Ninguno**, la forma de la sombra que se va a originar.
4. Luz afecta color de sombra: Es una casilla de verificación que establece que el color de la luz afecte al color de la sombra.

- Sombras atmosféricas: Estos comandos permiten especificar cómo va a ser la sombra que generen los efectos atmosféricos. Las opciones son:

1. Act: Activa que los efectos atmosféricos proyecten sombras.
2. Opacidad: Establece la opacidad de las sombras.
3. Cantidad de color: Es la cantidad del color de la atmósfera que estará mezclado con el color de la sombra.

Persiana parámetros mapa sombras

Esta persiana cambia dependiendo del tipo de sombra que vaya a generar la luz. Desde aquí, establecemos los diferentes parámetros para la configuración de la calidad y características de las sombras.

Encontramos cuatro opciones: Sombras de áreas (soporta transparencias y mapas de opacidad), Mapa de sombras (no soporta objetos de transparencia ni mapas de opacidad), Sombras de Raytrace (aplica sombras con más calidad que las dos anteriores) y Raytrace avanzado (usa más memoria que el anterior y es el recomendado para una mejor calidad).

Persiana Atmósfera y Efectos

Esta persiana aparece cuando accedemos al panel Modificar para variar los parámetros de una luz que tengamos creada. Permite añadir efectos atmosféricos a las luces.

Podemos instalar dos tipos de efectos: Volumen luminoso y Lens Effects.

Estos parámetros se controlan desde el menú `Renderización`, en su opción Efectos, pero, aquí, sólo podemos añadir efectos relacionados con las luces.

Tipos de luces estándar

En los próximos apartados vamos a estudiar brevemente los distintos tipos de luces.

Foco Objet.

Crea un foco con un objetivo como el que podemos ver en la figura 16.2. Este tipo de luz posee dos partes características que podemos modificar y seleccionar por separado: el foco y el objetivo.

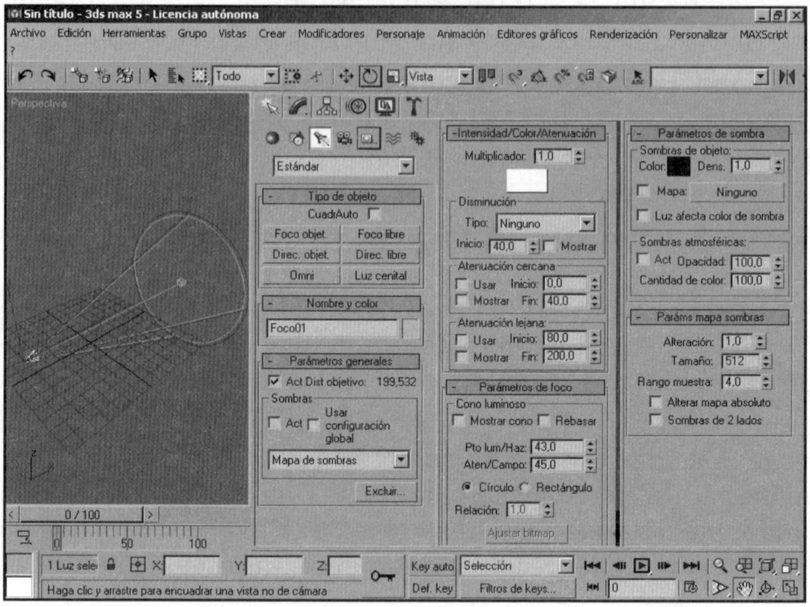

Figura 16.2. Ejemplo de objeto Foco Objet.

El foco es el punto desde el que parte la luz, mientras que el objetivo es el punto al que llega la luz.

Cuando creamos un objeto Foco Objetivo, el programa lo nombra de la siguiente forma: al foco lo llama Foco01 y al objetivo Foco01.Objetivo.

Para poder modificar los parámetros del objeto Foco Objet, debemos seleccionar su parte Foco, ya que si lo seleccionamos por ventana tendríamos varios objetos seleccionados. A cada una de las partes le podemos aplicar una transformación.

Para crear un objeto Foco Objetivo, debemos marcar con el ratón en el visor la ubicación de la luz y por el arrastre con el ratón definiremos el objetivo, es decir, el lugar que deseamos alumbrar.

Al crear un Foco Objetivo se despliega la persiana Parámetros de foco, que comentamos a continuación.

- **Mostrar cono**: Muestra, u oculta, la representación de los conos **Pto lum./ Haz** y **Atenuación/Campo**. El efecto no se apreciará en el visor hasta que no tengamos el objeto foco deseleccionado.
- **Rebasar**: Al activar esta opción, conseguimos que el foco emita luz en todas las direcciones, rebasando el cono de atenuación, pero sólo proyecta sombras dentro de ese cono.
- **Pto lum/Haz**: Establece el ángulo del cono de la luz. En el visor se representa con forma de cono en color azul claro.
- **Atenuación/Campo**: Marca el ángulo de la atenuación de la luz. Su representación es igual que el anterior, pero en color más oscuro.
- **Círculo/Rectángulo**: Casillas de verificación que determinan la forma de los conos de atenuación y punto luminoso. Elegiremos la opción **Círculo** para crear un foco de luz circular y seleccionaremos **Rectángulo** para marcar una luz con esa forma. Al activar la opción **Rectángulo**, tenemos acceso a dos parámetros adicionales:
  1. **Relación**: Es un contador en el que indicamos la relación entre la altura y la anchura del rayo de luz. Se expresa en unidades absolutas. El valor 1,333 equivale a una relación 4/3, que es la que tienen las películas anteriores a los años 50 y las diapositivas de 35mm.
  2. **Ajustar bipmap**: este botón nos permite seleccionar una imagen bipmap de la que se calculará la relación altura/anchura que posea la imagen.

En la persiana **Parámetros generales**, encontramos un casilla de verificación **Act distancia objetivo**, y seguido de ella, la distancia que existe entre el objeto Foco y el objeto Foco Objetivo.

Foco libre

Crea un foco de luz, el mismo que el objeto Foco Objet, pero sin necesidad de tener un objetivo. Los parámetros y su forma de creación son los mismos que los comentados en el apartado anterior.

Direccional Objetivo

Este tipo de luz, **Direccional Objetivo**, nos permite crear la proyección de rayos de luz paralelos en una única dirección. Como ejemplo, tenemos la proyección del sol sobre la tierra. La forma de creación de este tipo de objeto es la misma que la comentada en el objeto Foco objet.

Los parámetros de creación propios de este tipo de luz aparecen en la persiana Parámetros direccionales, que son los analizados en los objetos foco.

Direccional libre

Al objeto **Direccional libre** le ocurre respecto al objeto Direccional objetivo lo mismo que le ocurría al objeto Foco libre con el Foco objetivo.

Los parámetros y su representación son los mismos que en el objeto anterior.

Omni

Las luces omnidireccionales emiten luz en todas las direcciones.

Estas luces emiten sombras y proyecciones. El objeto luz omnidireccional emite sombras equivalentes a seis focos apuntando desde el centro hacia fuera.

Luz cenital

Con este tipo de luz establecemos la luz del cielo. Esta luz se aplica sobre la escena. Los parámetros son comunes a los comentados en los otros tipos de luces aunque destacamos:

- Usar entorno de escena: Esta opción establece que se adopten las características de la luz ambiental establecida en el entorno.
- Color cielo: Establece el color del cielo. Las opciones de mapa permiten especificar un mapa.

Para que en el renderizado obtengamos el efecto de este tipo de luz, debemos acceder al menú Renderización y a la opción Iluminación Avanzada, en la que seleccionaremos la opción Light Tracer como tipo de iluminación avanzada.

Parámetros comunes de las luces fotométricas

Comenzamos ahora el segundo tipo de luces que podemos crear. Seguiremos el mismo esquema que el definido para las luces estándar y estableceremos las características comunes para este tipo de iluminación.

Los tipos de luces que podemos crear son: Puntual con objetivo, Puntual libre, Lineal con objetivo, Lineal libre, Área con objetivo, Área libre, Sol IES y Cielo IES.

En el análisis de las propiedades, sólo vamos a comentar aquellas que presentan diferencias o que son nuevas con respecto a las luces Estándar.

Antes de comenzar, debemos hablar de un concepto definido como Radiosidad.

Radiosidad

La radiosidad es la técnica de renderización que simula la manera en que la luz actúa rebotando en los objetos de la escena.

Con esta técnica de iluminación, la calidad de la iluminación de la escena mejora considerablemente, ya que es una iluminación más precisa. Hasta ahora, cuando iluminábamos una escena de una habitación con una luz situada en su parte superior, los objetos situados debajo de una mesa no se verían, cosa que sí sucede en la realidad. Con esta técnica, la luz rebotará en los demás elementos de la escena y forzará que debajo de la mesa exista una pequeña iluminación.

Este tipo de representación va a dar lugar a sombras más ligeras y suaves y el color de la luz sobre las superficies es más natural.

Para generar este tipo de iluminación, utilizaremos otro tipo de luces, las fotométricas, con las que podremos establecer las características técnicas de la luz de cada fabricante en la vida real, ya que se pueden instalar los parámetros a partir de ficheros IES, CIBSE y LTLI, en los que se establecen las características de una determinada bombilla que encontraremos en las tiendas.

Todos esto combinado, origina que la Radiosidad establezca un algoritmo de cálculo, en el que crea una malla de toda la superficie de la escena, donde se calcula la luz de cada una de las caras de esa malla, por medio de la cantidad de luz distribuida de cada área de la malla a otra área y así con todas entre sí, estableciendo un cálculo final para cada cara de la malla. Es decir, cada cara de la malla emite una luz que es el resultado de reflejar todos los rayos de luz que recibe de las otras caras de la malla. Como podemos suponer, este tipo de técnica de iluminación requiere unas características de equipo informático muy elevadas, debido a la gran cantidad de cálculos que tiene que realizar.

Un último apunte, la malla que se establece en la geometría es totalmente configurable, es decir, podemos originar que posea más o menos caras. A más caras, más rebotes de luz y mucha mayor calidad, pero mayores necesidades de memoria.

Con este tipo de técnica, no será necesario colocar más luces en la escena que las que existen en la realidad.

Podemos colocar una luz concreta de un fabricante cualquiera y con su modelo exacto, ya que se pueden establecer los parámetros reales de la luz en cuestión.

Para activar este tipo de representación de la iluminación, debemos activar la opción Radiosidad dentro del cuadro de diálogo Iluminación avanzada (figura 16.3) del menú Renderización.

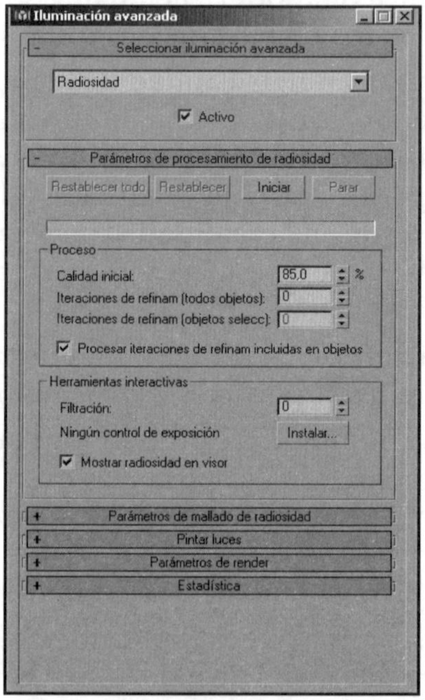

Figura 16.3. Cuadro de diálogo Iluminación avanzada con la opción Radiosidad activada

Una vez situadas las luces en la escena, debemos iniciar el proceso de radiosidad haciendo clic en el botón **Iniciar** del cuadro. Este proceso será de más o menos calidad dependiendo de dos parámetros: Calidad inicial (a mayor valor, más calidad) y Configuración de la subdivisión global, que se encuentra en la persiana Parámetros de mallado de radiosidad (establecemos el tamaño de la malla de cálculo).

Una vez calculada la malla, debemos establecer que el renderizado se realice a partir de esa malla de cálculo. Para ello, accederemos al cuadro de diálogo **Entorno** (menú **Renderización**) y en la persiana **Control de exposición** seleccionamos, por ejemplo, la opción **Logarítmico**.

Ahora podemos ver en un renderizado como queda la escena con esa iluminación.

Nota

Cada vez que actualicemos la iluminación de la escena debemos volver a recalcular la malla.

Persiana Intensidad/Color/Distribución

Los parámetros que controlamos en esta persiana son:

- **Distribución**: Describe las diferentes formas en las que la luz se va a emitir desde el punto luminoso. Tenemos tres posibilidades:
  1. **Isotrópica**: La luz se emite desde un punto en todas las direcciones y a medida que aumenta la distancia va disminuyendo la cantidad de luz.
  2. **Foco**: La luz se proyecta en forma de foco. Despliega una persiana de opciones que comentaremos después.
  3. **Red**: Permite establecer los datos reales de un fabricante, por medio de un fichero. La selección del fichero se establece en la persiana **Parámetros de red**, que se despliega y que analizaremos más adelante.
- **Color**: Es un área que posee los siguientes parámetros:
  1. **Luz**: Es una lista con los diferentes tipos de luces que podemos seleccionar. Cuando seleccionamos una de la lista, queda desactivada la opción Kelvin.
  2. **Kelvin**: Seleccionamos el color de la luz, ajustando los colores de la temperatura emitida por la luz, emitidos en grados Kelvin. Su valor oscila entre 1.000 y 20.000. El color resultante se aprecia en un recuadro a la derecha del contador.
  3. **Color de filtro**: Establece el color de un filtro colocado delante de la luz. Haciendo clic sobre el recuadro de color, se activa el selector de color.

- Intensidad: Es otra área en la que se establece la intensidad de la iluminación basada en propiedades físicas. A partir de los valores físicos, el programa establece el valor Intensidad resultante, que es el que aplicará a la luz. Posee diferentes formas para establecerla.
  1. Multiplicador: Esta opción aplica un porcentaje a la intensidad de luz resultante, originando un resultado distinto. Para un valor de 100, el resultado no variará.
  2. Lm: Establece la cantidad de lúmenes de la luz. Al seleccionarlo, se activa el contador inferior. Los contadores se activan si tenemos desactivada la opción Multiplicador. Si establecemos esta opción, la Intensidad resultante se especificará en lúmenes y su resultado será el establecido en este campo tras aplicar el valor del multiplicador.
  3. Cd: Es la intensidad calculada en candelas.
  4. Lx en: Es el cálculo en lux. Los valores establecidos se calculan en función del contador con el valor y la distancia especificada en el contador de la derecha.

Nota

Estos parámetros quedan especificados una vez se establezca el fichero del fabricante, que almacena las características de la luz.

Persiana parámetros de foco

Esta persiana se activa al seleccionar la distribución en tipo foco. Los parámetros que encontramos afectan exclusivamente a la forma del cono luminoso (estas opciones nos recordarán a las de la luz estándar Foco):

- Mostrar cono: Activa la visualización del cono luminoso en el visor.
- Pto lum/Haz: Establece el radio de la zona de punto luminoso.
- Aten/Campo: Marca el radio de la zona de atenuación del cono.

Persiana parámetros de red

En esta persiana podemos establecer el fichero del fabricante para el comportamiento de la luz. Tenemos un botón que en principio pone **Ninguna**, que permite seleccionar el fichero deseado. Las extensiones posibles son: IES, CIBSE y LTLI.

Además, encontramos tres contadores para especificar la rotación del gizmo de la luz en sus tres ejes. Los valores pueden oscilar entre -180 y 180. Estos valores son importantes, ya que la emisión de luz en la opción Red no es en una sola dirección, sino que se efectúa en diferentes direcciones y no con la misma intensidad.

Tipos de luces fotométricas

Como ya hemos visto, existen diferentes tipos de luces, aunque podemos establecer cuatro bloques característicos.

Puntual

Las tenemos de dos tipos, atendiendo a la existencia de un objetivo o no: Puntual con objetivo y Puntual libre.

En estos casos, la emisión se establece desde un punto, aunque, como hemos visto, pueda tener forma isométrica, de foco o de red. Los parámetros de creación ya han sido comentados a lo largo del capítulo, tanto en la parte de las luces estándar como en los parámetros de las fotométricas.

Si seleccionamos el tipo con objetivo, debemos establecer el objetivo con el arrastre del ratón a la hora de crear la luz.

Lineal

Igual que en el caso anterior, existe posibilidad de crear un tipo con objetivo y otro libre: Lin con Objet y Lineal libre.

En este tipo de luces, el punto de emisión de luz es una línea. Éste podría ser el caso de un tubo fluorescente.

Presenta una persiana denominada Parámetros de luz lineal, en la que encontramos el contador Longitud para establecer la longitud de la línea.

Área

En este caso, la zona de emisión de la luz es un rectángulo, cuyas dimensiones las establecemos en la zona Parámetros de luz de área por medio de dos contadores: Longitud y Anchura.

Encontramos, también, dos formas de usar este tipo de luz: con objetivo o sin él.

IES

Las dos últimas opciones de creación que encontramos son Sol IES y Cielo IES.

Sol IES

Con este tipo de luz, podemos simular la iluminación solar. Como parte más sobresaliente encontramos:

- Intensidad: Especifica el valor de la cantidad de la luz.

Además, hay que establecer el objetivo de la iluminación.

Cielo IES

Es la simulación del cielo y de la iluminación que éste proyecta. Destacamos en este objeto los siguientes parámetros:

- Act: Activa, o no, este objeto.
- Color cielo: Es el color que va a presentar el cielo.
- Presenta en la parte inferior una barra, para establecer el estado del cielo con respecto a la cantidad de nubes que presenta. Esto afectará a que se aprecie más luz, o menos.

Luz solar

Para crear este tipo de luz, debemos acceder al panel Crear, en su apartado Sistemas y, marcando en el visor, definiremos primero un objeto Rosa de los vientos. Posteriormente, emplazaremos la ubicación de la órbita de la luz solar, que no es más que un direccional objetivo.

En la figura 16.4, vemos la persiana Parámetros de control del objeto Luz solar, con las siguientes opciones:

- Acimut/Altitud: Es simplemente informativo de la ubicación en latitud y longitud de la rosa de los vientos a la que apunta el sol.
- Tiempo: Está formada por contadores para definir la hora exacta, fecha y zona horaria de la proyección solar.
  1. Horas/Minutos/Segundos: Para indicar la hora.

2. **Mes/Día/Año**: Para indicar el día.
3. **Huso horario**: Este valor puede variar entre -12 y 12.
4. **Horario de verano**: Esta opción activa la posibilidad de cambio de hora en la zona indicada.

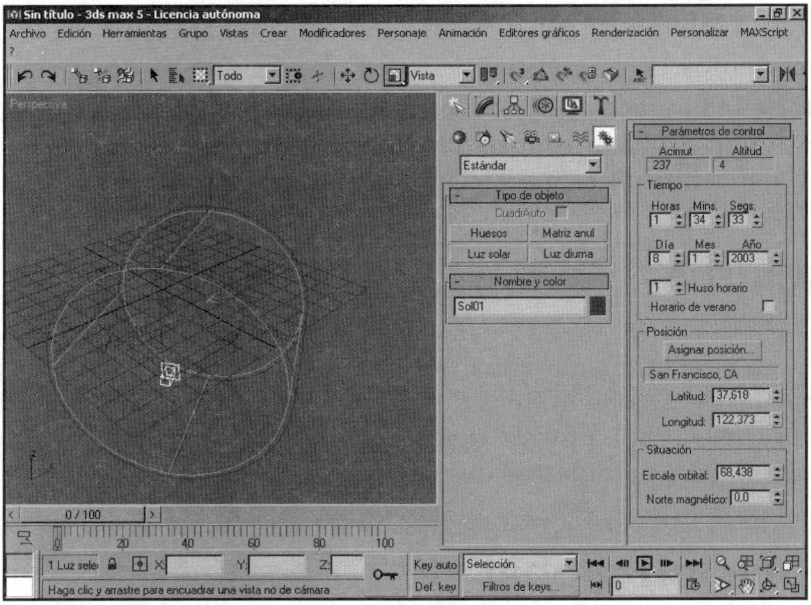

Figura 16.4. Parámetros de control del objeto Luz solar

- **Posición**: Permite establecer, por medio de la latitud y la longitud, la ubicación exacta de nuestra escena para la simulación solar. Posee los parámetros siguientes:

  1. **Asignar posición**: Al pulsar este botón, se despliega un cuadro, en el que podemos seleccionar la latitud y la longitud de una forma dinámica y a partir de un mapa. Tenemos la posibilidad de seleccionar entre los mapas de todo el mundo. Dentro de cada mapa, hay un conjunto de ciudades importantes que podemos seleccionar. Si no se encuentra la ubicación entre la lista de lugares, podemos hacer clic en el mapa sobre la posición deseada y él nos dará la longitud y la latitud del punto indicado. Si tenemos activada la casilla de verificación **Ciudad más próxima**, al marcar en el mapa, se selecciona la ubicación de la lista que esté más próxima al punto indicado.

2. **Nombre de ciudad:** Indica el nombre de la ciudad determinada, siempre que ésta sea una de las situadas en la lista de ciudades.
3. **Latitud/Longitud:** Son dos contadores, en los que se indica la latitud y la longitud de la posición que queremos establecer.

- **Situación:** Controla dos parámetros.
  1. **Escala orbital:** Establece la distancia del sol al centro de la rosa de los vientos.
  2. **Norte magnético:** Marca la rotación de la rosa de los vientos, es decir, la orientación geográfica de la rosa de los vientos. Como valor predeterminado está seleccionado 0 (norte).

Luz diurna

Se encuentra en la misma zona que la luz solar, pero en este caso es la combinación de un objeto Rosa de los vientos, con el objeto Sol IES y con un objeto Cielo IES. La forma de creación es la misma que la luz solar y posee los mismos parámetros de creación.

Iluminación global

Para finalizar, comentaremos la posibilidad de modificar la luz de forma global y la luz ambiental.

La luz ambiental es la que ilumina toda la escena. Posee parámetros como la intensidad y la difusión uniformes, sin embargo, no tiene posición ni dirección.

Para modificar la **Iluminación global**, debemos acceder al menú **Renderización** y seleccionar la opción **Entorno** y en el cuadro de diálogo que surge, dentro del área **Parámetros comunes** podemos configurarla.

Los parámetros del cuadro en lo referente a **Iluminación global** son:

- **Tinta:** Cuando este color es distinto del blanco, lo que hacemos es tintar todas las luces de la escena, excepto la ambiental, con el color establecido. Haciendo clic sobre el recuadro de color, accedemos al cuadro de diálogo **Selector de color**.
- **Nivel:** Es una cantidad que va a multiplicar todas las intensidades de las luces de la escena. Para el valor 1, las luces poseen su iluminación

establecida. Con valores mayores que 1 se aumenta la iluminación y con valores menores que 1 se disminuye.

- Iluminación ambiental: Este cuadro determina el color de la iluminación ambiental. Al hacer clic sobre él, aparece el cuadro de diálogo Selector de colores.

Opciones relacionadas con las luces

Listador de luces

Tenemos una utilidad con el nombre Listador de luces. Podemos acceder a ella desde el menú Herramientas. Al seleccionarla, se despliega un cuadro de diálogo que muestra un resumen de las luces que tenemos en la escena (figura 16.5). Desde este mismo cuadro, podemos seleccionarlas, activarlas, establecer el tipo de sombra, la atenuación, el color, etc.

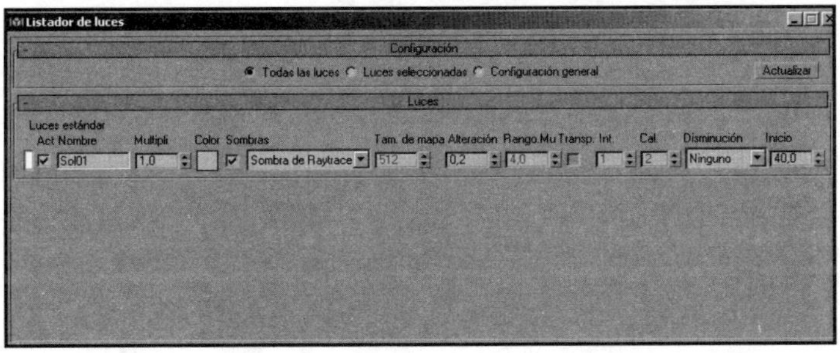

Figura 16.5. Listador de luces

Máximo brillo

 Existe la posibilidad de alinear una luz, para conseguir que una cara tenga el máximo brillo. Es una opción que se encuentra dentro del icono desplegable **Alinear**. Esta opción depende del visor en el que estemos trabajando.

Para establecer el máximo brillo dentro de una cara de un objeto, debemos seleccionar primero la luz que va a iluminar el objeto. Luego seleccionamos el icono **Máximo brillo** de la barra principal y marcamos en la cara del objeto que deseamos iluminar. Si en la cara mantenemos pulsado el botón del ratón, podemos desplazarnos por la superficie del objeto hasta encontrar el punto mejor.

Controles de foco

Los visores de foco son bastante parecidos a los de cámara, que se comentarán en el siguiente capítulo.

Para poder crear o trabajar con un visor foco, debemos tener creado un foco en la escena. Cuando seleccionamos un visor foco, se nos muestra la vista que tenemos desde el foco hacia el objetivo.

Colocaremos un visor foco desde el menú emergente que surge en el título del visor y, desplegando el menú Vistas, seleccionaremos el foco que queremos que nos muestre la escena.

En un visor tipo foco se presentan los siguientes controles:

- **Punto luminoso**: Con esta herramienta, ajustamos el ángulo del punto luminoso del foco. Desplazando el ratón, al arrastrarlo, aumentamos o disminuimos el cono del punto luminoso.
- **Atenuación de foco**: Nos permite ajustar el ángulo del punto luminoso de un foco, es decir, aumentamos o disminuimos el cono de atenuación de un foco. Si aumentamos el ángulo de atenuación, incrementamos la luz en la escena.
- **Travelín de foco, de objetivo** y **de foco+objetivo**: Estas tres opciones son las mismas que analizaremos para el caso de la cámara, con la única diferencia de que se refieren a un foco.

Cámaras

En *3ds max* tenemos la posibilidad de crear objetos de cámara. Estos objetos simulan el efecto de una cámara, ya sea para una imagen fija o para realizar cualquier animación.

Las cámaras, igual que los objetos focos en las luces, muestran la escena desde un punto determinado.

Como vimos en los primeros capítulos, podemos colocar un visor como visor de cámara, en el que veremos la escena desde la cámara creada.

Los objetos cámara se encuentran dentro del panel Crear, en su apartado Cámaras, en el que encontramos dos tipos: Objetivo y Libre.

Cámara Objetivo

Igual que le ocurría a los focos con objetivo, estas cámaras muestran el área en torno a un objetivo creado al crear la cámara. Estas cámaras, al tener un punto de objetivo, resultan más fáciles de dirigir, ya que podemos designar por separado la cámara y el objetivo.

Se suelen utilizar para animar tanto el objetivo como la cámara.

La cámara está unida al objetivo por una línea. Si seleccionamos esta línea, quedan seleccionados los dos componentes del objeto: cámara y objetivo.

En la figura 16.6 hay un ejemplo de cámara **Objetivo**.

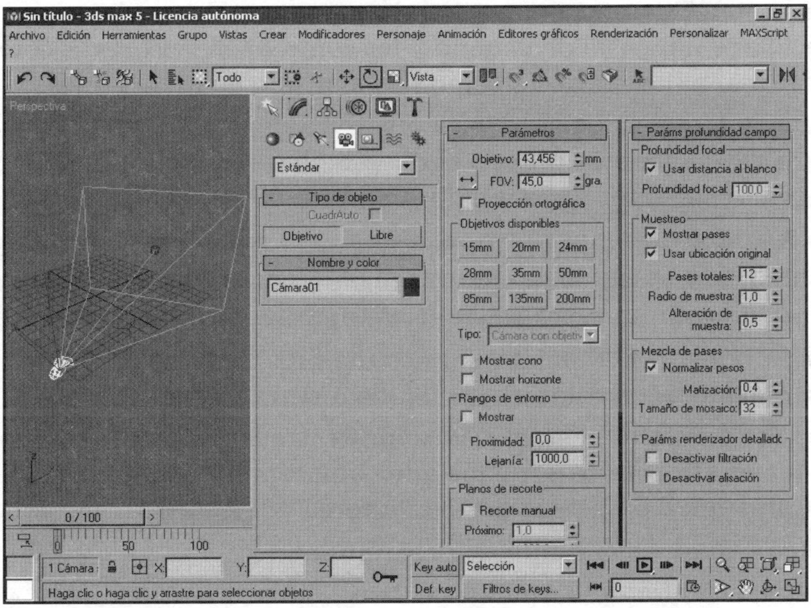

Figura 16.6. Ejemplo de objeto Cámara objetivo

Para crear una cámara objetivo, debemos realizar los mismos pasos que para la creación de un foco.

Los parámetros de esta cámara son:

- **Objetivo**: Este contador determina la distancia focal de la cámara. Las unidades de medida son milímetros. Este valor lo podemos seleccionar de entre algunos predeterminados.

- FOV: Establece el ancho del área que ve la cámara, que se define como Campo visual.
   1. El Campo visual (FOV) sirve para cambiar la cantidad de escena que podemos ver y la amplitud de la perspectiva.
   2. El valor FOV define el horizonte de la cámara. Las unidades de medida son grados.
   3. Dirección de FOV: A la izquierda del contador FOV hay un botón desplegable con tres opciones, representadas en sus iconos: **Horizontal, Vertical** o **Diagonal**. El cambio de botón no altera la vista de la cámara, sólo marca el método de cálculo del contador. Si se cambia de botón de dirección, se altera el valor FOV.
- Proyección ortográfica: Esta casilla de verificación es la que controla la vista de la cámara. Si se encuentra activada, la vista de la cámara tiene el mismo aspecto que una vista de usuario y los controles de visores se comportan de forma habitual, es decir, como si el activado no fuese un visor cámara.
- Objetivos disponibles: Son los 9 objetivos disponibles de forma estándar. Si seleccionamos uno de ellos, establecerá el valor indicado en su icono como el valor del contador Objetivo.
- Tipo: Cambia entre los dos tipos de cámaras que tenemos.
- Mostrar cono: Permite mostrar el cono que define el campo visual de la cámara. El cono se muestra en los visores que no son cámaras.
- Mostrar horizonte: Muestra la línea del horizonte de la cámara. Su representación es en color gris en el visor de cámara.
- Rangos de entorno: Establece los límites de lejanía y proximidad para los efectos atmosféricos, de los que hablaremos en el tema destinado a la Representación. Posee dos contadores:
   1. Proximidad: Es el límite de proximidad.
   2. Lejanía: Valor del límite de cercanía.
   3. Mostrar: Es una casilla de verificación que muestra los límites establecidos en los contadores Proximidad y Lejanía. Para el primero, utiliza una representación en color marrón claro y para el segundo en color marrón oscuro.
- Planos de recorte: Establece los límites de representación de los objetos desde la cámara. Definimos dos planos de corte, uno lejano y otro cercano. Los objetos que queden fuera del espacio definido por esos dos planos no se representan. Dicha representación, se realiza en color rojo. Posee los siguientes parámetros:

1. **Recorte manual**: Activando esta casilla de verificación, podemos definir las distancias de los planos de corte.
2. **Próximo**: Establece el plano de corte próximo.
3. **Lejano**: Marca el plano de corte lejano.

- **Efecto multipase**: Permite añadir dos tipos de efectos a la cámara. Al seleccionar alguno de los dos posibles, encontraremos una persiana adicional a la que estamos comentando, para controlar ese efecto. Los efectos que podemos controlar son: **Profundidad de campo** y **Desenfoque de movimiento.**
- **Distancia al blanco**: Es un valor meramente informativo, que expresa la distancia entre la cámara y el objetivo.

Cámara Libre

Las cámaras libres muestran el área de la dirección a la que apuntan. Estas cámaras, al no tener objetivo, son más fáciles de utilizar en una animación.

La representación de la cámara libre es la misma que la del objeto cámara objetivo que hemos comentado anteriormente. Los parámetros de esta clase de cámaras son los mismos que los comentados para el otro tipo, con la única diferencia de que incorpora este tipo de cámaras:

- **Distancia al blanco**: si en la anterior este valor era informativo, en ésta es un campo contador. En él se introduce la distancia existente entre la cámara y el punto imaginario al que apunte la cámara.

Controles visor cámara

Cuando tenemos seleccionado un visor cámara (esta opción es posible si tenemos creada una cámara) los iconos de visores cambian.

Los visores de cámara muestran la vista desde un objeto cámara. Estos objetos nos permiten simular la acción de una cámara, por lo que encontramos un conjunto de controles de visores distintos:

-  **Travelín de cámara**: Con él podemos mover la cámara a lo largo de su línea de visión. Trabajamos de forma semejante a como lo hemos hecho con la mayoría de las opciones de visores. Si atravesamos el objetivo, la cámara da un giro de 180º para seguir mostrando el objetivo. Este icono se despliega en otros que tratamos a continuación.

- **Travelín de objetivo**: Movemos sólo el objetivo hacia la cámara o desde ella. No produce ningún cambio en el visor, salvo cuando el objetivo atraviesa la cámara; entonces, ésta gira 180º siguiendo al objetivo de la cámara.
- **Travelín del objetivo+cámara**: Este icono nos permite, a la vez, un desplazamiento de la cámara y del objetivo de cámara. Su funcionamiento es semejante al caso anterior.
- **Perspectiva**: Nos permite realizar un travelín junto con la opción de campo visual (FOV). Realmente, lo que hacemos es ampliar la cantidad de perspectiva, pero conseguimos mantener la posición de la escena. Se trabaja de igual forma que con los anteriores iconos.

Nota

FOV nos permite cambiar la cantidad de escena que podemos ver en el visor. A medida que FOV crece, podemos ver más objetos dentro de la vista.

- **Rodaje de cámara**: Realiza una rotación de la cámara alrededor del plano horizontal.
- **Paralelo de cámara**: Opción parecida a **Encuadre** en los visores ortográficos. Con esta herramienta, se realiza un desplazamiento de la cámara y su objetivo sobre un plano paralelo al plano del visor, es decir, realizamos un encuadre.
- **Órbita de cámara**: Permite hacer una rotación de la cámara alrededor del objetivo. Por medio de la rotación, vamos realizando una órbita alrededor del objetivo de la cámara. Es un icono desplegable que contiene la siguiente herramienta.
- **Encuadre de cámara**: Realiza una acción parecida a la anterior, aunque, en este caso, lo que rota es el objetivo alrededor de la cámara, realizando un encuadre. Para utilizar esta herramienta, se procede como en los anteriores controles.

Alinear cámara

Se encuentra en el mismo lugar que el icono de **Máximo brillo** y permite alinear la cámara con la normal de la cara que seleccionemos.

Para realizar la alineación, seguiremos los mismos pasos que comentamos para la utilidad **Máximo brillo**.

Emular cámara con la vista

Esta opción estará activa en el menú Vistas cuando tengamos creada y seleccionada una cámara y estemos situados en el visor Perspectiva. Al seleccionarla, colocará la cámara seleccionada de tal forma que tenga la misma posición que la de la vista seleccionada en el visor.

Resumen

Recorriendo el panel Crear, le tocaba ahora el turno a las luces y las cámaras.

En el tema de la iluminación hemos comentado los diferentes tipos de luces que podemos crear, hemos hablado de la iluminación ambiental y, por supuesto, hemos simulado la luz solar.

Hemos hablado de Radiosidad, una nueva técnica de iluminación que se incorpora a la versión 5 del programa.

Las cámaras han dado diferentes puntos de vista de la escena, que nos permiten personalizar la representación a nuestro gusto.

Los objetos foco y cámara poseen un objetivo con el que establecer una visión desde un punto, tanto de cámara como de foco. Por este motivo, hemos podido crear visores cámara y foco, que poseen diferentes controles que han sido comentados.

Capítulo 17

Materiales y Mapas

En este capítulo aprenderá:

- La diferencia que hay entre materiales y mapas.
- A crear materiales de todos los tipos.
- El uso de las bibliotecas de materiales.
- A asignar los materiales a los objetos de la escena.
- El concepto de mapeado.

Introducción

Hablar de materiales y mapas es referirnos a una de las partes más importantes del programa.

Sin el uso de materiales, nuestra escena nunca llegaría a alcanzar la realidad deseada. Su importancia y su complejidad van íntimamente relacionadas, pero no nos preocupemos de su aparente dificultad, porque el programa dispone de numerosos ejemplos de materiales ya creados, que nos pueden servir de punto de partida y proporcionarnos muchas ideas para que nosotros creamos nuestros propios materiales.

En este capítulo, comentaremos los conceptos fundamentales de la creación de materiales.

Materiales

En *3ds max* un material es un conjunto de datos que se asignan a la superficie de un objeto. Los materiales se aprecian en la representación. Afectan al color, brillo, opacidad o relieve de los objetos a los que son aplicados.

La aplicación de unos buenos materiales es importante para obtener una buena representación de la escena. Significa que aplicamos texturas reales a los objetos creados.

Todos los materiales con los que podemos trabajar, e incluso los que se puedan crear, se encuentran dentro de un cuadro de diálogo denominado Editor de materiales.

Desde el Editor de materiales, podemos crear, modificar y asignar materiales a los objetos de la escena, para que en su representación obtengamos imágenes o animaciones lo más realistas posibles.

Dentro de *3ds max* podemos encontrar tres grupos distintos de materiales:

- Materiales básicos: Dan un único color uniforme a un objeto. Un mismo color en un objeto suele reflejar muchos colores. La creación de los materiales básicos se hace por medio de tres componentes de color: color ambiental, color difuso y color especular. Adicionalmente, los colores transparentes poseen también un componente más, color filtro.
- Materiales mapeados: Son aquellos materiales que se basan en mapas. Definimos un mapa como un patrón que un material aplica a una superficie.

- Materiales de composición: Combinan dos o más materiales en uno solo, pudiendo asignar varios materiales a un mismo objeto.

Para finalizar con esta pequeña introducción sobre los materiales, indicamos que su adaptación a la superficie de un objeto depende de su superficie.

Por ejemplo, no se representará lo mismo un material en una superficie plana que en una esférica. El adaptar los materiales a la superficie se conoce con el nombre de Mapeado.

Editor de materiales

 El Editor de materiales se abre haciendo clic sobre el icono **Editor de materiales**, que está en la Barra Principal. Al hacer clic en el icono, aparece el cuadro de diálogo que se ve en la figura 17.1. En él encontramos:

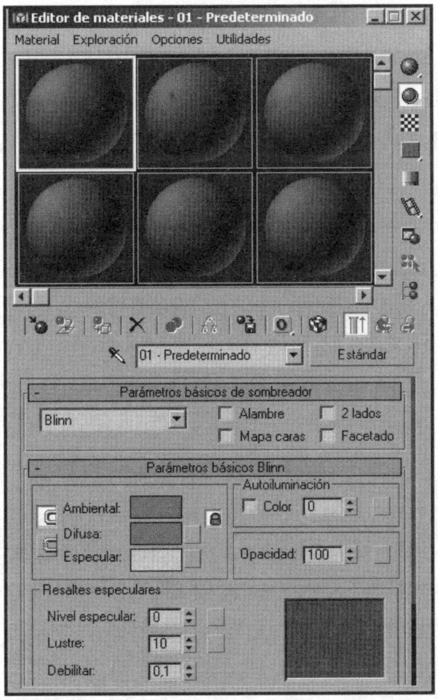

Figura 17.1. Editor de materiales

- Una barra de menús, desde la que tenemos acceso a todas las opciones de los botones del cuadro.

- Una zona con unas ventanas con representación de esferas de distintos colores, que nos muestra los materiales que estén creados.
- Un conjunto de botones alrededor de la zona anterior, con los que ejecutamos las opciones del cuadro de diálogo.
- Y, por último, unas persianas con sus distintos parámetros, que nos permiten crear los distintos tipos de materiales.

En este apartado, vamos a ir tratando cada una de estas partes por separado, a medida que vamos aprendiendo a modificar, crear y asignar materiales a cada uno de los objetos de la escena que estemos creando.

Muestra de materiales

La zona de muestra de materiales, por defecto, tiene representados seis materiales en seis esferas dentro de un encasillado.

Una de las casillas tiene un cerco en blanco, indicando que es la que se encuentra activa para su edición o selección.

En este epígrafe, vamos a tratar dos aspectos importantes: un menú emergente de las muestras y la asignación de materiales a los objetos.

Si hacemos clic con el botón derecho del ratón sobre una zona de muestra, en la muestra activada, obtenemos un menú emergente con las siguientes opciones:

- Arrastrar/Copiar: Esta opción se encuentra marcada por defecto y nos permite asignar el material seleccionado sobre un objeto de la escena sólo con el arrastre del ratón. Para asignar un material con el método de arrastre a un objeto de la escena, sólo debemos hacer clic en el material deseado y arrastrar con el ratón hasta soltarlo encima del objeto de la escena al que queramos asignar ese material.
- Arrastrar/Rotar: Es la segunda de las opciones que encontramos en el menú y es incompatible con la primera. Cuando activamos esta opción, se desactiva la anterior. Define el modo de arrastre dentro de la ventana de presentación para la rotación del objeto que se encuentre en ella representado (por defecto, es una esfera).

Advertencia

Si estamos en modo Arrastrar/Rotar, *no podemos asignar materiales con el arrastre del ratón. Cuando terminemos la rotación, debemos activar de nuevo* Arrastrar/Copiar.

- **Restablecer rotación**: Coloca el objeto de la muestra en su posición inicial.
- **Representar mapa**: Al hacer clic en esta opción, se despliega el cuadro de diálogo **Representar Mapa**. Nos permite representar el mapa del objeto activo. La representación la hace en un archivo mapa de bit o AVI, dependiendo de si es una imagen fija o si el mapa está animado. Esta opción está desactivada si no tenemos un mapa asignado al material activo.
- **Opciones**: Presenta el cuadro de diálogo **Opciones del editor de materiales**. En él, se controlan los siguientes aspectos:
  1. **Actualización manual**: Esta casilla de verificación evita que se actualicen las ventanas antes de que se seleccionen.
  2. **No animar**: Si está activada y ese material ha sufrido una animación, ésta no se representa en la ventana de muestra.
  3. **Alisación**: Cuando está activada, los bordes de la muestra del material se presentan alisados y no dentados. Si está desactivada, la presentación del material en la ventana de muestra se hace más rápida, ya que tiene menor nivel de detalle.
  4. **Refinación paulatina**: Al estar activada, la representación de las muestras se hace de la siguiente forma: primero, se representan rápidamente con píxeles grandes y luego, con más detalle.
  5. **Multipresentación simple bajo nivel superior**: Si está activada y en la esfera se representa un material del tipo **Multi/subobjeto**, se presentarán múltiples correctores en el nivel superior del material. Si presenta alguno de submaterial, la esfera lo presentará entero.
  6. **Fondo personalizado**: Si está activado, coge el fondo del objeto que nosotros designemos con un mapa de bit. A la derecha de la casilla de verificación, existe un botón que nos permite seleccionar el fondo. Si hacemos clic sobre él, se despliega un cuadro de diálogo de selección de archivo. Cuando seleccionamos el fondo y volvemos al cuadro de diálogo **Opciones**, aparece en el botón el nombre del mapa de bit seleccionado como fondo. Si no está activada, el programa coloca el fondo por defecto.

Nota

El fondo no se presenta en la ventana de muestra hasta que no activemos su presentación. En este apartado sólo hemos elegido el fondo.

Truco

Al trabajar con materiales transparentes, como cristales, es aconsejable colocar un fondo para comprobar la transparencia del material que estamos creando.

7. Representación: Esta área establece la representación utilizada en las muestras. Tenemos dos posibilidades: Detallada, en la que se representa mediante una serie de líneas horizontales, y Actual, que es la que tenemos especificada en las opciones de presentación.
8. Luz superior y Luz posterior: En las muestras tenemos aplicadas dos luces, una en la parte superior y otra en la parte posterior. Con estas opciones, podemos cambiar los colores de esas luces. Haciendo clic sobre el cuadro de color, entramos en el ya conocido cuadro de diálogo Selección de color.
9. Multiplicador: Contador que nos permite establecer la intensidad de la luz correspondiente. Como valor predeterminado tenemos 1. Para valores menores, pierde intensidad y con valores mayores, hasta 10, gana en intensidad.
10. Predet: Conjunto de botones que sirven para colocar los parámetros en los valores predeterminados.
11. Intensidad de iluminación ambiental: Marca el valor de la intensidad de luz ambiental. Su valor oscila entre 0 y 1.
12. Intensidad de fondo: Marca la intensidad del fondo. Sus valores van desde 0=negro a 1=blanco.
13. Escala de muestra de mapa 3D: Establece la escala de la esfera. No afecta al tamaño de la esfera en la muestra, pero sí a la aplicación del material. Mientras más cerca esté el tamaño de la representación del tamaño del objeto original, mejor se verá cómo queda la aplicación del material sobre el objeto.
14. Objeto de muestra pers: Permite establecer el objeto que va a representarse en la ventana de muestra en lugar de la esfera. Establecemos en el campo Nombre de archivo un archivo de extensión ***.max**, para seleccionar la escena. La escena debe tener un único objeto, aunque puede tener luces y cámaras. Si activamos la casilla de verificación Cargar cámara y/o luces, usaremos las luces y la cámara definidas en la escena.

15. Ranuras: Esta área establece el número de ventanas de muestra. Tenemos tres posibilidades: 3 X 2 (6 ventanas), 5 X 3 (15 ventanas) y 6 X 4 (24 ventanas). El valor 24 es el máximo que podemos utilizar.

Nota

En las representaciones de 6 ó 15 ventanas, tenemos más que no se ven. Si desplazamos el ratón por las ventanas, en ocasiones, aparece una mano que nos permite desplazar, por medio del arrastre del ratón, las ventanas de muestra.

16. **Aplicar**, **Aceptar** y **Cancelar**: Son los tres botones básicos de un cuadro de diálogo.

- Ampliar: Crea una ventana flotante, en la que se presenta la muestra del material. Si con la ventana activada arrastramos una muestra hasta la ventana ampliada, ésta nos muestra el contenido del material que hemos arrastrado.

Truco

Si hacemos doble clic con el botón izquierdo del ratón sobre la muestra activa, aparece la ventana Ampliar.

Nota

Cuando cerramos el Editor de materiales *con ventanas* Ampliar *abiertas, desaparecen también las ventanas. Cuando volvemos al* Editor de materiales, *nos presenta también las ventanas* Ampliar *en la posición en la que se encontraban.*

- Ventanas de muestra 3 X 2, 5 X 3 y 6 X 4: Señala la configuración del número de ventanas a mostrar.

Botones de herramientas del Editor de materiales

Los principales botones que encontramos en esta barra de herramientas son los siguientes:

- **Tipo de muestra**: Especifica el tipo de objeto de presentación de la muestra. Es un icono desplegable con las siguientes opciones:
  1. **Esfera**: (Predeterminado), objeto de representación esférica.
  2. **Cubo**: Representa un cubo.
  3. **Cilindro**: Muestra un objeto cilíndrico.
  4. **Personalizado**: Coge el objeto que tengamos en la escena seleccionada, según las opciones comentadas en el apartado anterior.
- **Contraluz**: Añade contraluz a la muestra, iluminando su parte inferior derecha.
- **Fondo**: Establece el fondo en la presentación de la muestra. Si no tenemos definido ningún archivo para el fondo (opciones del menú emergente de la muestra), coloca un cuadriculado de colores.
- **Mosaico UV de muestra**: Es un conjunto de iconos desplegables que especifican el número de patrón en la superficie del objeto, es decir, el número de veces que se va a repetir el material en la superficie del tipo de muestra seleccionado en las celdas del material.
- **Opciones**: Al hacer clic en este botón, se despliegan las opciones del editor de materiales.
- **Seleccionar por material**: Permite seleccionar los objetos de la escena según el material seleccionado en el Editor de materiales.
- **Explorador de materiales/mapas**: Despliega el cuadro de diálogo Explorador de materiales/mapas. En él se aprecia la jerarquía de los mapas que forman el material que estamos editando.
- **Avanzar a colateral**: Nos desplazamos al mapa que tengamos aplicado en el mismo nivel del que estemos editando.
- **Ir a ascendente**: Cuando creamos materiales a partir de mapas, podemos modificar los valores de los mapas. Establecemos, entonces, dentro de la creación del material, una pequeña jerarquía. Con esta herramienta, nos desplazamos al material ascendiente.
- **Mostrar resultado final**: Igual que ocurría antes con la estructura de modificadores, tenemos un botón que puede conmutar entre mostrarnos el resultado final del material que estamos creando o la imagen de los mapas que estamos utilizando para su creación. Si se encuentra activada, muestra el resultado final.
- **Mostrar mapa en el visor**: El mapa que estemos editando puede activarse para mostrarlo en el visor, ya que los materiales mapeados no muestran el resultado final en el visor.

- **Canal de efectos del material**: Existen efectos de finalización de escena, que se pueden dar con una herramienta denominada Video-post, que se aplican al identificador del material. Este icono desplegable permite seleccionar el número de identificación para este material. Si la escena posee un efecto para el canal con el 2, todos los objetos que tengan aplicado un material con el 2 seleccionado en el canal, sufrirán el efecto.
- **Incluir en la biblioteca**: Añade el material creado a la biblioteca. Hay que asignarle un nombre al material.
- **Exclusivo**: Si el material seleccionado está calcado de otro material, este botón elimina el vínculo entre los materiales.
- **Hacer copia del material**: Estará activo en aquellas celdas en las que los materiales estén enlazados a objetos. Si hacemos clic sobre este botón, trabajaremos con una copia del material que teníamos enlazado. Podremos realizar los cambios que deseemos en el editor de materiales sin que afecte al material que posee el objeto. Una vez establecidos los cambios, podremos asignar de nuevo ese material al objeto.
- **Restablecer map/mat predeterminado**: Elimina las características del material que tengamos seleccionado, colocando los valores por defecto, que son los que tenía antes de que empezásemos a modificar los parámetros.
- **Asignar material a la selección**: Aplica el material designado al objeto que tengamos seleccionado.
- **Poner material en la escena**: Sirve para asignar de nuevo el material a la copia que habíamos realizado con la herramienta **Hacer copia del material**.
- **Asignar material**: Al hacer clic en el botón, accedemos al Visor de materiales/mapa para seleccionar un material de la lista de materiales.
- **Designar material de objeto**: Este botón nos permite seleccionar un objeto de la escena para obtener el material que tenga designado.

Nota

Todas las opciones, a las que se acceden desde estos botones o con el botón derecho en las celdas de los materiales, las tenemos accesibles en la barra de menús.

Tipos de materiales

En el **Editor de materiales**, aparece en una lista el nombre del material que se esté editando. En los nombres predefinidos siempre aparece *Material #n*. Cuando un material posee en su definición más materiales, aparecen debajo de él en la lista. Ésta es la pequeña jerarquía que se establece en los materiales.

A la derecha de la lista de materiales, hay un botón con el tipo de material que se está creando o modificando. Por defecto, aparece el tipo **Estándar**. En función del tipo de material que se tenga seleccionado, tendremos en la parte inferior unas persianas u otras. Haciendo clic en el botón, se accede al cuadro **Visor de materiales/mapas**. En él, se pueden apreciar los diferentes tipos de materiales que comentaremos de la forma más completa posible.

Podemos apreciar catorce tipos distintos. Èstos materiales se engloban en los tres grupos comentados al comienzo del capítulo.

Cuando accedemos a un tipo de material, se despliegan, en la parte inferior de la ventana **Editor de materiales**, las persianas con las opciones del material o del mapa seleccionado.

Compuestos

El material compuesto está formado por hasta diez materiales. Estos materiales se van superponiendo sobre un material base, de arriba abajo. Los materiales se van combinando, utilizando tres tipos de opacidad: aditiva, sustractiva o mixta, en la que se establece la cantidad.

En la persiana de opciones de este tipo de material encontramos:

- **Material base**: Es un material estándar, sobre el que se van a ir superponiendo los demás materiales.
- **Material 1** a **Material 9**: Permite establecer los nueve materiales de superposición. Cada uno de ellos posee los siguientes controles:
  1. Primeramente, hay una casilla de verificación que permite que se utilice ese material para el compuesto, o no.
  2. **A**: Este botón activa el modo de superposición aditiva entre los colores de su opacidad.
  3. **S**: Esta opción activa el modo sustractivo.
  4. **M**: Establece el modo mixto, controlando la mezcla por el contador **Cantidad**.

5. Cantidad: Es un contador que controla la cantidad de mezcla.

Dos lados

Este tipo de material permite asignar dos materiales distintos a las caras frontal y trasera del objeto. La persiana Parámetros básicos que se despliega presenta los siguientes parámetros:

- Material anterior: Si hacemos clic en este botón, se despliegan las opciones de un material estándar, que va a representarse en la cara frontal del objeto al que se le asigne. El material que creemos para esta opción puede ser distinto al tipo estándar, pero si seleccionamos otro, durante su creación, cuando aparezca el cuadro de diálogo Sustituir material, debemos seleccionar la opción Conservar material anterior como submaterial.
- Material posterior: Se comporta igual que el anterior, pero para el material trasero.
- Traslucidez: Establece de forma porcentual la cantidad que un material muestra a través de otro.

Estándar

Los materiales Estándar poseen seis persianas, que veremos a continuación:

- Parámetros básicos de sombreador: Esta persiana permite establecer el sombreador. En función del que establezcamos, se desplegará otra persiana con sus parámetros. Posee las siguientes opciones:
  1. Lista desplegable sombreador: Es una lista en la que se define el tipo de sombreado del material. Tenemos varios tipos: Anisotrópico, para superficies con resaltes elípticos. Blin, es el que aparece por defecto y es parecido al anterior, pero con los resaltes más redondeados. Metal, que es el idóneo para superficies metálicas. Multicapa, para superficies con resaltes más complejos que el Anisotrópico. Oren-Nayar-Blin, para superficies mate como el tejido. Phong es un sombreado que suaviza las aristas entre caras y posee resaltes circulares intensos. Sombreador translúcido (nuevo en la versión 5) es similar al Blin, pero, además, permite indicar la translucidez. Y Strauss, para superficies tanto metálicas como no, pero con unas opciones más sencillas de manejar.

Nota

Consideraremos los resaltes como las zonas del material en las que golpea directamente la luz. Normalmente, tienen forma circular y de color blanco, como si la luz los hubiese "quemado" con el exceso de intensidad.

2. 2 lados: Aplica el material a las dos caras de la superficie del objeto.
3. Alambre: Esta casilla de verificación muestra el material en modo alámbrico.
4. Mapa caras: Aplicamos el material a cada cara del objeto, sin necesidad de aplicar coordenadas de mapeado.
5. Facetado: Representa todas las caras de la superficie como si ésta fuera plana.

- Parámetros básicos: Presenta los parámetros, según el tipo de sombreador que hayamos utilizado. En esta persiana encontramos de forma común los siguientes parámetros:
  1. Controles de color: Existen, como máximo, tres cuadrados de color que representan los componentes del material. Haciendo clic sobre ellos, accedemos al cuadro de diálogo Selector de color. Podemos copiar un componente de color de un objeto a otro con la opción de arrastre, de la misma forma que asignábamos los materiales. Al hacerlo, aparece un cuadro con las opciones: Cambiar, Copiar o Cancelar.
  2. Ambiental: Como comentamos al principio del tema, es uno de los componentes del color de los materiales básicos. El color ambiental es el que posee la parte del objeto que no está bajo la luz directa. Es el color que presenta el material cuando es iluminado por la luz ambiental.
  3. Difusa: El color difuso es el que se presenta en la parte iluminada del objeto.
  4. Especular: Es el color del resalte de un objeto brillante.
  5. Hay dos botones pequeños junto a los componentes Difusa y Especular. Haciendo clic sobre ellos, accedemos al Visor de materiales/mapas para seleccionar un mapa. Si tenemos asignado un mapa, el botón muestra una «M». Si es mayúscula, el mapa está activo, si es minúscula, está inactivo.
  6. Delante de los componentes Ambiental y Difusa, y Difusa y Especular, hay dos botones que permiten bloquear estas relaciones. Si hace-

mos clic sobre uno de los botones, aparecerá un cuadro que nos pedirá conformidad del bloqueo. Cuando bloqueamos, colocamos los dos componentes con el mismo color. Si tenemos la opción bloqueada y cambiamos el color de uno de los bloqueados, se cambiará el otro.

7. **Opacidad**: Define el porcentaje de opacidad o transparencia del material.
8. **Autoiluminación**: Es la sensación de incandescencia al sustituir las sombras de la superficie por el color difuso. Podemos establecerla mediante un color o por un mapa. También tiene una casilla de verificación para activarla, o no.
9. **Nivel difuso**: Controla el brillo del componente difuso del material. Al aumentar este valor, se aumenta el brillo del componente difuso y al disminuir el valor, se reduce el brillo sin que afecte a los resaltes especulares.
10. **Resaltes especulares**: Posee varios parámetros: **Nivel especular**: A medida que aumenta este contador, aumenta la intensidad del resalte. **Lustre**: Afecta al tamaño del resalte, mientras mayor sea el valor, más pequeño es el resalte. **Anisotropía**: Aparece en los tipos **Anisotrópico** y **Multicapa** y controla la forma del resalte. Para un valor 0 sería circular, mientras que un valor 100 produce un resalte muy estrecho. **Orientación**: cambia la orientación del resalte. **Debilitar**: Se presenta en los tipo **Blin** y **Phong** y permite debilitar el resalte. **Color**: Aparece en el tipo **Multicapa** y permite especificar el color del resalte.

- **Parámetros extendidos**: Esta persiana se adapta al tipo de sombreador que hayamos establecido.
- **Supermuestreo**: Permite elegir el tipo de supermuestreo. Este efecto es una alisación del material, lo que hace que se consiga mayor calidad a la hora de representarlo. El inconveniente es la mayor cantidad de RAM que va a requerir y, por consiguiente, el mayor tiempo empleado.
- **Mapas**: Es la persiana (figura 17.2) que nos permite especificar el tipo de los mapas que van a componer un objeto, según el sombreador que hayamos seleccionado. Cada mapa posee un contador **Cantidad**, que es la cantidad de mapa que se va a presentar en el material. Los diferentes mapas tienen la posibilidad de estar activados, o no. En la misma fila del mapa indicado, hay un botón que presenta el mapa seleccionado (si no hay mapa seleccionado, aparece en blanco). Si hacemos clic sobre ese botón, abrimos el cuadro de diálogo **Visor de materiales/mapas**. Los mapas sustituyen a los parámetros indicados

en la persiana Parámetros básicos. Podemos elegir entre una larga lista de distintos mapas para cada zona del material. Los diferentes mapas son los siguientes:

Advertencia

Cada mapa posee unas propiedades de configuración distintas a los demás. Podemos aplicar el mapa que queramos a la zona que deseemos, pero algunos mapas van mejor en algunas zonas, que otros.

Figura 17.2. Persiana Mapas de un material Estándar

1. Color ambiental: Este mapa suele estar desactivado para usar el mapa difuso. Si nos fijamos, observaremos cómo en la fila del mapa aparece un botón con la representación de un candado. Si hacemos clic sobre el botón, activamos la posibilidad de seleccionar un mapa distinto al difuso. El mapa ambiental es el color del objeto en la sombra. Con este mapa estamos controlando el color ambiental del material.

Nota

Utilizaremos el mapa ambiental para resaltar el sombreado de una superficie, seleccionando como mapa el mismo de Difuso *pero con tonalidades más oscuras.*

2. Color difuso: Es el color de la superficie del material. El resultado es el mismo que si pegáramos el mapa en la superficie del objeto. Este mapa sustituye al color difuso del material.

Nota

Uno de los mapas más utilizados es Imagen Mapa de bit. *Se utiliza para seleccionar una imagen que se va a aplicar al mapa en el que lo estemos usando. Si lo usamos en la zona* Difusa, *el material mostrará en su superficie la imagen utilizada.*

3. Color especular: Es el mapa que se aplica al color especular del material en la zona de resalte de la superficie.
4. Nivel difuso: Este mapa permite controlar por medio de una imagen bipmap los parámetros de difuso. Los píxeles blancos del mapa no varían el nivel difuso. En cambio, los píxeles negros reducen el nivel difuso a 0. Los valores intermedios, en consecuencia, ajustan el nivel difuso.
5. Nivel especular: De la misma forma, podemos controlar los valores de las zonas especulares mediante unos mapas de bit. Los píxeles blancos del mapa generan resaltes especulares completos. En cambio, los píxeles negros eliminan completamente los resaltes especulares y los valores intermedios, por tanto, reducen estos resaltes. En versiones anteriores este mapa se denominaba Intensidad de brillo.
6. Lustre: Este mapa determina las áreas de la superficie con mayor y con menor lustre, según la intensidad de los colores del mapa. Los píxeles negros del mapa producen un lustre completo. En cambio, los píxeles blancos eliminan totalmente el lustre y los valores intermedios reducen el tamaño del resalte. En las versiones anteriores se denominaba Brillo.
7. Autoiluminación: Se aplica al parámetro Autoiluminación. En el mapa seleccionado, las áreas más claras se verán autoiluminadas, mientras que las más oscuras no cambiarán las características del material.
8. Opacidad: Sustituye al parámetro Opacidad. Igual que en Autoiluminación, las zonas más claras serán opacas, mientras que las más oscuras aparecerán transparentes.
9. Color de filtro: Modifica al parámetro Filtro, que está en la persiana de parámetros extendidos. Lo utilizamos para cambiar el color de un material que se encuentre detrás del objeto transparente que tenga aplicado este mapa.
10. Anisotropía: El mapa controla la forma del resalte anisotrópico.
11. Orientación: Nos permite modificar el valor de la orientación del resalte anisotrópico.

12. Metalicidad: Este mapa controla los parámetros de metalicidad. Los píxeles blancos del mapa aumentan la metalicidad. En cambio, los píxeles negros reducen la metalicidad a 0. Los valores intermedios ajustan, en consecuencia, la metalicidad.
13. Relieve: Es el primero de los mapas que no modifica ningún parámetro básico. Crea un efecto de relieve en la superficie lisa del material. Las zonas más claras del mapa aparecen levantadas, mientras que las oscuras no dan la sensación de elevación.
14. Reflexión: este mapa da la sensación de estar reflejado en la superficie del objeto.
15. Refracción: Es un mapeado a la reflexión, que refleja la vista que tengamos en la escena, como si la imagen se viera a través del objeto, en lugar de reflejarlo.
16. Desplazamiento: Los mapas de desplazamiento permiten mover la geometría de las superficies. El efecto es similar al que se obtiene con el modificador Desplazar.

Advertencia

Dependiendo del mapa que seleccionemos dentro del cuadro de diálogo Visor de materiales/mapas, *encontraremos distintas persianas de parámetros.*

Nota

*Para eliminar un mapa que tengamos seleccionado, debemos hacer clic sobre el botón **Tipo de material** para acceder al cuadro* Visor de materiales/mapa *y seleccionar **Ninguno**. Para cambiar de mapa, debemos hacer la misma operación y seleccionar el deseado.*

Ink'n Paint

Es un tipo de material nuevo en la versión 5 del programa. Es el material típico para crear dibujos animados. Da una sensación de imagen en dos dimensiones, ayudados por colores lisos y contornos en los bordes.

Los parámetros que destacamos son:

- Controles de pintura: Es una zona en la que se establece el color de la zona iluminada del objeto, el color de la zona de sombra (Matizada) y el color de la zona de resalte especular. A cada una de estas zona podemos aplicar un mapa.

- **Controles de tinta**: La tinta es el contorno de los objetos que aparecerá marcado. En esta zona, además de especificar el grosor de la tinta, que puede ser variable, se puede especificar en qué zonas se va a aplicar el contorno.

Material de Lightscape

Este tipo de material parte de un material base, al que le da propiedades de radiosidad. Los valores que se controlan desde este material se tienen en cuenta para el cálculo de la malla.

Mate/sombra

Un objeto que tenga aplicado un material **Mate/sombra** aparece en el visor en forma gris, pero en la representación no aparece. El objeto con el material **Mate/sombra** sólo representa las sombras proyectadas por otro objeto sobre él, el resto del objeto es como si fuese totalmente transparente.

Material carcasa

Con este tipo de material podemos establecer qué material va a presentar el objeto en el visor y cuál presentará en el renderizado. Podemos dar dos usos a este material: utilizar un material que necesite menos recursos para el visor y uno mejor para el renderizado o poder jugar con dos tipos de materiales, tanto para la representación como para el visor.

Los únicos parámetros que posee son el seleccionar el material **Original** o el **Tostado** y si se aplicará en **Visor** o en **Render**.

Mezcla

Estos mapas son la combinación de dos materiales en los que se mezclan los colores de los píxeles. Sus parámetros principales son:

- **Material 1** y **Material 2**: Pulsando sobre ellos, podemos seleccionar los dos materiales de la mezcla. También poseen dos casillas de verificación para activar o desactivar el material.

- **Máscara**: Igualmente, podemos seleccionar un material que usemos como máscara. El material seleccionado mezclará los dos anteriores según la intensidad de sus píxeles. Este parámetro también posee una casilla de verificación para activarlo.
- **Cantidad de mezcla**: Señala qué porcentaje de cada material tendrá la mezcla. Valor 0 significa que todo es del material 1 y un valor 100 será todo del material 2. Este parámetro se puede animar.
- **Curva de mezcla**: En esta área se controla cómo será la transición de un material a otro cuando seleccionamos un mapa de la Máscara. Posee los parámetros:
  1. **Utilizar curva**: Este parámetro establece si se utiliza la curva, o no.
  2. **Zona de transición**: Posee dos valores de ajuste de la curva: **Superior** e **Inferior**. Controlan el nivel de los límites superior e inferior. Unos límites iguales provocan un salto brusco de un material a otro, mientras que unos límites distanciados crean una mezcla más gradual.

Morfista

Este material se usa en combinación con un modificador denominado con el mismo nombre.

En él podemos controlar hasta 100 canales, que se enlazan a los parámetros del modificador.

Multisubobjeto

Este tipo de material permite asignar distintos materiales a diferentes partes de un mismo objeto.

Para aplicar un material Multisubobjeto a un objeto, debemos crear un objeto multimaterial al que hayamos asignado a cada cara un identificador (ID), que luego haremos corresponder con el número del submaterial a asignar.

En las opciones de esta persiana se presentan, por defecto, diez casillas para asignar diez materiales distintos, uno a cada ID de la superficie del objeto.

Los parámetros son los siguientes:

- **Establecer número**: Si hacemos clic en este botón, aparece un contador, en el que podemos indicar el número de submateriales que van a formar el material multisubobjeto. A la derecha de este botón, se encuentra información del número de materiales que tengamos establecidos.

Nota

Estableceremos un número de materiales igual al de ID que tenga el objeto al que se le van a asignar.

- Aparece una lista de números desde el uno hasta el número indicado en el parámetro **Establecer número**. El material 1 se le asignará a la cara del objeto que tenga asignada el ID 1, y así sucesivamente.
- En la fila de cada número hay un botón que nos permite establecer el material de cada ID.
- También podemos asignar un color básico, para lo que encontramos un cuadro con el color asignado. Haciendo clic sobre el color, aparece el cuadro de diálogo **Selector de colores**.
- En último lugar, encontramos una casilla de verificación en la que podemos activar, o no, el color o el material.

Nota

*Podemos crear un material Multisubobjeto directamente sobre un objeto de la escena. Para ello, tenemos que estar editando sus caras a nivel de subobjeto y, arrastrando con el ratón los materiales, desde la ventana **Editor** de materiales, hasta las caras seleccionadas, asignamos a cada cara un material.*

Raytrace

Es el material más completo que podemos crear. De este tipo de material podríamos escribir un extenso capítulo, pero nos limitaremos a introducir los principales conceptos. Este tipo de material nos permite crear materiales reflexivos o refractivos. Podemos crearlo como un tipo de material o seleccionarlo en la lista de mapas.

Este método traza los rayos del recorrido de la luz hasta alcanzar los objetos, teniendo en cuenta que los rayos rebotan en unos objetos y van a otros, y en este camino cogen información del color, intensidad y reflexión de los objetos con los que chocan.

Estos cálculos sólo se aplican a aquellos materiales que tengan un material de este tipo.

El material *Raytrace* tiene varias persianas que nos permiten controlar el recorrido de los rayos.

Shellac

Este material mezcla dos colores mediante superposición. Los colores del material superpuesto se añaden a los colores del material base. El parámetro Mezcla de color Shellac controla la cantidad de mezcla de color.

Superior/inferior

Es un material formado por dos materiales. El material superior se representa en las caras superiores del objeto y el inferior en las inferiores.

El criterio para determinar si la cara es superior o inferior es la normal de la cara, calculándola con respecto a las coordenadas universales o locales del objeto.

Los parámetros de creación son:

- Material superior: Es el material que va en la parte superior del objeto. Posee un botón llamado Estándar para que creemos el material. También tiene una casilla de verificación para activarlo, o no.
- Material inferior: Es el que se aplica a las caras cuya normal apunta hacia abajo.
- Cambiar: Este botón conmuta el material superior con el inferior.
- Coordenadas: Posee dos casillas de verificación que nos permiten establecer las normales. El cálculo nos permite decidir qué normales apuntan hacia arriba y cuáles hacia abajo. Los dos tipos de coordenadas son: Universales o Locales.

Advertencia

Si elegimos las coordenadas locales del objeto, cuando lo giremos, el material girará con él.

- Mezcla: Es el porcentaje del objeto que va a tener una fusión de los dos materiales.

- Posición: Indica en qué posición se realiza el paso de un material a otro. Se establece en unidades de porcentaje.

Sustitución de iluminación avanzada

Este tipo de material tiene como base un material con auto-iluminación y se puede aplicar sobre aquellos objetos de la escena que queramos que sean emisores de luz.

Para apreciar el efecto, debemos hacer uso de la técnica de Radiosidad.

Algunos de los parámetros de configuración afectan a cómo se va a comportar la luz al chocar con ellos. Desde este tipo de material, podemos alterar el comportamiento del cálculo de la malla de radiosidad para los objetos que posean este material.

Otras propiedades están relacionadas con los efectos especiales que provocan que emitan luz los objetos a los que se le aplique este material.

Cuadro de diálogo Visor de materiales/ mapas

En este capítulo, hemos mencionado muchas veces el cuadro de diálogo Editor de materiales/mapas, que comentamos en este apartado. Para acceder a él, sólo debemos seleccionar un tipo de material o un mapa. Puede variar su aspecto en función de lo que designemos, un material o un mapa.

Elección de un tipo de material

Se muestra el cuadro Visor de materiales/mapas en el momento de elegir un tipo de material. Éste aparece cuando hacemos clic en el botón **Tipo** en el Editor de materiales.

Existen distintas áreas que vamos a comentar:

- En la parte superior del cuadro encontramos una zona destinada al nombre del material con los siguientes parámetros:
    1. Entrada de texto: Se trata de un recuadro en el que aparece el cursor parpadeando. En él, cuando introducimos el nombre de un material, en la zona de la ventana de lista del material, se selecciona el primer elemento que coincida con el texto indicado. Si pulsa-

mos la tecla Intro, nos desplazaremos al segundo nombre coincidente, y así sucesivamente. No es necesario escribir el nombre completo del material. Así, por ejemplo, si escribimos la letra «m» (da lo mismo mayúsculas que minúsculas), en la lista de materiales se activará Mate/Sombra. Si después pulsamos sobre la tecla Intro, se activará Mezcla, y así con todos los materiales que comiencen por «M».

2. Ranura de muestra: Cuando seleccionamos un material de la lista, debajo de la zona de texto encontramos una zona de muestra, en la que vemos una presentación del material elegido.
3. Señalamos, por último, que a la derecha de la entrada del texto hay un recuadro de información, en el que aparece el nombre completo del material seleccionado.

- Botones de herramientas: Encontraremos dos grupos de botones. Los primeros son los que controlan la presentación de los materiales en las listas y los otros administran la biblioteca de materiales.

   1. **Ver lista**: Presenta los materiales en forma de lista. Delante del material, aparece un icono. Si es una representación de una esfera azul, el objeto es un material, mientras que si es un rectángulo, se trata de un mapa.
   2. **Ver lista+iconos**: Muestra los materiales en formato lista, pero con una pequeña presentación delante en forma de icono.
   3. **Ver iconos pequeños**: Muestra los mismos iconos anteriores, pero sin la etiqueta del nombre. Si desplazamos el ratón sobre ellos, aparece una etiqueta con el nombre.
   4. **Ver iconos grandes**: Presenta los materiales y mapas con iconos mayores que los anteriores y, además, aparece el nombre de cada elemento.
   5. **Actualizar materiales de la escena con la biblioteca**: Es el primero de los tres iconos que pertenecen al segundo grupo. Se encuentran activos cuando los seleccionamos en el área Examinar, desde la opción Biblioteca mat. Este botón nos permite actualizar los materiales que tengamos en la escena y los cambios que les hayamos aplicado con los materiales del mismo nombre que existan en la biblioteca de materiales. Si existen materiales con el mismo nombre, aparecerá un cuadro de diálogo con todos los materiales coincidentes y, una vez seleccionados los materiales a actualizar, haremos clic en **Aceptar** en esa nueva ventana y actualizaremos los seleccionados.

6. Eliminar de biblioteca: Borra el material seleccionado de la presentación de biblioteca.

Nota

El material eliminado solamente se borra de la presentación de la lista, no afecta al archivo que contiene la biblioteca. Si guardamos la biblioteca, sí se eliminará.

7. **Borrar biblioteca de materiales**: Se comporta de la misma forma que el botón anterior, pero para todos los materiales.

- Examinar desde: Esta zona afecta a la ventana de lista, ya que aquí se establece el origen de los materiales que se muestran.

1. Biblioteca mat: Presenta en la lista el contenido de la biblioteca de materiales que tengamos cargada. Al hacer clic sobre esta opción, se activan las opciones del área Archivo. Podemos abrir bibliotecas de archivos con extensiones (**.max** y **.mat**).
2. Editor de materiales: Muestra los materiales de las ventanas de muestra del Editor de materiales. También activa una opción en el área Archivo.
3. Ranura activa: Presenta el contenido del material seleccionado. Esta opción no está disponible si accedemos al cuadro de diálogo Visor de materiales/mapas desde el Editor de materiales. Existe otra forma de abrir esta ventana: accedemos al menú Herramientas y allí seleccionamos la opción Visor de materiales/mapas. La opción Ranura activa presenta en la lista la jerarquía de mapas y materiales del material activo.
4. Selección: En la lista aparece el material asignado a los objetos seleccionados.
5. Escena: Presenta todos los materiales asignados a objetos de la escena actual.
6. Nuevo: Muestra la lista de los distintos tipos de materiales que podemos crear. Estos tipos ya han sido comentados en este capítulo.

- Mostrar: En esta área se establecen filtros en la presentación de la lista de materiales o mapas. Son cuatro casillas de verificación:

1. Materiales: Casilla que permite activar o desactivar el que se presenten o no los materiales. Esta opción se encuentra siempre activa y no es modificable si accedemos al cuadro de diálogo Visor de ma-

teriales/mapas desde el Editor de materiales. Si accedemos desde el menú Herramientas, podemos modificarla.

2. Mapas: Activa la presentación de los mapas. Ocurre lo mismo que en el caso anterior.
3. Sólo raíz: Con la opción activada, sólo se presenta en la lista el material raíz de la jerarquía que lo componga.
4. Por objeto: Esta opción solamente está activa cuando tenemos seleccionadas en el área Examinar las opciones Escena o Selección. Al activarla, aparecen en la lista los nombres de los objetos con un icono en forma de cubo amarillo delante y de ellos sale la representación del material asignado.

- Archivo: Esta zona presenta varias opciones, según el tipo de materiales o mapas que estemos examinando. Se pueden agrupar en:
  1. Abrir: Abre una biblioteca de materiales del disco. Recordamos que podíamos abrir los materiales de una escena (***.max**) y los de una biblioteca (***.mat**).
  2. Fusionar: Fusiona materiales de biblioteca de materiales o escena de *3ds max* con la biblioteca que tengamos abierta. En las dos bibliotecas a fusionar, podemos encontrar materiales con el mismo nombre. En este caso, aparece el cuadro de diálogo Fusionar. En este cuadro, podemos seleccionar con nombres comunes los materiales que queremos fusionar.
  3. Guardar: Almacena, con el nombre que tenga asignado, la biblioteca de materiales abierta.
  4. Guardar como: Guarda la biblioteca de materiales abierta con otro nombre distinto al que tenga asignado.

Elección de un mapa

El cuadro es similar al comentado en el apartado Elección de un material. Las únicas diferencias que encontramos son:

- Se presentan en la lista los mapas con un rectángulo de color verde.
- En la opción Biblioteca mat, del área Examinar desde, se presenta la jerarquía de mapas que componen el material, siempre que tengamos una vista de lista.
- Cuando seleccionamos Nuevo en el área Examinar desde, se presenta una nueva área, en la esquina inferior izquierda del cuadro, con las siguientes opciones:

1. **Mapas 2D**: Son mapas en dos dimensiones. Se suelen utilizar para mapear la superficie de objetos geométricos.
2. **Mapas 3D**: Son patrones generados en tres dimensiones. Como ejemplo, tenemos la **Madera**.
3. **Cajistas**: Son mapas diseñados para componer colores o mapas.
4. **Mods color**: Estos mapas alteran el color de un material.
5. **Otros**: En este apartado se incluyen los mapas que crean reflexiones o refracciones, como **Raytrace**.
6. **Todos**: Muestra todos los tipos de mapas ya comentados

Mapeado

El mapeado es la técnica por la que establecemos la forma de aplicar un material a la superficie del objeto. Se aplica como una modificación del objeto que tengamos seleccionado, usando el modificador **Mapa UVW**.

Para modificar el mapeado de un objeto con el modificador **Mapa UVW**, seleccionamos el objeto al que le hayamos aplicado un material y en la **Lista de modificadores** encontraremos el modificador **Mapa UVW**, dentro del la categoría **Modific Coord UV**. Al aplicar este modificador, tendremos acceso en sus parámetros a ajustar el número de veces que queremos que se repita el mapa en el objeto, el tipo de adaptación al objeto, etc.

Resumen

La realidad implica la simulación de los colores, de los materiales. Por ese motivo, el tema de los materiales es de gran importancia para obtener un buen resultado en la representación.

Comenzamos el capítulo estableciendo dos conceptos diferentes: mapas y materiales.

Hemos analizado las diferentes opciones del **Editor de materiales**.

Se han presentado los diferentes tipos de materiales y sobre todo el tipo **Estándar**, en el que se han comentado los diferentes mapas que se pueden añadir. Los materiales los hemos analizado en una biblioteca para su uso. Y, para finalizar, se han asignado materiales a los objetos de la escena.

Capítulo 18

... y acción

En este capítulo aprenderá:

- Los métodos de animación.
- El uso del botón key auto y de los controles de animación.
- El uso de la herramienta Track view.

Introducción

Animar es la acción de dar vida a nuestras creaciones, es dar vida a la escena que hemos creado y, sobre todo, es no ponerle límites a nuestra imaginación.

Esto que en un principio parece tan complicado, es muy sencillo. Sólo necesitamos establecer los puntos intermedios, denominados pistas, y el programa hará la transición entre ellos.

Veremos en este capítulo cómo realizar esas animaciones.

Conceptos de animación

En *3ds max* casi todo es animable. Al realizar esta afirmación, estamos asimilando muchos conceptos que pueden despistarnos.

Igual que en la realidad, la animación del programa se basa en el principio de visión del ser humano. Se parte de una serie de imágenes fijas relacionadas en una secuencia que apreciamos de forma rápida, dando la sensación de estar animada.

Éste es el proceso que sigue *3DS* para animar las escenas. Partimos de una serie de imágenes fijas, que denominamos cuadros, y las animamos en un determinado tiempo.

Si recordamos la animación que se realizaba en los dibujos animados, podemos pensar que es un trabajo laborioso y pesado. Sin embrago, en *3ds max* no es necesario definir cuadro a cuadro la posible composición final. El proceso para animar es el siguiente:

1. Designamos el objeto que queremos animar.
2. Nos colocamos en el cuadro inicial en el que deseamos que se inicie la animación.
3. Hacemos clic sobre el botón **Key auto**.
4. Nos desplazamos al cuadro final de la animación.
5. Realizamos la modificación que queramos sobre el objeto. Podemos desplazarlo, rotarlo, escalarlo, modificarlo con alguna herramienta o con todas ellas.
6. Desactivamos la selección del botón **Key auto**.
7. Ya tenemos realizada la animación.

La animación la calcula el ordenador en función del número de cuadros que existan entre el inicial y el final, entre los que reparte los procesos de modificación que le apliquemos al objeto.

Existe una herramienta, Track View, que nos permite editar la animación.

Durante el proceso de animación, hemos determinado dos cuadros claves: el inicial y el final de la animación.

Estos cuadros claves almacenan el principio y el fin de cada transformación. Si un objeto no se utiliza en la animación, no tendrá cuadros claves.

Por el contrario, si en el cuadro 10 se hace clic en el botón **Key auto** y luego nos desplazamos hasta el cuadro 70 y allí le aplicamos una transformación Mover, estaremos creando dos claves Mover en los cuadros 10 y 70.

El desplazamiento aplicado al objeto se verificará desde el cuadro 10 al cuadro 70, es decir, en 60 cuadros.

Controles de la animación

En este concepto, vamos a englobar todos aquellos botones que nos ayudan durante la animación:

- 

Regulador de tiempo: Permite desplazarnos por los cuadros de la animación. También nos da información del número total de cuadros que tenemos definidos y del cuadro en el que nos situamos en cada momento.
- **Track Bar**: Es una franja con unas marcas como de una regla, que se encuentra debajo del regulador de tiempo, y que ofrece una rápida alternativa a *Track View* para el desplazamiento, copia y supresión de claves, así como para modificar propiedades de las claves del objeto que tengamos seleccionado en el visor. Cuando seleccionamos un objeto en esta zona, se presentan sus claves de animación. Al hacer clic sobre el botón **Key auto,** esta franja se coloca en color rojo.
-

Key Auto: Es el botón con el que podemos establecer si nos encontramos en modo Animar, o no. Cualquier transformación que realicemos a un objeto con este botón activado provocará una animación. Como ya hemos comentado, si pulsamos la letra «**N**», activamos el botón.
-  **Def Key**: Permite insertar un punto clave en la posición de tiempo que tengamos definida. Estos puntos clave podrán ser modificados desde la edición de curvas de *Track View*.

- **Conmutar modo de definición de keys**: Activa el modo de inserción de definición de keys. Al marcarlos, la barra pasa a un color rojo parecido al definido en el modo *Key auto*.
- **Filtros de keys**: Despliega un cuadro, en el que seleccionamos los campos en los que vamos a insertar las keys o puntos claves. Por defecto, tenemos activadas las opciones Posición, Rotación y Escala.
- **Conjuntos de selección**: Es la lista de los conjuntos de selección que tengamos creados.
- **Ir al principio**: Al hacer clic en este botón, se desplaza el regulador de tiempo al cuadro inicial del segmento de tiempo activo. El segmento de tiempo activo es el número de cuadros a los que se puede acceder con el regulador de tiempo. Por defecto, *3ds max* lo establece en un rango de 0 a 100, pero este rango es modificable.
- **Cuadro anterior**: Desplaza el regulador de tiempo al cuadro anterior.
- **Reproducir**: Es un botón desplegable que posee otra opción. Cuando se activa, reproduce la animación en el visor actual y en su lugar aparece el icono **Detener**.
- **Detener**: Detiene la animación. Al hacer clic sobre él, se para la animación y se vuelve a representar el icono **Reproducir**.
- **Reproducir seleccionados**: Éste es el icono desplegable que posee **Reproducir**. Si seleccionamos esta opción, veremos cómo en el visor solamente se realizará la animación de aquellos objetos que tengamos seleccionados. Cuando lo activamos, aparece la representación **Detener** (igual que ocurre con el botón **Reproducir**) y, a continuación, tenemos que hacer clic otra vez sobre él para la animación.
- **Cuadro siguiente**: Nos desplaza hasta el cuadro que sigue a aquel en el que estemos colocados.
- **Ir al final**: Desplaza el regulador de tiempo al cuadro final del segmento de tiempo activo.
- **Cuadro actual**: Este icono nos indica el cuadro en el que estamos situados y, además, nos permite escribir el número del cuadro, al que nos desplazamos al pulsar Intro una vez escrito el número.
- **Conmutador de modo de clave**: Cuando activamos este botón, cambiamos los botones **Cuadro anterior** y **Cuadro siguiente** por **Clave anterior** y **Clave siguiente**, respectivamente. Los iconos nuevos nos permiten realizar estas operaciones:

1. **Clave anterior**: Nos desplaza al cuadro clave, anterior a la posición del cuadro en el que nos encontramos.
2. **Clave siguiente**: Cuando hacemos clic en este botón, nos lleva a la clave siguiente.

- **Configuración de tiempo**: Nos permite configurar los parámetros de la animación. El uso de este botón se trata en el apartado siguiente.
- **Mostrar curvas**: Este icono despliega en la parte superior de la barra *Track Bar* una ventana tipo Track View, en la que podemos editar la curva de la animación que estamos creando.

Configuración de tiempo

Cuando hacemos clic sobre el botón **Configuración de tiempo,** se despliega el cuadro de diálogo de la figura 18.1, que pasamos a describir en sus distintas áreas.

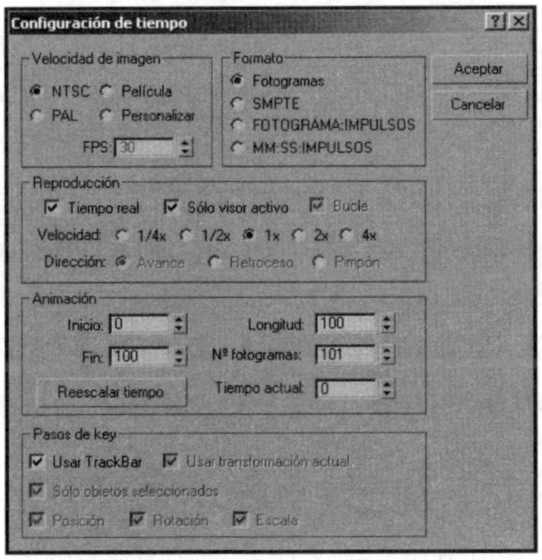

Figura 18.1. Cuadro de diálogo Configuración de tiempo

Velocidad de imagen

En esta área, podemos definir la velocidad de imagen medida en fotogramas por segundo (FPS).

La velocidad es la que determina la duración de la animación. La velocidad necesaria para que el ojo humano crea que existe un movimiento continuo sin saltos es de 24 fotogramas por segundo.

Encontramos las opciones:

- **NTSC**: Son las siglas del Comité Nacional de Normas de Televisión en EE.UU. La velocidad es de 30 fotogramas por segundo.
- **Película**: En este segundo caso, la velocidad es de 24 fotogramas por segundo.
- **PAL**: Es la norma de vídeo de los países europeos y su velocidad es de 25 fotogramas por segundo.
- **Personalizado**: Al hacer clic en esta opción, se activa el contador FPS y nos permite especificar una velocidad personalizada.
- **FPS**: Es el contador para introducir la velocidad en cuadros por segundo del tipo personalizado.

Formato

Aquí podemos establecer la forma de representación del tiempo en el regulador de tiempo. Tenemos cuatro posibilidades:

- **Fotogramas**: Es la opción por defecto y son los fotogramas que hemos comentando en este manual.
- **SMPTE**: Es el formato *Society of Motion Picture and Television Engineers*. En este formato, aparecerán separados por «:» los minutos, segundos y cuadros.
- **Fotogramas:Impulsos**: Muestra en la presentación los cuadros y los incrementos de tiempo internos del programa. Estos incrementos de tiempo se denominan impulsos y un segundo equivale a 4.800 impulsos. Es una forma de acceder a fotogramas con mayor precisión.
- **MM:SS:Impulsos**: Muestra el tiempo en minutos, segundos e impulsos separados por «:».

Reproducción

Establece los modos de reproducción y presenta las opciones que aparecen a continuación:

- **Tiempo real**: Es una casilla de verificación que, cuando se encuentra activada (valor por defecto), establece que la reproducción en el visor omita cuadros, con el fin de mantener la velocidad de imagen que tengamos establecida. La velocidad de la reproducción sólo afecta a los visores. Cuando tenemos activada esta opción, podemos seleccionar 5 velocidades:
  1. **1x**: Es la velocidad normal y la que se encuentra definida por defecto.
  2. **1/2x**: Es la mitad de la velocidad normal. La configuración de velocidad sólo afecta a la reproducción en los visores.

3. 1/4x: Una cuarta parte de la velocidad normal.
4. 2x: El doble de la velocidad normal.
5. 4x: Cuatro veces la velocidad normal.

- Sólo visor activo: Con esta opción activada, la animación solamente se aprecia en el visor activo. Si la desactivamos, la animación se realizará en todos los visores.
- Bucle: Activa la reproducción cíclica de la animación. Para poder controlar este parámetro, debemos desactivar la opción Tiempo real.
- Cuando desactivamos la opción Tiempo real, además, aparecen tres opciones en el control Dirección, desde el que controlamos la dirección y la representación con: Avance, Retroceso o Pimpón.

Animación

En este capítulo, hemos hablado del segmento de tiempo activo. En esta zona podemos controlar ese parámetro.

Tiene los siguientes contadores, que representan los datos según el formato seleccionado:

- Inicio: Define el inicio del segmento de tiempo activo.
- Fin: Establece el valor del final.
- Longitud: Especifica el número final de los fotogramas del segmento de tiempo activo. Cuando colocamos un valor mayor a los fotogramas existentes entre el inicio y el final del segmento activo, el campo Final aumenta hasta ajustar los dos valores.
- Número de fotogramas: Es el número de fotogramas totales que forman parte del segmento de tiempo activo. Para una animación que comience en el fotograma 0 y finalice en el 100, tendremos un total de 101 fotogramas.
- Tiempo Actual: Marca cuál es el fotograma en el que nos encontramos situados.
- Reescalar tiempo: Calcula la animación para el nuevo segmento de tiempo activo establecido, y, como resultado, la animación se reproduce en un número mayor o menor de fotogramas, acelerándose o ralentizándose, según el nuevo segmento de tiempo.

Pasos de key

Esta área permite especificar la norma a seguir cuando tenemos activado el **Conmutador de modo de clave**. Los parámetros son:

- Usar Track Bar: Esta opción, cuando está activada, aplica el modo de clave a todas las claves de la barra de pistas (Track Bar) y, además, desactiva las demás opciones del área.
- Sólo objetos seleccionados: Con esta casilla de verificación activada, sólo se tienen en cuenta, en los cuadros claves, las modificaciones de los objetos seleccionados. Si está desactivada, se tienen en cuenta las transformaciones de todos los objetos que no se encuentren ocultos.
- Utilizar transformación actual: También se encuentra activada por defecto. Mientras se encuentre activada, aparecerán desactivadas las opciones Posición, Rotación y Escala. Cuando esté activada, se desplazan los cuadros claves según la transformación definida. Cuando está desactivada, se irá desplazando a medida que el objeto cambie en tamaño, rotación y posición, dependiendo de las opciones que seleccionemos.
- Posición, Rotación, Escala: Son las transformaciones que se tienen en cuenta cuando la casilla Utilizar transformación está desactivada. Si seleccionamos sólo Rotación, se desplazará por los cuadros claves, al producirse una variación en la rotación del objeto.

Opciones de Track Bar

La zona Track Bar posee unas particularidades que debemos comentar.

- Al hacer clic sobre el botón **Key auto** o **Def Key,** pasa a color rojo.
- Muestra los cuadros claves de la animación del objeto seleccionado en el visor.
- Cualquier transformación, por arrastre con el ratón, sobre un cuadro clave modifica la animación con las nuevas posiciones.
- Si hemos añadido un fichero de sonido en la animación (esto debe realizarse desde la herramienta Track View), se muestra en la barra.
- Las claves seleccionadas con el puntero del ratón pasan a color blanco. Podemos establecer selecciones con el método ventana o con el uso de la tecla **Control**.
- Podemos utilizar el método de clonación por **Mayús** para duplicar claves.
- Al hacer clic con el botón derecho del ratón sobre la barra, se despliega un menú con las siguientes opciones:
  1. Propiedades de keys: Despliega un menú con la lista de los puntos clave seleccionados y sus keys activadas. Seleccionando la deseada, se despliega el cuadro que muestra la información de la pista.

2. **Propiedades del controlador**: En el caso de tener asignado un controlador al objeto, se mostrarán en este menú sus propiedades.
3. **Eliminar key**: Despliega una lista con todas las keys seleccionadas, para que establezcamos cual queremos eliminar.
4. **Eliminar key seleccionada**: Elimina la clave seleccionada. También encontramos la opción **Todo**, en el menú anterior, que elimina todas las claves.
5. **Filtro**: Es un submenú en el que podemos filtrar las claves que deseamos mostrar en la barra.
6. **Configurar**: Es un submenú en el que podemos indicar la información que debe mostrar la barra. Las opciones son: **Mostrar números de fotogramas, Mostrar rangos de selección, Mostrar pistas de sonido** y **Ajustar a fotogramas.**
7. **Ir a tiempo**: Desplaza el cuadro actual de tiempo a la posición en la que hemos hecho clic con el botón derecho del ratón.

- Con el uso de la combinación de teclas **Control-Alt** y el desplazamiento del ratón, podemos variar los valores de inicio y fin en el número de cuadros de la animación.

Track view

Como ya hemos comentado en este capítulo, el proceso de animación se realiza estableciendo keys en cuadros específicos y el programa interpola la animación entre los cuadros claves. Track View es una herramienta que nos permite controlar esas claves.

Hay dos tipos de ventana Track View: **Editor de curvas** y **Ficha de rodaje.**

En el programa, encontramos en el menú **Editores gráficos** las opciones relacionadas con esta ventana:

- **Track View-Editor de curvas**: Permite abrir la ventana Track View en su modo de edición de curvas, que es la misma ventana de edición de curvas que surge desde *Track Bar*.
- **Track View-Ficha de rodaje**: Despliega la ventana Track View, en su modo Ficha de rodaje.
- **Track View nueva**: Esta opción permite abrir una ventana Track View sin indicar el modo de presentación, por defecto, aparecerá en modo curvas, pero desde el menú **Modos** de la ventana se puede cambiar.

- Eliminar Track View: Es posible eliminar las ventanas de Track View previamente abiertas, pero sólo cuando se encuentran cerradas. Para cerrar una ventana Track View, debemos hacer clic sobre el icono en forma de cruz de su esquina superior derecha (igual que cualquier ventana de *Windows*). Cuando hagamos clic sobre la opción Eliminar, se despliega un cuadro de diálogo, en el que elegimos las sesiones que queremos eliminar.
- Track View guardadas: Es la lista de las sesiones de *Track View* que tenemos creadas. Cuando se encuentren cerradas, desde este menú tendremos la posibilidad de abrirlas.

La herramienta *Track View* la podemos utilizar para las siguientes opciones:

1. Mostrar información de todos los elementos que forman parte de la escena y poder acceder a sus parámetros.
2. Al ser una herramienta de animación, podremos cambiar las claves.
3. Modificar los tiempos de las claves.
4. Añadir sonido a la escena.
5. También la podemos utilizar, como comentamos en capítulos anteriores, como herramienta de selección.
6. Desplazarnos por el catálogo de modificaciones del panel Modificar, designando elementos de la lista jerárquica de Track View.

Ventana Track View- Ficha de rodaje

Barra de título

Igual que en cualquier ventana *Windows*, tenemos una barra de título, en la que aparece el icono de menú de control, con el que podremos minimizar, maximizar, etc.

En esta zona, aparece el título que le otorguemos a la ventana Track View (figura 18.2).

En la parte derecha de la barra de título, encontramos los tres iconos típicos de una ventana.

Barra de menús

Desde ella accedemos a las diferentes opciones de la ventana. El primero de los menús es Modos, del que ya hemos hablado en este capítulo.

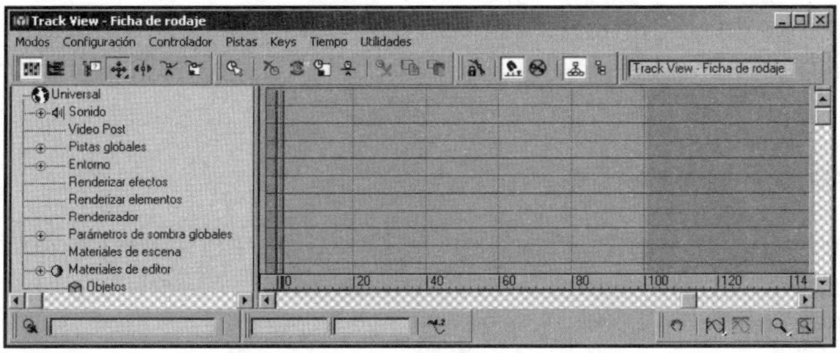

Figura 18.2. Ventana Track View

Barra de herramientas

La barra de herramientas cambia en función del modo de trabajo que podamos establecer.

De esta forma, tendremos dos posibles modos de trabajo, a los que se accede haciendo clic sobre sus respectivos iconos.

Son los siguientes:

- **Editar keys**: Establece la animación con unos puntos clave.
- **Editar rangos**: Presenta todas las pistas de animación como rangos. Es útil para desplazar y escalar las pistas de animación de una forma completa.

Como ya hemos comentado, cada una de estas opciones tiene un conjunto de herramientas. En este manual vamos a comentar algunas.

Estas herramientas son las siguientes:

- **Mover keys**: Mediante esta herramienta, desplazamos las keys horizontalmente en el tiempo. También podemos copiar las keys en otra posición con el uso de la tecla **Mayús** presionada, realizando una clonación.
- **Deslizar keys**: Esta opción nos permite mover un grupo de keys hasta cualquiera de los dos extremos de la animación, partiendo siempre de la key seleccionada. Si arrastramos hacia el extremo derecho, desplazamos la key seleccionada y todas las demás hacia delante en el tiempo, hasta la última key. Si, por el contrario, el desplazamiento es hacia el extremo izquierdo, retrocedemos en el tiempo hasta la primera key de la animación.
- **Añadir keys**: Despliega un puntero del ratón para que establezcamos nuevas keys.

- **Escalar keys**: Esta herramienta nos permite desplazar las keys seleccionadas hasta la posición que nosotros indiquemos en el regulador de tiempo.

Ventana de edición

Es la zona mayor y se encuentra en la parte derecha de la pantalla. Desde esta ventana, podemos seleccionar y cambiar valores de animación, del cronometraje, etc.

En la parte inferior de esta ventana, encontramos la regla de tiempo y, en todo momento, la ventana de edición nos va a presentar el segmento de tiempo activo, representándose por dos líneas verticales paralelas. Dentro de la ventana de edición, podemos encontrar los siguientes elementos:

- Pistas: Todos los elementos de la jerarquía poseen un parámetro que se representa como una pista, que indica lo que sucede al elemento a lo largo del tiempo. Tenemos dos tipos de pistas:
  1. Pistas de rango: Indican cuándo se animan los elementos. Las pistas inicial y final de la animación crean una barra de rango que representa el tiempo en el que se produce la animación.
  2. Pistas de animación: Contienen los valores animados de los elementos. Su representación suele ser en forma de claves.
- Keys: Como ya hemos comentado al inicio de este capítulo, creamos una clave cuando modificamos un parámetro del objeto con el botón **Key auto** pulsado, o haciendo clic sobre la opción **Def key**. Las claves se presentan como rectángulos verticales pequeños.
- Barras de rango: Cuando creamos unas claves de animación, aparecen barras de rango, que indican el tiempo en el que se produce la animación. Los rangos se representan en las pistas de rangos.
- Regla de tiempo: Está en la parte superior y nos permite medir el tiempo. Las unidades de la regla de tiempo son las establecidas en el cuadro de diálogo Configuración de tiempo.

Línea de estado

Se encuentra en la parte inferior de la ventana. En ella, están las opciones que nos permiten realizar encuadres, zoom, etc.

Existe también un cuadro de selección por texto. En él, podemos escribir el nombre del objeto que queremos seleccionar. Los objetos que aparezcan en la lista de jerarquía y coincidan con el nombre indicado serán seleccionados.

Ventana Track View- Editor de curvas

La ventana es prácticamente igual a la de la Ficha de rodaje, sólo que en este caso encontramos que la zona de edición representa unas curvas.

En cada una de las curvas podemos insertar keys y, además, dibujarla directamente con la herramienta **Dibujar curvas**.

Cuando editemos la posición o la rotación en la que intervienen las coordenadas XYZ, podemos definir keys para cada una de las curvas por separado. Si la edición es conjunta, podremos distinguir si estamos editando una u otra por los colores que corresponden con los de la triada de ejes del visor.

Cada key que establezcamos va a poseer un punto de inserción en la curva representado con un cuadrado y con dos marcas a los lados, representando los puntos de tangente. La forma de edición de las keys, en definitiva de sus tangentes, se realiza desde la barra de botones Tangentes de keys de la propia ventana.

Acciones con Track View

Copiar elementos

Dentro de la ventana Track View podemos copiar, por ejemplo, las características del elemento posición de un objeto a otro.

Para copiar un elemento de la lista jerárquica, debemos seleccionarlo en la opción que deseemos copiar, hacer clic con el botón derecho del ratón y seleccionar la opción Copiar, desplazarnos al destino y hacer clic con el botón derecho y seleccionar Pegar. En el cuadro de diálogo que surja, podremos seleccionar la opción Copia o Calco.

Clonación de keys

Tenemos la posibilidad de añadir keys, clonando las existentes. Cuando queramos clonar keys, mientras utilizamos los botones **Mover keys** y **Escalar keys**, pulsamos la tecla **Mayús** y, luego, arrastramos con el ratón, creando de esta forma una copia que es la que se escala o se desplaza.

Nota

No es posible emplear la opción de clonar con ***Mayús*** *para clonar claves de una pista a otra.*

Resumen

En este capítulo y en el siguiente, vamos a estudiar el resultado final. El resultado de nuestro modelado de la creación de los objetos es realizar con ellos una animación, darles vida.

El proceso de animación es bastante sencillo, ya que el programa establece cuadros o fotogramas claves y entre ellos realiza una interpolación de cálculo de las diferentes posiciones, colores, formas, luces, etc., con los que se genera una animación.

Las opciones y controles de la animación han sido analizadas también en este capítulo.

Para finalizar, se ha hecho una pequeña introducción a Track View.

Capítulo 19

Renderización: imagen y vídeo. Video Post

En este capítulo aprenderá:

- A representar las escenas que ha creado.
- Las opciones del menú Representación.
- A crear los vídeos de nuestras animaciones.

Introducción

El último paso que tenemos que dar para obtener nuestra imagen fotorrealista o nuestra animación es la representación.

En este capítulo, veremos los secretos de la representación y comentaremos cómo añadir efectos especiales y de entorno.

Además, estudiaremos cómo podemos almacenar el resultado de todo nuestro trabajo.

Por último, comentaremos el uso de una herramienta especial con la que podremos crear efectos especiales: Video Post.

Menú Renderización

Contiene las opciones que nos permiten representar la escena y la animación, añadir efectos ambientales y componer escenas con el uso de la herramienta Video Post.

Dentro de este menú pasamos a comentar alguna de ellas.

Render

Esta opción abre el cuadro de diálogo Representar, escena que podemos ver en la figura 19.1. El mismo efecto lo conseguimos haciendo clic sobre el icono **Renderizar escena**.

Dentro del cuadro encontramos cinco persianas con las opciones que vemos seguidamente.

Persiana Parámetros comunes

Es la persiana principal de este cuadro y en ella encontramos cuatro áreas características:

- Salida de tiempo: Nos permite seleccionar los cuadros que queremos representar. Tenemos las siguientes opciones:
  1. Sencilla: Representa el cuadro en el que se encuentra la escena en la actualidad.
  2. Segmento de tiempo act: Representa los cuadros definidos en el segmento de tiempo activo.

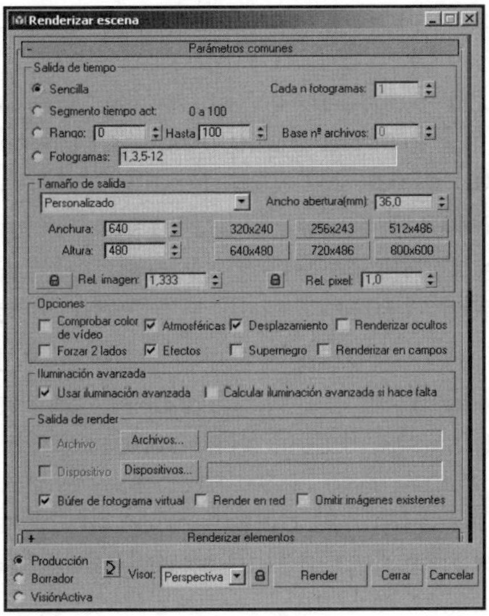

Figura 19.1. Cuadro de diálogo Renderizar escena: persiana Parámetros comunes

3. **Rango**: Permite especificar qué rango de cuadros del segmento activo vamos a representar. Los valores indicados en la cantidad inicial y final también se representan.
4. **Cuadros**: Permite elegir varios cuadros no consecutivos. Si separamos dos números de cuadros en esta casilla por comas (por ejemplo, 45,67), representará los dos cuadros, pero, si la separación la hacemos en forma de guión (por ejemplo, 15-30), representará el rango entre los dos números. Ambos métodos se pueden compaginar.
5. **Cada n cuadros**: Cuando seleccionamos las opciones **Segmento de tiempo act** y **Rango**, se activa esta casilla. Nos permite especificar qué cuadros del rango se van a mostrar. Así, un valor 5 mostrará los cuadros con un intervalo de 5.
6. **Base nº archivos**: Cada cuadro de representación se almacena en un archivo. En esta opción, especificamos el número del archivo de almacenaje. Si queremos representar cinco cuadros y en este contador establecemos un valor 10, el primero de los cinco cuadros se llamará arch0010, el segundo arch0011, y así sucesivamente.

- **Tamaño de salida**: Especifica el tamaño de la representación. Tenemos las siguientes opciones:

1. **Lista Tamaño de salida**: Permite elegir entre varias resoluciones de película y vídeo y la relación altura / anchura. Podemos optar entre muchos formatos o dejarlo en la opción **Personalizado**. Si la elección es distinta a **Personalizado**, los contadores **Ancho de abertura**, **Rel imagen** y **Rel píxel** estarán desactivados y mostrarán los valores fijos del tamaño elegido.
2. **Ancho abertura**: Especifica la anchura de la apertura de la cámara que crea la salida representada. Cuando modificamos este valor, cambiamos el valor del objetivo de la cámara, pero no varía la vista de cámara de la escena.
3. **Anchura** y **Altura**: Establece la resolución de la imagen de salida. La unidad de medida de estos contadores es el píxel. A la derecha de la opción aparecen 6 botones de tamaños predefinidos. Estos botones cambian sus valores dependiendo del tamaño de salida que hayamos seleccionado en la lista.
4. **Rel imagen**: Define la relación altura / anchura de la imagen. Delante tiene un pequeño botón de bloqueo que, cuando está activado, obliga a que todos los parámetros respeten esa relación.
5. **Rel píxel**: Marca el tamaño de los píxeles en la representación. También posee un botón de bloqueo, que se comporta igual que en el caso anterior.

- **Opciones**: En esta zona nos encontramos con seis casillas de verificación, que nos permiten establecer algunas opciones de la representación:
  1. **Comprobar color de vídeo**: Comprueba los colores de los píxeles que sobrepasen los valores de seguridad marcados por las normas NTSC o PAL y los coloca en valores aceptados.
  2. **Atmosféricos**: Cuando está activada esta opción, representa los efectos atmosféricos que tengamos aplicados a la escena.
  3. **Efectos**: Esta opción hace que se representen los efectos que estén aplicados a la escena.
  4. **Forzar 2 lados**: Representa los dos lados de las superficies de las caras.
  5. **Renderizar ocultos**: Establece la representación, o no, de los objetos que están ocultos.
  6. **Desplazamiento**: Representa cualquier mapeado de desplazamiento aplicado en la escena.
  7. **Supernegro**: Esta opción permite utilizar en la representación un color negro puro, limitando la oscuridad de la geometría represen-

tada. Es aconsejable que esta opción esté desactivada, a no ser que sea totalmente necesaria su utilización.

8. **Renderizar en campos**: Establece un modo de representación especial, para la emisión de la animación por canales de TV o creación de la animación para vídeo.

- **Salida de render**: Permite especificar en qué tipo de archivo o de dispositivo se va a almacenar la representación. Tenemos los siguientes parámetros:
  1. **Archivo**: Al hacer clic sobre este botón, aparece el cuadro de diálogo **Representar archivo de salida**, en el que podemos elegir la ubicación, el nombre y el tipo de archivo en el que vamos a representar la animación o la imagen fija.
  2. **Dispositivo**: Envía la representación a un dispositivo, por ejemplo, a una tarjeta capturadora de vídeo.
  3. **Búfer de cuadro virtual**: Es una casilla de verificación que establece si se muestra en pantalla la representación, o no se muestra.
  4. **Render en red**: Cuando tenemos conectado nuestro ordenador a una red, podemos establecer la representación en la red.
  5. **Omitir imágenes existentes**: Esta opción hace que se omitan las imágenes de una secuencia que ya se haya representado.

Persiana Renderizar elementos

En esta segunda persiana, encontramos opciones para representar diferentes elementos de la representación en distintos archivos. Esto será útil cuando vayamos a trabajar con programas de efectos especiales, en los que sea interesante utilizar los diferentes elementos de la representación por separado.

Obtendremos tantas representaciones como elementos tengamos en este cuadro, cada uno en un archivo distinto.

- **Añadir**: Este botón permite añadir un nuevo elemento a la lista. Despliega un cuadro de diálogo en el que podemos elegir el elemento que se representará por separado. Podremos optar entre **Especular**, **Difusa**, **Reflexión**, **Sombra**, etc. Repetiremos esta acción para añadir los que deseemos.
- **Fusionar**: Permitirá fusionar en la lista los elementos representados en otra escena.
- **Eliminar**: Elimina los elementos seleccionados de la lista.

- **Elementos activos**: Es una casilla de verificación que, al activarla, forzará la representación de los elementos de forma independiente.
- **Mostar elementos**: Si está activada, cada elemento se muestra en su propio cuadro de búfer virtual (cuadro en el que se representan las escenas).
- Lista de elementos: Es el cuadro que muestra la lista de los elementos que tenemos preparados para la representación. La lista posee cuatro campos: activado, o no, si posee un filtro de alisado, o no, el tipo de elemento y la ruta y nombre del archivo de salida.
- **Parámetros de elemento seleccionado**: En esta zona encontramos diferentes parámetros que pasamos a detallar.
  1. **Activar**: Con esta casilla marcada, activamos la representación de los elementos seleccionados en la lista.
  2. **Activar filtración**: Si se activa, se aplica un filtro de alisado en la representación del elemento seleccionado.
  3. **Nombre**: Desde este campo podemos editar el nombre del elemento.
  4. **Archivo**: Es un botón que permite especificar la ruta del archivo de salida con la representación del elemento seleccionado.
- **Salida a Combustión**: Podemos también mandar los elementos al formato de trabajo de la herramienta **Combustión** (programa de la casa Discreet para montaje y animación).

Persiana Renderizadores actuales

Muestra los representadores que estén asignados a las tres categorías de representación: **Producción**, **Borrador** y **VisiónActiva**.

Persiana Notificaciones de correo electrónico

Las opciones de esta persiana permiten establecer avisos del proceso de renderización por correo electrónico. El proceso de renderizado de calidad y de una escena de larga duración suele tardar tiempo y de esta forma estamos informados, aunque no nos encontremos en la misma ubicación del ordenador o de la red, de que se está efectuando la renderización de la escena.

Persiana Búfer A de detalle predeterminado de MAX

Permite establecer parámetros de representación detallada en *3ds max*.

Estos parámetros se usan en un nivel avanzado y en determinados casos, como escenas que contengan imágenes mapa de bit animadas, incluidos materiales, luces de proyector, entornos, etc., cuando la escena tiene varias animaciones o éstas constituyen archivos grandes.

Opciones globales del cuadro

Las cuatro persianas que hemos comentado se engloban dentro del cuadro de diálogo Representar escena. En este cuadro, encontramos en la zona inferior un conjunto de opciones que no pertenecen a ninguna de las persianas, ya que son generales:

- Producción: Muestra los parámetros que se han definido para este tipo de representación. Podemos definir diferentes parámetros para cada tipo de representación.
- Borrador: Son los parámetros de la representación tipo Borrador. Estos parámetros deben ser de menor calidad y menor tiempo de representación que los anteriores, aunque podemos definirlos como deseemos.
- VisiónActiva: Es la tercera de las configuraciones y da una presentación preliminar de la escena.
- Copiar parámetros representación: Es un botón que se encuentra a la derecha de las opciones Borrador y Producción y permite copiar los parámetros de la representación seleccionada (Borrador o Producción) a la que no esté seleccionada de las dos.
- Visor: Es la lista de los visores para que determinemos el que deseamos representar.
- Bloqueo de vista: Es un pequeño candado en la derecha de la lista Visor que, si está pulsado, mostrará la vista del visor que tengamos seleccionado, independientemente del que tengamos como visor activo en la pantalla, que es el que saldría por defecto.
- Representar: Representa la escena con las opciones establecidas y con el tipo de representación marcada.
- Cerrar: Cierra el cuadro, almacenando los parámetros cambiados.
- Cancelar: cierra sin guardar los cambios.

Video Post

Es una herramienta que nos permite aplicar efectos especiales a las escenas. Cuando hacemos clic sobre ella (menú Renderización), se despliega un cuadro de diálogo amodal muy parecido a Track View (figura 19.2).

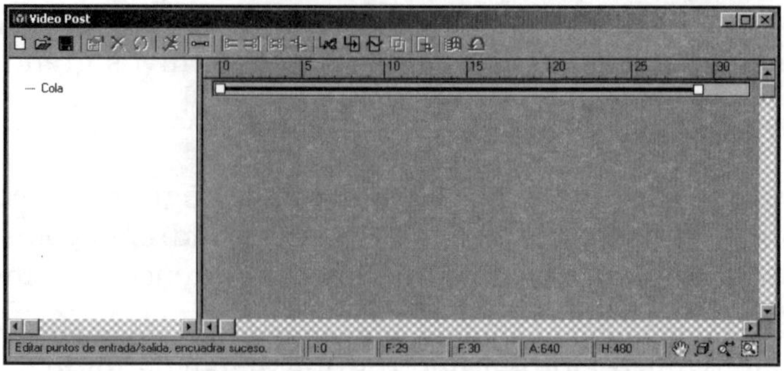

Figura 19.2. Video Post

VisiónActiva

Es una presentación preliminar que se hace de la escena. Podemos realizarla de dos formas distintas: VisiónActiva flotante o Visor VisiónActiva. Estas dos formas aparecen en el menú Representación.

VisiónActiva flotante

Abre un cuadro de diálogo muy parecido al de representación del búfer. Podemos conseguir el mismo resultado haciendo clic en el icono **VisiónActiva flotante** de la barra principal.

El cuadro permanece en pantalla hasta que lo cerremos y, si hacemos clic sobre él con el botón derecho del ratón, se despliegan las siguientes opciones:

- Mostar última renderización: Muestra la última representación del cuadro del búfer virtual.
- Render: Abre el cuadro de diálogo Renderizar escena.
- Renderizar última: Repite la última representación.
- Visor de materiales/mapas: Lo abre.
- Editor de materiales: Muestra el editor de materiales.
- Cerrar: Cierra la representación de la VisiónActiva.
- Dibujar región: Permite dibujar una región rectangular en la zona de VisiónActiva. Cuando tengamos la región, la representación de la VisiónActiva sólo se actualiza en la zona marcada. Para eliminar la región, debemos seleccionar esta herramienta y hacer clic en alguna zona fuera del recuadro.

- **Inicializar**: Inicializa la ventana.
- **Actualizar**: Actualiza la ventana.
- **Seleccionar objeto**: Permite seleccionar los objetos en la ventana y, cuando inicialicemos, sólo se mostrará la textura de ese objeto.
- **Activar sólo al soltar el ratón**: Los cambios efectuados en luces y materiales se actualizan en la ventana de VisiónActiva nada más soltar el ratón.
- **Inicialización auto**: Los cambios provocados en las texturas inicializarán la ventana de VisiónActiva.
- **Actualización auto**: Los cambios que se realicen en los materiales sin mapas y la iluminación actualizarán la ventana.

Visor VisiónActiva

Esta opción coloca el visor que tengamos activo en modo VisiónActiva.

Las opciones del botón derecho son las mismas para este modo de trabajo.

Mostrar última renderización

Esta opción nos permite repetir la última representación.

Entorno

Esta opción ya ha sido comentada, en parte, en capítulos anteriores. Cuando hacemos clic sobre ella, aparece el cuadro de diálogo de la figura 19.3, del que vamos a comentar la persiana Atmósfera.

Atmósfera consta de componentes *plug-in*, que nos permiten añadir efectos luminosos como efecto fuego, niebla, volumen de niebla y volumen luminoso.

Efectos

Los efectos de representación permiten añadir efectos de posproducción de forma interactiva, sin necesidad de utilizar Video Post.

Esta opción despliega un cuadro de diálogo, con el que podemos añadir efectos de Desenfoque, Brillo, Contraste, Corrección de color, etc.

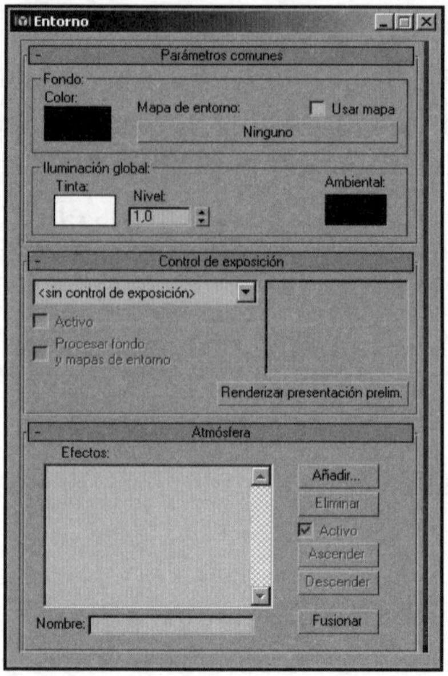

Figura 19.3. Cuadro de diálogo Entorno

Crear presentación preliminar

Cuando hacemos clic sobre esta opción (menú Animación), se despliega el cuadro de diálogo Crear presentación preliminar.

Creamos una presentación en formato ***.avi**, que se verá con el *Reproductor multimedia de Windows*.

Comentamos seguidamente las opciones del cuadro de diálogo Crear presentación preliminar:

- Rango de pres preliminar: En esta zona especificamos los cuadros que se incluirán en la presentación preliminar. Tenemos dos posibilidades:
  1. Segmento de tiempo activo.
  2. Rango personalizado.
- Velocidad de imagen: Nos permite definir la velocidad de reproducción en cuadros por segundo.
- Tamaño de imagen: Define la resolución de la presentación preliminar. Este tamaño se especifica en porcentaje con respecto a la salida marcada en el cuadro Renderizar escena. Por defecto, este valor es el 50 por 100 de la resolución de salida.

- Mostrar en pres preliminar: Consta de casillas de verificación, que determinan los tipos de objetos que se incluyen en la presentación preliminar.
- Nivel de renderización: Es una lista desplegable que indica el tipo de representación de visor de la presentación preliminar.
- Salida: Establece el formato de salida de la presentación preliminar. Tenemos tres opciones:
  1. AVI: Se creará un archivo AVI. A su derecha está el botón **Elegir Codec**, que abre un cuadro de diálogo en el que podemos ajustar la calidad del archivo AVI.
  2. Tipo de archivo personalizado: Envía la presentación preliminar a un archivo específico. Cuando hacemos clic sobre el botón **Crear**, con esta opción activada, aparece un cuadro de diálogo en el que debemos elegir la ubicación, el nombre y el tipo de archivo que queremos crear.
  3. Usar dispositivo: Envía la presentación preliminar a un dispositivo externo.

Ver presentación preliminar

Esta opción abre el *Reproductor multimedia de Windows* para mostrar la última presentación preliminar que se ha creado.

Renombrar presentación preliminar

Aparece un cuadro de diálogo en el que podemos renombrar el archivo _scene.avi. Utilizaremos esta opción cuando queramos guardar la presentación preliminar, ya que la siguiente presentación que creemos se almacenará en el archivo _scene.avi.

Otras cuestiones sobre representación

En este apartado queremos recoger algunos conceptos sobre representación que no se encuentran incluidos dentro del menú Representar.

Representación rápida

 Este icono desplegable, situado en la barra de herramientas, nos permite representar la escena con los parámetros establecidos en el cuadro de diálogo Representar escena.

 También posee un icono que permite representar en modo borrador.

 Por último, encontramos un icono para mostrar el modo VisiónActiva.

Fondo de la representación

En el cuadro de diálogo Entorno, existe, dentro de la persiana Parámetros comunes, un área denominada Fondo, en la que podemos establecer el color o la imagen de fondo de la representación.

En esta zona encontramos estos parámetros:

- Color: Establece el color del fondo de la representación. Por defecto, está el color negro, aunque, haciendo clic sobre el icono de color, accedemos al cuadro de diálogo Selector de color.
- Mapa de entorno: Posee un botón en su parte inferior en el que figura la palabra **Ninguno**. Si hacemos clic sobre el botón, aparece un cuadro en el que podemos seleccionar el mapa de fondo.
- Usar mapa: Es una casilla de verificación que nos permite activar, o no, el mapa.

Tipos de renderización

En la barra de herramientas, encontramos la lista desplegable con los diferentes tipos de representación que podemos realizar.

Las posibilidades que tenemos son:

- Vista: Representará la vista del visor activo.
- Seleccionado: Representa sólo el objeto o los objetos que estén seleccionados.
- Región: Muestra una zona dentro del visor actual. Cuando hacemos clic en esta opción, en el visor activo aparece un rectángulo de región. Si desplazamos el ratón a las esquinas del rectángulo, podremos modificar el tamaño de la misma forma que modificamos las dimensiones de una ventana de *Windows*. También, si arrastramos el ratón marcando en la zona interior, desplazamos la región. En la esquina

inferior del visor activo aparece el botón **Aceptar** y, cuando se haga clic, se representará en el búfer la zona establecida.

- Recortar: Funciona prácticamente igual que Región, pero en este caso sólo se representa la zona marcada en el cuadro de búfer virtual.
- Ampliar: Amplía la zona designada por el método indicado en el apartado región, hasta ocupar todo el espacio de la presentación de salida.
- Caja seleccionada: Debemos seleccionar un objeto o conjunto de objetos y, posteriormente, especificar la altura y el ancho de las dimensiones de la imagen que queramos obtener. En la imagen sólo se representará la zona de los objetos seleccionados.
- Seleccionado por región: Representa uno o varios objetos seleccionados y, además, aquellos que estén situados dentro del área de trabajo de la selección.
- Seleccionado por recorte: Igual que el anterior, pero, en este caso, la representación se recorta en torno a la zona de recorte definida.

Resumen

Todo el esfuerzo hay que plasmarlo en una imagen o en un archivo de vídeo. Este es el fin del renderizado, del menú Representar.

Hemos visto las opciones principales de representación: VisiónActiva, render, presentación preliminar, etc.

Como complemento, hemos apuntado algunas opciones a las que no hemos podido dedicar más espacio en la obra como: Efectos, opciones Atmosféricas, Vídeo Post, etc.

Podemos decir que este capítulo da fin al recorrido por la creación, manipulación y animación de los objetos de la escena.

Capítulo 20

Configuración del entorno

En este capítulo aprenderá:

- A personalizar las teclas de acceso rápido del programa.
- A crear barras de herramientas personalizadas.
- A establecer diferentes interfaces.
- A configurar los menús del botón derecho sobre un objeto.

Introducción

El último capítulo del manual lo dedicamos a la personalización del programa.

Aprenderemos a crear barras de herramientas acordes a nuestras necesidades y usos.

Configuraremos la interfaz a nuestro gusto e, incluso, veremos cómo se personaliza el menú emergente del botón derecho del ratón.

Menú Personalizar

En este manual, hemos hecho múltiples referencias a opciones de este menú. Para finalizar, no vamos a comentar cada una de las diferentes posibilidades de personalización del programa, sino tratar algunas cuestiones que consideramos de interés y novedosas en la versión del programa que analizamos en este libro.

En la figura 20.1 tenemos el menú Personalizar.

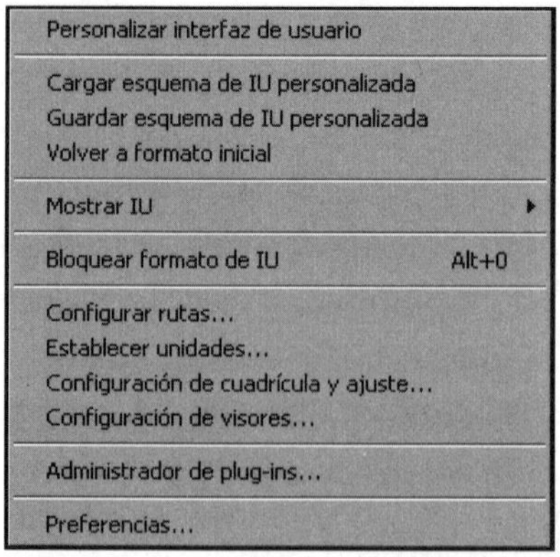

Figura 20.1. Menú Personalizar

Personalizar la interfaz del usuario

Esta opción despliega un cuadro de diálogo (figura 20.2), que ya hemos comentado en alguna ocasión en este manual, pero que, en este momento, vamos a describir con detalle.

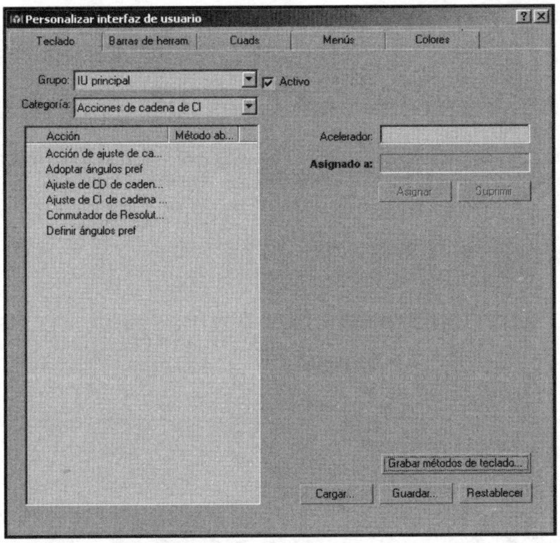

Figura 20.2. Cuadro de diálogo personalizar interfaz del usuario

En el cuadro encontramos cinco pestañas con diferentes opciones:

Teclado

Permite configurar las opciones de teclas de acceso rápido desde el teclado para cada uno de los apartados de *3ds max* . Las opciones del cuadro son:

- Grupo: Es una lista con las partes del programa que deseamos personalizar. Cada miembro de la lista despliega unas opciones en el cuadro de los comandos.
- Activar: Activa, o desactiva, las teclas para el grupo seleccionado.
- Categoría: Muestra la lista de las categorías disponibles para el grupo seleccionado.
- Ventana acción: Muestra todas las acciones de la categoría.
- Acelerador: Es un campo en el que, al pulsar sobre una combinación de teclas, nos indica en el campo Asignado la acción que posee esa tecla, o si no se está usando.
- Asignar: Se activa al rellenar el campo Acelerador. Permite asignar la combinación de teclas a la acción seleccionada.
- Suprimir: Elimina la asignación de la combinación de teclas de la acción asignada.
- Grabar métodos de teclado: Despliega el cuadro de almacenar archivos, para que guardemos los cambios realizados en un fichero.

- Cargar: Permite recuperar unas combinaciones de teclas para las diferentes opciones que se han almacenado en un archivo ***.kbd**.
- Guardar: Almacena las combinaciones de teclas en un archivo ***.kbd**.
- Restablecer: Coloca los valores del cuadro en las opciones que vienen por defecto.

Barra de herramientas

La pestaña Barra de herramientas tiene un aspecto parecido a la anterior, como podemos apreciar en la figura 20.3. Las novedades en el cuadro son:

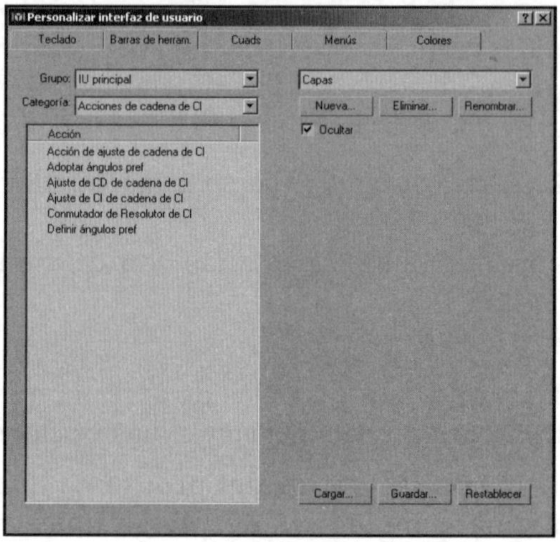

Figura 20.3. Cuadro de diálogo personalizar interfaz del usuario: barra de herramientas

- Las opciones de Grupo y Categorías presentan todos los posibles elementos a añadir a las barras de herramientas en la ventana de acciones.
- Nuevo: Crea una nueva barra de botones. En el cuadro de diálogo debemos introducir el nombre de la nueva barra.
- Para añadir botones a la barra, debemos seleccionar la acción deseada de la lista de acciones y arrastrarla hasta la posición de la barra que deseemos. Podemos arrastrar una copia de los elementos de otra barra, si realizamos la acción con la tecla **Control** pulsada. Si usamos la tecla **Alt**, moveremos el botón de una barra a otra.
- Eliminar: Elimina la barra de botones que tengamos establecida en la lista que tiene encima.

- Renombrar: Cambia el nombre de la barra de botones.
- Ocultar: Es una casilla de verificación con la que podemos ocultar, o no, la barra de herramientas. Esta misma acción se puede realizar desde el menú que surge al hacer clic con el botón derecho del ratón en la barra de herramientas.
- Cargar: Almacena la interfaz creada en un archivo del tipo ***.cui**.
- Guardar: Muestra el cuadro para almacenar el archivo de configuración ***.cui**.
- Restablecer: Restaura los valores a la posición inicial.

Si hacemos clic con el botón derecho del ratón sobre un botón que hayamos añadido a una barra de botones nueva, surge un menú en el que podemos eliminar el botón, o editarlo. Al seleccionar la opción Editar botón, aparece un cuadro de diálogo como el de la figura 20.4.

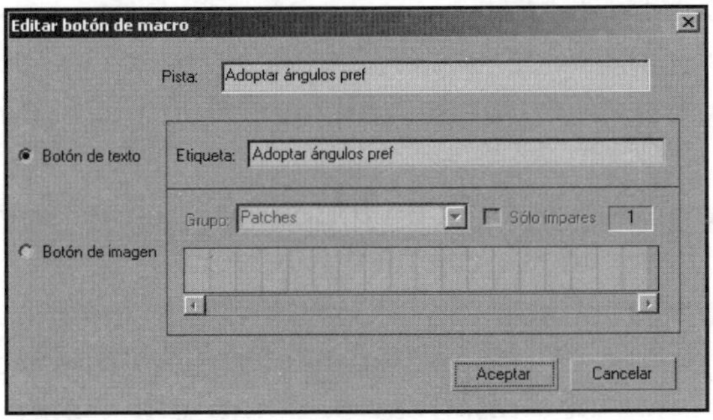

Figura 20.4. Cuadro de diálogo editar botón de macro

En este cuadro podemos establecer el nombre del botón o una imagen. Podemos también rellenar el campo Pistas, que es el texto de ayuda que surge al colocar el ratón encima del botón.

Cuads

En esta pestaña (figura 20.5), se engloba la configuración de los menús emergentes al hacer clic con el botón derecho del ratón sobre un objeto.

Las opciones del cuadro son:

- Grupo: Es la lista de los grupos de acciones que tenemos instalados.
- Categoría: Son las diferentes agrupaciones dentro de un grupo.
- Lista de acciones: Son las acciones que tenemos en cada categoría.

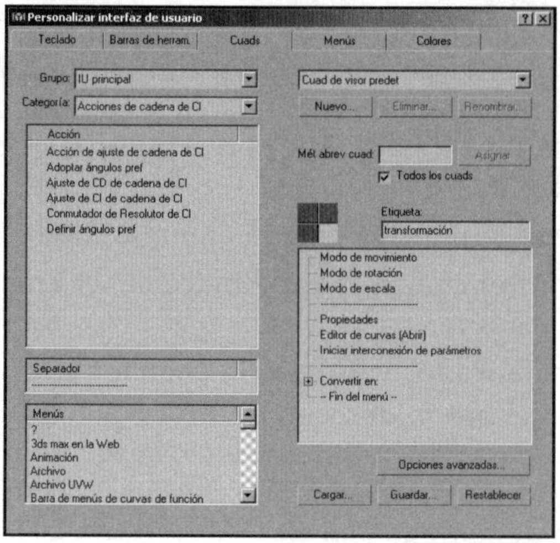

Figura 20.5. Cuadro de diálogo personalizar interfaz del usuario: cuads

- Separador: Es una línea que se utiliza para indicar cuándo termina una acción.
- Menús: Muestra los nombres de todos los menús. Estos menús contienen un conjunto de acciones en su interior.
- Lista de conjuntos cuads: Son los diferentes menús emergentes que tenemos ya creados. El programa incorpora algunos de ellos para que nosotros podamos personalizarlo, como por ejemplo, Personalizar [Mayús+Alt+BDR].
- Nuevo: Permite crear un nuevo menú cuads.
- Eliminar: Borrará el menú cuads que tengamos seleccionado.
- Renombrar: Permite cambiar el nombre al menú cuads seleccionado.
- Mét abrev cuads: Permite definir unas teclas de acceso rápido para acceder al menú. Haremos clic sobre el botón **Asignar** para efectuar la aplicación.
- Todos los cuads: Cuando está activada, aparecen todos los menús a la vez, si no, de uno en uno.
- Etiqueta: Es el rótulo que aparecerá en cada uno de los menús. Podemos cambiar de menú, haciendo clic en el botón correspondiente a su zona de la representación, que está a la izquierda de la etiqueta.
- Ventana de menú cuads: Es la zona donde debemos ir arrastrando tanto las acciones como los menús y los separadores para componer el menú

que tengamos activado. Para eliminar un elemento del menú, haremos clic sobre él con el botón derecho del ratón y seleccionaremos la opción Eliminar elemento del menú.

- Opciones avanzadas: Este botón despliega el cuadro de diálogo Opciones de menú cuads avanzadas, en el que podemos configurar los colores y otras opciones de los menús cuads.
- Cargar, Guardar y Restablecer: Son las mismas opciones que ya comentamos en la pestaña anterior. En este caso, los archivos a almacenar son del tipo ***.mnu**.

Menús

La cuarta pestaña de configuración corresponde a los menús de la aplicación.

Las opciones de creación son las mismas y muy similares a las que ya hemos comentado en los anteriores apartados.

Colores

Este último cuadro permite cambiar los colores de la interfaz. En el capítulo dedicado a las cuadrículas, hemos comentado cómo acceder y utilizar este cuadro.

Cargar esquema de IU personalizada

Esta opción abre un cuadro de diálogo de selección de archivos, en el que podemos seleccionar la configuración de la interfaz que tengamos almacenada en un archivo.

Se refiere a los archivos que hemos creado en el cuadro Personalizar interfaz del usuario.

Nota

Usaremos la configuración del archivo defaultui.cui *para restablecer la configuración original de la interfaz del programa.*

Guardar esquema de IU personalizada

Con esta opción, almacenamos la configuración de la interfaz en un archivo.

Volver a formato inicial e IU

Esta opción restablece el aspecto inicial del programa tal como se abrió, volviendo a cargar el archivo _startup.ui, que restablece la configuración inicial. Es un archivo temporal que se crea al iniciar el programa.

3ds max emplea de forma predeterminada el archivo maxstart.cui para establecer su IU inicial.

Mostrar IU

Es un menú en el que podemos establecer qué queremos mostrar de la interfaz de usuario. Esta opción ya ha sido comentada en el capítulo 2, cuando hablábamos de la barra principal.

Bloquear formato de IU

Esta opción es posible que se encuentre activada, o no. Cuando está activada, no es posible alterar el formato de la interfaz de usuario.

Esta opción se desactiva, volviendo a seleccionarla en el menú.

El resto de las opciones ya han sido comentadas en el manual.

Resumen

Todos los manuales deben terminar con un capítulo de configuración, tanto de las opciones de trabajo como del entorno. En este manual, en diferentes temas se ha hecho referencia a algunas de las opciones, pero hemos creído oportuno recogerlas en un mismo capítulo.

Las opciones de configuración se engloban dentro del menú Personalizar, que ha sido el tema de estudio de este último capítulo.

Antes de finalizar este libro, quisiera dar las gracias al lector amigo por permitirme compartir estas líneas y hacerme partícipe de su aprendizaje en el mundo de las tres dimensiones.

Apéndice

Instalación y requisitos

Instalación del programa

En este apéndice, vamos a detallar de forma visual, básicamente, el proceso de instalación del programa.

Al finalizar el capítulo, comentaremos los requisitos del ordenador para poder trabajar con *3ds max*.

La instalación del programa se realiza desde el CD-ROM, que, nada más introducido en el equipo, despliega un asistente de instalación. Si no surge el asistente de forma automática, debemos acceder a la unidad de CD desde *MiPc* o desde el *Explorador de Windows* para ejecutar la aplicación de instalación.

En el CD, no sólo encontramos el programa *3ds max*, sino un conjunto de aplicaciones que podemos instalar. Entre ellos, tenemos *Internet Explorer 6*, que es necesario instalarlo para algunas funciones del programa, *Quick Time* y *Directx 8.1*.

Hacemos clic en el botón con el icono que figura delante, **Instalar 3ds max 5...**, para desplegar el proceso de instalación.

Hacemos clic en el botón **Siguiente** y accedemos a una nueva ventana con la lectura y aceptación del contrato de licencia.

Hacemos clic sobre **Acepto** y después sobre **Siguiente**.

El siguiente paso es introducir el número de serie, facilitado por el fabricante.

Una vez introducidos los datos correctos, hacemos clic sobre el botón **Siguiente**, para acceder a la pantalla en la que debemos introducir nuestros datos para personalizar la instalación.

Los siguientes pasos corresponden a la ruta en la que se va a instalar el programa y al tipo de instalación que vamos a realizar en el que tenemos tres opciones: Típica, Compacta y Completa. Nosotros seleccionaremos Completa y haremos clic en el botón **Siguiente**.

El siguiente paso es seleccionar los componentes que van a instalarse. En este paso, encontramos en la parte derecha una ramificación con la información que se va a instalar. Podemos ver delante de cada texto unos recuadros que pueden estar:

- Fondo blanco: Se instalará en el disco duro toda la información.
- Fondo gris: Se instalará parte de la información.
- Con un cruz en rojo: No se instalará.

Podemos modificar estos elementos, si hacemos clic con el botón derecho del ratón sobre cada uno de ellos y en el menú emergente seleccionamos la acción que más nos convenga.

Si instalamos *Charater Studio,* debemos conocer su licencia y saber que es un producto que hay que registrar aparte.

Haremos clic en **Siguiente** para comenzar el proceso de instalación.

Registro del programa

La primera vez que ejecutamos la aplicación, surge un cuadro de diálogo de registro en el que seleccionaremos la opción Autorizar 3ds max 5. Si seleccionamos la última de las opciones, debemos saber que podemos acceder y trabajar con el programa, pero sólo durante 30 días.

Una vez completado el proceso de registro, tendremos acceso a la aplicación.

Requisitos del sistema

La configuración indicada por el fabricante es:

- Sistema operativo *Microsoft Windows XP* o *2000.*
- Procesador *Intel* o *AMD* como mínimo a 300 MHz. (se recomienda *Pentium 4 dual* o *AMD Athlon*).
- 256 Mb de RAM (se recomienda 1 GB).
- 300 Mb de espacio libre en el disco duro (recomendados 2 GB).
- Tarjeta gráfica aceleradora (preferentemente) o con soporte para 1024x768x16-bit de colores.
- CD-ROM o DVD.

Índice alfabético

D

E

F

G

H

I

K

L

M

R

S

T

U

V